Charles Dickens

Lectures :

David Copperfield

A Christmas Carol

Traduction et notes par Georges HERMET

Agrégé de l'Université

POCKET

Langues pour tous

Collection dirigée par Jean-Pierre Berman, Michel Marcheteau et Michel Savio

ANGLAIS Série bilingue

Niveaux : ❑ facile ❑❑ moyen ❑❑❑ avancé

Littérature anglaise et irlandaise

- **Carroll (Lewis)** ❑
  Alice au pays des merveilles
- **Churchill (Winston)** ❑❑
  Discours de guerre 1940-1946
- **Cleland (John)** ❑❑❑
  Fanny Hill
- **Conan Doyle** ❑
  Nouvelles (6 volumes)
- **Dickens (Charles)** ❑❑
  David Copperfield
  Un conte de Noël
- **Fleming (Ian)** ❑❑
  James Bond en embuscade
- **French (Nicci)** ❑
  Les gens qui sont partis
- **Greene (Graham)** ❑❑
  Nouvelles
- **Jerome K. Jerome** ❑❑
  Trois hommes dans un bateau
- **Kinsella (Sophie), Weisberger (Lauren)**
  Love and the City ❑
- **Kipling (Rudyard)** ❑
  Le livre de la jungle (extraits)
- **Mansfield (Katherine)** ❑❑❑
  Nouvelles
- **Masterton (Graham)** ❑❑
  Nouvelles
- **Maugham (Somerset)** ❑
  Nouvelles brèves
- **McCall Smith (Alexander)**
  Contes africains ❑
- **Stevenson (Robert Louis)** ❑❑
  L'étrange cas du Dr Jekyll et de Mr Hyde
- **Wilde (Oscar)**
  Nouvelles ❑
  Il importe d'être constant ❑
- **Woodhouse (P.G.)**
  Jeeves, occupez-vous de ça ! ❑❑

Ouvrages thématiques

- **L'humour anglo-saxon** ❑
- **300 blagues britanniques et américaines** ❑❑

Littérature américaine

- **Bradbury (Ray)** ❑❑
  Nouvelles
- **Chandler (Raymond)** ❑❑
  Les ennuis c'est mon problème
- **Hammett (Dashiell)** ❑❑
  Meurtres à Chinatown
- **Highsmith (Patricia)** ❑❑
  Crimes presque parfaits
- **Hitchcock (Alfred)** ❑❑
  Voulez-vous tuer avec moi ?
- **King (Stephen)** ❑❑
  Nouvelles
- **Poe (Edgar)** ❑❑❑
  Nouvelles
- **London (Jack)** ❑❑
  Histoires du grand Nord
  Contes des mers du Sud
- **Fitzgerald (Scott)**
  Un diamant gros comme le Ritz ❑❑
  L'étrange histoire de Benjamin Button ❑

Anthologies

- **Nouvelles US/GB** ❑❑ **(2 vol.)**
- **Les grands maîtres du fantastique** ❑❑
- **Nouvelles américaines classiques** ❑❑
- **Nouvelles anglaises classiques** ❑❑
- **Ghost Stories – Histoires de fantômes** ❑❑
- **Histoires diaboliques** ❑❑

Autres langues disponibles dans les séries de la collection

Langues pour tous

ALLEMAND · AMÉRICAIN · ARABE · CHINOIS · ESPAGNOL · FRANÇAIS · GREC · HÉBREU
ITALIEN · JAPONAIS · LATIN · NÉERLANDAIS · OCCITAN · POLONAIS · PORTUGAIS
RUSSE · TCHÈQUE · TURC · VIETNAMIEN

Sommaire

ISBN : 978-2-266-16037-7

Signes et principales abréviations

▲	faux ami	*litt.*	littéraire
⚠	attention, remarquez	*m. à m.*	mot à mot
adj.	adjectif	*pl.*	pluriel
adv.	adverbe	*qqch.*	quelque chose
fam.	familier	*qqn*	quelqu'un
fig.	figuré	*sbd*	somebody
É.U.	États-Unis	*sg.*	singulier
expr.	expression	*sth*	something
G.B.	Grande-Bretagne	*syn.*	synonyme

Prononciation

Sons voyelles

[ɪ] **pit**, un peu comme le *i* de *site*

[æ] **flat**, un peu comme le *a* de *patte*

[ɒ] ou [ɔ] **not**, un peu comme le *o* de *botte*

[ʊ] ou [u] **put**, un peu comme le *ou* de *coup*

[e] **lend**, un peu comme le *è* de *très*

[ʌ] **but**, entre le *a* de *patte* et le *eu* de *neuf*

[ə] jamais accentué, un peu comme le *e* de *le*

Voyelles longues

[i:] **meet** [mi:t] cf. *i* de *mie*

[ɑ:] **farm** [fɑ:m] cf. *a* de *larme*

[ɔ:] **board** [bɔ:d] cf. *o de gorge*

[u:] **cool** [ku:l] cf. *ou* de *mou*

[ɜ:] ou [ə:] **firm** [fə:m] cf. *e* de *peur*

Semi-voyelle :

[j] **due** [dju:], un peu comme *diou...*

Diphtongues (voyelles doubles)

[aɪ] **my** [maɪ], cf. *aïe !*
[ɔɪ] **boy**, cf. *oyez !*
[eɪ] **blame** [bleɪm] cf. *eille* dans *bouteille*
[aʊ] ou [au] **now** [naʊ] cf. *aou* dans *caoutchouc*
[əʊ] ou [əu] **no** [nəʊ], cf. *e + ou*
[ɪə] **here** [hɪə] cf. *i + e*
[eə] **dare** [deə] cf. *é + e*
[ʊə] ou [uə] **tour** [tʊə] cf. *ou + e*

Consonnes

[θ] **thin** [θɪn], cf. *s* sifflé (langue entre les dents)
[ð] **that** [ðæt], cf. *z* zézayé (langue entre les dents)
[ʃ] **she** [ʃi:], cf. *ch* de *chute*
[ŋ] **bring** [brɪŋ], cf. *ng* dans *ping-pong*
[ʒ] **measure** ['meʒə], cf. le *j* de *jeu*
[h] le *h* se prononce ; il est nettement expiré

• indique que le *r*, normalement muet, est prononcé en liaison ou en américain.

Comment utiliser la série « Bilingue » ?

Les ouvrages de la série « Bilingue» permettent aux lecteurs :
• d'avoir accès aux versions originales de textes célèbres, et d'en apprécier, dans les détails, la forme et le fond, en l'occurrence, ici, des extraits d'un roman et d'un conte de Noël de **Charles Dickens** ;
• d'améliorer leur connaissance de l'anglais, en particulier dans le domaine du vocabulaire dont l'acquisition est facilitée par l'intérêt même du récit, et le fait que mots et expressions apparaissent en situation dans un contexte, ce qui aide à bien cerner leur sens.
Cette série constitue donc une véritable méthode d'auto-enseignement, dont le contenu est le suivant :
• page de gauche, le texte en anglais ;
• page de droite, la traduction française ;
• bas des pages de gauche et de droite, une série de notes explicatives (vocabulaire, grammaire, rappels historiques, etc.).
Les notes de bas de page et la liste récapitulative à la fin de l'ouvrage aident le lecteur à distinguer les mots et expressions idiomatiques d'un usage courant et qu'il lui faut mémoriser, de ce qui peut être trop exclusivement lié aux événements et à l'art de l'auteur.
Il est conseillé au lecteur de lire d'abord l'anglais, de se reporter aux notes et de ne passer qu'ensuite à la traduction ; sauf, bien entendu, s'il éprouve de trop grandes difficultés à suivre le texte dans ses détails, auquel cas il lui faut se concentrer davantage sur la traduction, pour revenir finalement au texte anglais, en s'assurant bien qu'il en a maintenant maîtriser le sens.

Préface

Durant toute sa vie, Charles Dickens fut un passionné de théâtre. Dès l'âge de quinze ans, il tenait de petits rôles sur une scène de quartier ; par la suite, il monta un grand nombre de pièces classiques : du Shakespeare, du Ben Jonson, etc., où il se réserva toujours un rôle. C'était un acteur-né ; et les « lectures publiques » de ses contes et romans, sous une forme condensée, lui fournirent une excellente occasion de déployer ces dons innés. Il commença par lire à des parents ou à des amis, avant même leur publication, des extraits de chaque nouveau roman. Et dès Noël 1853 il donna sa première « lecture publique » à l'hôtel de ville de Birmingham, au profit d'une œuvre de charité. Ce fut un véritable triomphe ; il fut aussitôt assailli de demandes de nouvelles « lectures », mais dûment rémunérées cette fois. En avril 1858 il se mit à préparer les condensés de ses *Contes de Noël* et de certains de ses romans ; et ce fut alors l'une de ses occupations principales, ininterrompue jusqu'aux derniers jours de sa vie (475 en tout, dont 75 aux États-Unis !). Il en tira une fortune considérable : des 93 000 livres sterling qu'il laissa à sa mort, la moitié provenait de cette activité.

Le *Conte de Noël* fut dès le début son favori, toujours inscrit au programme de toutes ses « lectures », accompagné la plupart du temps de *David Copperfield*. La technique de « réduction » des deux œuvres présentées dans cet ouvrage était cependant différente : il condensa et abrégea le *Conte*, œuvre déjà assez courte pour supporter cette méthode ; mais pour ce qui est de *David Copperfield*, roman de quelque 900 pages, il fut contraint de choisir et de résumer deux des actions dramatiques du roman, à savoir, d'une part, l'histoire des Peggotty, d'autre part, la vie du jeune David dans ses rapports avec la famille Micawber, puis avec sa jeune et enfantine épouse, Dora.

Un critique a dit, avec raison, que « M. Dickens était le plus grand lecteur du plus grand écrivain de son temps » ; toutefois il ne lisait pas, mais, tel un acteur, jouait les scènes qu'il évoquait. La puissance de son débit, les mimiques, combien éloquentes que tout son corps exprimait, l'ardeur, la passion même qu'il apportait à l'exécution de ce

« spectacle », ont fait naître au cœur des auditoires si nombreux qu'il attirait à chaque fois, une joie littéraire et artistique intense.

Il ne reste plus au lecteur qu'à découvrir l'extrême richesse et l'originalité de ces créations empreintes tantôt de poésie, tantôt de réalisme ; avec les « Esprits », nous sommes emportés dans le fantastique, avec David nous tremblons au spectacle du naufrage du schooner portugais. L'auteur, riche de sa grande observation de l'univers quotidien, réussit à brosser des tableaux saisissants de vérité, de toute l'Angleterre de son temps et, plus particulièrement ici, celle des humbles : marins, artisans et domestiques.

Aux « lectures » s'applique cette appréciation qu'il a donnée lui-même de l'ensemble de son œuvre : « J'ai toujours éprouvé le désir sincère et humble, et il en sera ainsi jusqu'à ma mort, d'ajouter au trésor d'innocente bonne humeur déjà existant. »

Extrait du volume *Charles Dickens Sikes and Nancy and another Public Readings.*
(The World Classics, Oxford University Press, 1983)

Georges HERMET, professeur agrégé d'anglais. Depuis ses débuts dans la carrière (octobre 1940), a enseigné principalement dans toutes les classes préparatoires aux Grandes Écoles, d'abord au lycée Bugeaud à Alger (1940-1942), puis au lycée Marcelin-Berthelot à St-Maur (1945-1974) et enfin au lycée Masséna à Nice (1974-1978). Professeur à HECJF (École des Hautes Études Commerciales pour Jeunes Filles) de 1949 à 1972. Auteur d'un dictionnaire bilingue pour l'Afrique francophone et réviseur d'un dictionnaire de base anglais-français, français-anglais, chez Larousse. A préparé et publié le volume III des nouvelles bilingues de Conan Doyle dans la collection **Les Langues pour Tous**.
Pendant la guerre, officier interprète à l'État-major Eisenhower, puis officier prêt-bail à la Résidence de Tunisie.

Je tiens à remercier ici tout particulièrement mon bon et vieil ami Harold S. Otter, professeur honoraire à l'université de Cambridge (Sidney-Sussex College) pour les conseils et l'aide inestimables qu'il a bien voulu m'apporter dans la mise au point des notes ainsi que de celles de mes deux volumes précédents.

G.H.

Chronologie de la vie et des œuvres de Ch. Dickens

Charles Dickens — fils de John Dickens, commis aux écritures à l'Amirauté, et d'Elizabeth Dickens, née Barrow — est né le 7 février 1812 à Landport, près de Portsmouth.

1815-1816 Vit à Londres.

1816-1822 Habite Chatham, dans le Kent, où il fréquente l'école préparatoire voisine, puis celle d'un jeune ministre baptiste. De santé fragile, il se met très tôt à lire les classiques.

1823 De nouveau à Londres (Camden Town). Sa mère ouvre une école privée à Bloomsbury, mais n'obtient aucun succès.

1824 John Dickens est incarcéré pour dettes à la prison de Marshalsea, où Mme Dickens vient vivre avec son mari et ses enfants ; Charles, lui, est mis au travail dans une fabrique de cirage.

1824-1827 Entre à l'école privée Wellington House Academy, école médiocre, dont le directeur est particulièrement brutal (le Creakle de *David Copperfield*).

1827-1828 Employé comme commis chez un notaire-avoué. Apprend la sténo, tient des petits rôles dans un théâtre de quartier.

1829-1831 Reporter sténo à « Doctors Commons » (Collège des docteurs en droit civil), sorte de tribunal ecclésiastique.

1833-1834 Commence à publier des petites histoires dans la revue *The Monthly Magazine*.

1834-1836 Reporter au *Morning Chronicle* ; publie les *Sketches by Boz*.

1836-1837 Publie les *Pickwick Papers* en fascicules mensuels.

avril 1836 Épouse Catherine Hogarth, fille de son éditeur.

1837-1839 Édite les *Bentley's Miscellany*, et *Oliver Twist* par fascicules mensuels.

1838-1839 Publication mensuelle de *Nicolas Nickleby*.

1840-1841 Parution hebdomadaire de *Master Humphrey's Clock*, comprenant « The Old Curiosity Shop » et « Barnaby Rudge ». Refuse un siège aux Communes.

1842 Premier voyage aux États-Unis.

1843-1844	Parution par fascicules mensuels de *Martin Chuzzlewit.*
déc. 1844	*A Christmas Carol.*
1844-1845	Va vivre en Italie et publie en décembre 1845 *The Chimes.* Monte une pièce de Ben Jonson, *Every Man in his Humour*, et y tient un rôle.
déc. 1845	*The Cricket on the Hearth.*
mai 1846	*Pictures from Italy.*
1846-1848	*Dombey and Son*, publication mensuelle.
déc. 1846	*The Battle of Life.*
nov. 1847	Ouverture du Foyer de Miss Coutt pour les femmes sans logis. Monte *The Merry Wives of Windsor* (Shakespeare) et y prend un rôle.
1848	*The Haunted Man.*
1848-1850	Parution mensuelle de *David Copperfield.* S'occupe beaucoup de problèmes sociaux.
1852-1853	Publication mensuelle de *Bleak House.* Donne ses premières « lectures publiques », au profit d'œuvres charitables devant un public ouvrier.
1854	Publication hebdomadaire de *Hard Times.*
1855-1857	Publication mensuelle de *Little Dorrit.*
1856	Achète le château de Gad's Hill Place, près de Chatham, où, enfant, il avait rêvé d'habiter.
avril 1858	Prépare des condensés de ses romans et contes pour ses « lectures publiques », rémunérées maintenant.
mai 1858	Se sépare de sa femme.
1859	*A Tale of Two Cities*, publication hebdomadaire et mensuelle.
oct. 1860	Va s'installer définitivement à Gad's Hill.
1860-1861	*Great Expectations*, publication hebdomadaire.
1862	Donne de plus en plus de « lectures » qui sont une source de gains rapides.
1867-1868	Grande tournée de « lectures » aux U.S.A. Succès triomphal, mais il s'use à cette tâche.
1869	Tournée provinciale de « lectures ».
1870	Série d'adieu de « lectures publiques » à Londres. Il est anobli et reçu par la reine Victoria. *The Mystery of Edwin Drood*, par publication mensuelle ; œuvre jamais achevée.
9 juin 1870	Dickens meurt à Gad's Hill d'une hémorragie cérébrale ; il est enterré à l'abbaye de Westminster.

DAVID COPPERFIELD

Chapter 1

I had known Mr. Peggotty's[1] house very well in my childhood, and I am sure I could not have been more charmed with it, if it had been Aladdin's[2] palace, roc's egg[3] and all. It was an old black barge or boat, high and dry on Yarmouth Sands[4], with an iron funnel[5] sticking out of it for a chimney. There was a delightful door cut in the side, and it was roofed in, and there were little windows in it. It was beautifully clean and as tidy as possible. There were some lockers and boxes, and there was a table, and there was a Dutch clock[6], and there was a chest of drawers, and there was a tea-tray with a painting on it, and the tray was kept from tumbling down, by a Bible ; and the tray, if it *had* tumbled down, would have smashed a quantity of cups and saucers and a teapot that were grouped around the book. On the walls were coloured pictures of Abraham[7] in red going to sacrifice Isaac in blue ; and of Daniel[8] in yellow being cast into a den of green lions. Mr. Peggotty, as honest a seafaring man as ever breathed, dealt in lobsters, crabs and crawfish[9].

As in my childhood, so in these days when I was a young man, Mr. Peggotty's household consisted of his orphan nephew Ham Peggotty, a young shipwright[10] ; his adopted niece Little Emily, once my small sweetheart, now a beautiful young woman ; and Mrs. Gummidge. All three had been maintained at Mr. Peggotty's sole[11] charge for years and years ; and Mrs. Gummidge was the widow of his partner in a boat, who had died poor.

---

1. **Mr. Peggotty :** figure sympathique et attachante d'un vieux marin, frère de Miss Peggotty, la bonne de la mère de David, qui éleva l'enfant.
2. **Aladdin's** [ə'lædɪnz] **palace :** « Aladin ou la lampe merveilleuse », l'un des contes des *Mille et Une Nuits.*
3. **roc's egg :** le roc ou rock était un oiseau, gigantesque et fabuleux qui figure souvent dans les contes orientaux.
4. **Yarmouth** ['jaːməθ] **Sands :** Yarmouth, petite ville du Norfolk, sur la mer du Nord, avec un port, des constructions navales et des pêcheries. Dickens connut Yarmouth en 1848 (D. Copperfield est de 1849). « Yarmouth, écrit-il dans une lettre, est un lieu étrange : cent quarante-six miles (300 km) de marais sans collines (les Sands). »
5. **funnel :** la *cheminée* d'un bateau ou d'une locomotive.
6. **Dutch clock :** *un coucou* : horloge de bois, à poids, dont la

Chapitre I

J'avais très bien connu dans mon enfance la maison de M. Peggotty, et je suis sûr qu'elle m'enchantait bien davantage que s'il se fût agi du palais d'Aladin, de l'œuf du roc ou de toute autre merveille. C'était une vieille péniche noire, une sorte de bateau échoué au plein sur la grève de Yarmouth, et dont la cheminée de fer, dressée, faisait office de tuyau de poêle. Une ravissante porte était découpée dans la coque du bateau, couvert d'un toit, et quelques petites fenêtres s'ouvraient par ci par là. L'intérieur, où régnait un ordre méticuleux, était d'une merveilleuse propreté. Il y avait des petites armoires et des coffres, une table, un coucou, une commode ; on y voyait aussi un plateau à thé dont le fond figurait un tableau, et qu'une Bible empêchait de glisser ; car ce plateau en dégringolant aurait brisé quantité de tasses et soucoupes, ainsi qu'une théière, toutes rassemblées autour du Livre. Sur les murs étaient accrochés un tableau représentant Abraham en rouge, sur le point de sacrifier Isaac en bleu, et un autre, figurant Daniel en jaune, jeté dans une fosse où les lions étaient verts. M. Peggotty, marin aussi honnête qu'il en eût jamais existé, faisait commerce de homards, de crabes et de langoustes.

Dans mon enfance, tout comme maintenant alors que j'étais devenu un jeune homme, la maisonnée de M. Peggotty comprenait son neveu orphelin, Ham Peggotty, jeune charpentier naval ; sa nièce adoptive, la petite Emilie, jadis ma petite bien-aimée, maintenant une belle jeune femme ; et Mme Gummidge. Il y avait bien des années que tous trois étaient entièrement à la charge de M. Peggotty ; quant à Mme Gummidge, c'était la veuve de son associé qui partageait avec lui le même bateau, et qui était mort dans la misère.

---

sonnerie imite le chant du coucou.
7. **Abraham** ['eɪbrəhæm] **... Isaac** ['aɪzək] **: Abraham** était un patriarche hébreu, fondateur de la nation juive. Dieu, pour éprouver sa foi, lui demanda de sacrifier son fils **Isaac**.
8. **Daniel** ['dænjəl] **:** l'un des quatre grands prophètes, au VIIe s. avant J.-C. Il était en grande faveur auprès de Nabuchodonosor, ce qui excita la jalousie des Mages (prêtres) qui obtinrent du roi que Daniel fût jeté dans la fosse aux lions.
9. **crawfish** ['krɔːfɪʃ] **:** s'écrit aussi **crayfish** ['kreɪfɪʃ] : le terme recouvre deux sortes d'animaux : **the fresh water crayfish** *(l'écrevisse)* et **the sea-crayfish** *(la langouste)*.
10. **shipwright** [ʃɪpraɪt] **:** de **ship** et **wright**, terme ancien dérivé du verbe **to work** : *charpentier de marine.* **Wheelwright** : *charron.*
11. **sole** (adj.) = **only**, *unique : seul.*

She was very grateful, but she certainly would have been more agreeable if she had not constantly complained, as she sat in the most comfortable corner by the fireside, that she was a "lone lorn creetur and everythink went contrairy with her[1]".

Towards this old boat, I walked one memorable night, with my former schoolfellow and present dear friend, Steerforth[2]; Steerforth, half a dozen years older than I[3]; brilliant, handsome, easy, winning[4]; whom I admired with my whole heart; for whom I entertained the most romantic feelings of fidelity and friendship. He had come down[5] with me from London, and had entered with the greatest ardour into my scheme of visiting the old simple place and the old simple people.

There was no moon; and as he and I walked on the dark wintry sands towards the old boat, the wind sighed mournfully.

"This is a wild place, Steerforth, is it not[6] ?"

"Dismal enough in the dark, and the sea has a cry in it, as if it were hungry for us. Is that the boat, where I see a light yonder[7] ?"

"That's the boat."

We said no more as we approached the light, but made softly for[8] the door. I laid my hand upon the latch[9]; and whispering Steerforth to keep close to me, went in, and I was in the midst[10] of the astonished family, whom I had not seen from my childhood, face to face with Mr. Peggotty, and holding out my hand to him, when Ham shouted :

---

1. **lone... with her** : Mr. Peggotty et sa famille parlent une langue de marins, assez incorrecte, mais pittoresque. Le traducteur a essayé de rendre cette langue. **Lone** = **alone** ; **lorn** = forlorn *(abandonnée)* ; **creetur** = creature *(créature)*.
2. **Steerforth** ['stɪəfɔ:θ] : l'ami d'enfance que le jeune David a connu à l'épouvantable école où son beau-père l'avait enfermé, la Pension Salem. Steerforth était le fils d'une riche veuve. C'était le seul élève qui osait tenir tête aux autorités de l'école et défendre ses camarades infortunés. Steerforth est un nom probablement inventé par Dickens et approprié au caractère du personnage : to steer, *gouverner, aller,* et forth, *de l'avant.* Steerforth était en effet un garçon entreprenant et décidé, qui allait plonger toute la famille Peggotty dans le désespoir, et dont la fin tragique sera décrite au dernier chapitre de cette lecture.
3. **than I** : s.-ent. was. Forme correcte. I est souvent remplacé

Elle éprouvait beaucoup de reconnaissance à l'endroit de M. Peggotty, mais nul doute qu'elle aurait été de compagnie plus agréable, si elle ne s'était plainte constamment, alors qu'elle était assise à la place la plus confortable près de la cheminée, d'être une « pauv' femme, solitaire et abandonnée, pour qui tout allait d'guingois ».

C'est vers ce vieux bateau, qu'un certain soir mémorable, je me dirigeai, accompagné de mon ancien camarade de classe, et présentement très cher ami, Steerforth ; Steerforth, mon aîné de six ans, brillant, beau, plein d'aisance, séduisant, que j'admirais de tout mon cœur, et pour qui j'éprouvais les sentiments les plus romantiques de fidélité et d'amitié. Il était venu de Londres avec moi, ayant partagé avec le plus grand enthousiasme mon projet de rendre visite à ces simples et vieux amis, dans leur vieux et simple cadre.

C'était une nuit sans lune ; et tandis que nous avancions tous deux sur la grève sombre et glaciale, vers le vieux bateau, le vent gémissait lugubrement.

« Quel endroit désolé, tu ne trouves pas, Steerforth ?

— Plutôt sinistre, dans l'obscurité, avec la mer qui hurle comme si elle voulait nous avaler. Est-ce le bateau là-bas, où je vois briller une lumière ?

— C'est le bateau ! »

Sans mot dire, nous nous rapprochâmes de la lumière, et nous nous dirigeâmes vers la porte, à pas feutrés. Je mis la main sur la clenche et chuchotant à l'oreille de Steerforth de rester tout près de moi, j'entrai, et me trouvai au milieu de la famille stupéfaite, que je n'avais pas revue depuis mon enfance, face à face avec M. Peggotty à qui je tendis la main, tandis que Ham s'écriait :

---

en anglais moderne par **me** : *que moi.*

4. **brilliant... winning :** Steerforth possédait toutes ces qualités, ce qui allait émerveiller et séduire la pauvre et simple Émilie.
5. **come down :** lorsqu'on va de la capitale vers la province, *on descend.* Cf. l'expression française inverse, *monter à Paris.*
6. **is it not ? :** forme classique dans la bouche de jeunes gens parlant une langue châtiée ; équivalent moderne : **isn't it ?**
7. **yonder** (adv. litt.) = **over there,** *là-bas* ; existe aussi sous la forme adjective : **yonder trees,** *les arbres là-bas.*
8. **made softly for :** terme de marine = *se diriger* (en parlant d'un navire) *vers, mettre le cap sur.*
9. **latch :** la forme la plus simple de fermeture d'une porte : petit bras de levier se levant ou se baissant pour ouvrir ou fermer la porte.
10. **midst :** litt. pour **middle.**

"Mas'r[1] Davy ! It's Mas'r Davy !"

In a moment we were all shaking hands with one another[2], and asking one another how we did[3], and telling one another how glad we were to meet, and all talking at once. Mr. Peggotty was so overjoyed to see me, and to see my friend, that he did not know what to say or do, but kept over and over again shaking hands with me, and then with Steerforth, and then with me, and then ruffling his shaggy hair all over his head, and then laughing with such glee[4] and triumph, that it was a treat[5] to see him.

"Why, that you two gentl'men — gentl'men growed[6] — should come to this here roof to-night, of all nights in my life, is such a merry-go-rounder[7] as never happened afore[8], I do rightly believe ! Em'ly, my darling, come here ! Come here, my little witch[9] ! Theer's[10] Mas'r Davy's friend, my dear ! Theer's the gentl'man as you've heerd[11] on, Em'ly. He comes to see you, along with Mas'r Davy, on the brightest night of your uncle's life as ever was or will be, horroar[12] for it !" Then he let her go ; and as she ran into her little chamber, looked round upon us, quite hot and out of breath with his uncommon satisfaction.

"If you two gentl'men — gentl'men growed now, and such gentl'men — don't ex-cuse me for being in a state of mind, when you understand matters, I'll arks[13] your pardon. Em'ly, my dear ! — She knows I'm agoing to tell, and has made off. This here little Em'ly, sir," to Steerforth, "— her as you see[14] a blushing[15] here just now —

---

1. **Mas'r** = Master : titre de référence que le jeune charpentier donne à David qui appartient à une classe sociale supérieure.
2. **one another :** pronom réciproque synonyme de each other ; autrefois each other s'employait lorsqu'il s'agissait de deux personnes, one another de plus de deux. Cette règle n'est plus respectée.
3. **how we did :** cf. l'expression how do you do ? *comment allez-vous ?* qui est en fait une forme de salutation lorsque deux personnes se rencontrent.
4. **glee :** *une très grande joie* (litt.).
5. **a treat :** quelque chose qui donne un grand plaisir, souvent rare et inattendu. Ex. : it is a treat for him to go to the opera, *c'est une grande joie, un régal pour lui d'aller à l'opéra.*
6. **growed** = grown, *grandis, adultes.*
7. **a merry-go-rounder :** nous avons sans doute là une in-

« M'sieur Davy ! C'est m'sieur Davy ! »

La minute d'après nous étions tous en train d'échanger des poignées de main, de nous demander comment nous allions, de nous dire notre joie de nous retrouver et de parler tous à la fois.

M. Peggotty fut tellement transporté de joie en me voyant, et en voyant mon ami, qu'il ne savait que dire ni que faire, n'arrêtait pas de me serrer la main, puis celle de Steerforth, puis encore la mienne, puis fourrageant dans tous les coins de sa tignasse hirsute, il riait avec une telle allégresse triomphante, qu'il faisait plaisir à voir.

« Eh bien ! penser que vous deux, des messieurs comme vous — des grandes personnes maintenant —, vous vous trouvez sous ce toit ce soir-ci, entre tous les soirs de ma vie, c'est d'un rigolo comme j'en ai encore jamais vu, j'crois bien ! Em'lie, ma chérie, viens ici ! viens donc, ma petite enjôleuse ! V'là l'ami de m'sieur Davy, mon pigeon ! C'est l'gentl'man qu'on t'a parlé, Em'lie. Y vient pour t'voir, avec m'sieur Davy, ce soir, le plus beau soir passé ou à venir, dans la vie de ton oncle, hourra ! » Puis il la laissa partir, et tandis qu'elle courait se réfugier dans sa petite chambre, tout excité et hors d'haleine, tant il était pénétré d'une satisfaction peu commune, il promena sur nous un regard circulaire.

« Si vous deux, messieurs — des grandes personnes maintenant, et quelles grandes personnes —, ne m'excusez pas d'être dans l'état où je suis, lorsque vous comprendrez c'qui s'passe, j'vous demanderai bien pardon. Em'lie, ma chérie ! — Elle sait bien que j'vas tout vous raconter et elle a filé. C'te p'tite Em'lie que v'là, monsieur » — s'adressant à Steerforth —, « que vous avez vue toute rougissante ici il y a une minute —

---

vention de Dickens, pour donner une touche supplémentaire au portrait de Mr. Peggotty. La venue de David et de son ami lui donnait tant de joie, que la tête lui tournait comme sur un manège, a merry-go-round.

8. **afore** = before, *avant, auparavant.*
9. **my little witch ! :** *ma petite sorcière !*
10. **theer's** = there is, *voici.*
11. **heerd** = heard on, *dont tu as entendu parler.*
12. **horroar !** = hurrah !
13. **arks** = asks, pour I'll ask, *je vous demanderai (bien pardon).*
14. **her as you see** = her whom you see, *elle que vous voyez.*
15. **a blushing :** il ne s'agit pas là de l'art. indéf., mais d'une forme ancienne dérivée du vieil anglais : a = on = *en train de.* Ex. : she is a milking, *elle est en train de traire* ; to go a hunting, *aller à la chasse.*

this here little Em'ly of ours, has been, in our house, sir, what I suppose (I'm a ignorant man[1], but that's my belief) no one but a little bright-eyed creetur *can* be in a house. She ain't my child ; I never had one ; but I couldn't love her more, if she was fifty times my child. You understand ! I couldn't do it !"

"I quite understand."

"I know you do, sir, and thank'ee. Well, Sir, there was a certain person as had know'd our Em'ly, from the time when her father was drownded[2]; as had seen her constant when a babby[3], when a young gal[4], when a woman. Not much of a person to look at, he warn't — something o' my own build — rough — a good deal o' the sou'wester[5] in him — wery salt[6] — but, on the whole, a honest[7] sort of a chap too, with his art[8] in the right place."

I had never seen Ham grin[9] to anything like the extent to which he sat grinning at us now.

"What does this here blessed tarpaulin[10] go and do, but he loses that there art of his[11] to our little Em'ly. He follers her about, he makes hisself a sort o' servant to her, he loses in a great measure his relish for his wittles[12], and in the long run he makes it clear to me wot's amiss[13]. Well ! I counsels him to speak to Em'ly. He's big enough, but he's bashfuller[14] than a little un, and he says to me he doen't like. So *I* speak. "What ! *Him !*" says Em'ly. "*Him* that I've know'd so intimate so many year, and like so much ? Oh, Uncle ! I never can have *him*. He's such a good fellow !" I gives her a kiss, and I says no more to her than "My dear, you're right to speak out[15], you're to choose for yourself, you're as free as a little bird."

---

1. **I'm a ignorant man** = I am *an* ignorant man, *je suis un ignorant*; devant une voyelle la forme de l'art. indéf. est an.
2. **drownded** = drowned, *noyé*.
3. **babby** = baby, *bébé*.
4. **gal** = girl, *fille*.
5. **sou'wester** : south-west wind : le vent de la tempête, le vent des marins.
6. **a salt** = an experienced sailor, *un loup de mer*.
7. **an honest** : lorsque le h n'est pas aspiré, l'art. indéf. doit être an. Ex. : an hour, *une heure*, an heir, *un héritier*, an honest man, *un honnête homme*.
8. **art** = heart, *cœur*.
9. **to grin** : *sourire béatement*, en montrant ses dents, pour exprimer une satisfaction naïve.

c'te p'tite Em'lie à nous, a toujours été chez nous, m'sieur, à ce que je crois (j'suis un ignorant, mais j'vous donne mon opinion) ce que seule une petite personne aux yeux brillants comme elle, peut être dans une maison. Elle n'est point mon enfant ; je n'en ai jamais eu ; mais je ne pourrais pas l'aimer davantage, même si elle était cinquante fois mon enfant. Vous comprenez ! J'pourrais pas !

— Je comprends parfaitement.

— Je l'sais bien, m'sieur, et j'vous en remercie. Eh bien, monsieur, il y avait une certaine personne qui connaissait not' Em'lie depuis le jour où son père s'est noyé ; qui l'avait toujours vue, bébé, p'tite fille, puis femme. C'était pas, à l'voir, un gars bien formidable — un peu bâti comme moi — un rude gaillard —, avec du suroît plein le coffre — un vrai loup de mer —, mais, à tout prendre, un gars ben honnête, qui a le cœur au bon endroit. »

Je n'avais jamais vu Ham avec un sourire aussi épanoui que celui qu'il arborait devant nous maintenant.

« Et qu'est-ce que ce sacré mathurin s'met en tête de faire, sinon d'aller donner son cœur à not' p'tite Em'lie. Et d'la suiv' partout, et de d'venir comme qui dirait son domestique, et d'en perdre l'appétit, dans une certaine mesure, pour en fin de compte, venir m'apprendre c'qui cloche. Ma foi ! j'te lui conseille de parler à Em'lie. Il est ben assez grand pour ça, mais plus timide qu'un môme, et y m'dit qu'il aime pas ça. Alors c'est moi qui lui parle. "Quoi ! lui ! dit Em'lie. Lui que je connais si intimement depuis tant d'années, et pour qui j'ai tant d'affection ! Oh, mon oncle ! je ne pourrai jamais le prendre pour mari. C'est un si bon garçon !" J'te lui donne un baiser, et j'lui en dis pas plus que ça : "Ma chère petite, t'as raison de dire c'que tu penses, c'est à toi de choisir, t'es aussi libre qu'un petit oiseau."

---

10. **tarpaulin** [tɑːˈpɔːlɪn] **:** 1) *toile goudronnée* employée par les marins ; 2) l'équivalent de salt. Cf. note 6 ci-dessus.
11. **that there art of his** = that particular heart of his, *son propre cœur.*
12. **wittles :** pour victuals [vɪtlz] = food, *nourriture.*
13. **wot's amiss** = what is amiss = what is wrong, *ce qui ne va pas.*
14. **bashfuller :** Mr. Peggotty a une façon bien particulière de former les comparatifs des adj. longs = more bashful, *plus timide.*
15. **to speak out** = to speak clearly, *parler franchement.*

Then I aways[1] to him, and I says, "I wish it could have been so, but it can't. But you can both[2] be as you was, and wot I say to you is, Be as you was with her, like a man." He says to me, a shaking of my hand, "I will[3]" he says. And he was — honourable, trew, and manful — going on for two year[4].

"All of a sudden, one evening — as it might be to-night — comes little Em'ly from her work, and him with her ! There ain't so much in *that*, you'll say. No, sure, because he takes care on her[5], like a brother, arter dark[6], and indeed afore dark, and at all times. But this heer tarpaulin chap, he takes hold of her hand, and he cries out to me, joyful, "Lookee[7] here ! This is to be my little wife !" And she says, half bold and half shy, and half a laughing and half a crying, "Yes, uncle ! If you please." — If I please ! Lord, as if I should do anythink else ! — "If you please," she says, "I am steadier now, and I have thought better of it[8], and I'll be as good a little wife as I can to him, for he's a dear good fellow !" Then Missis[9] Gummidge, she claps her hands like a play[10], and you come in. There ! The murder's out[11] ! You come in ! It took place this here present hour ; and here's the man as'll marry her, the minute she's out of her time at the needlework[12]."

Ham staggered, as well he might[13], under the blow Mr. Peggotty dealt him, as a mark of confidence and friendship ; but feeling called upon to say something to us, he stammered[14] :

"She warn't no higher than you was, Mas'r Davy — when you first come heer — when I thought what she'd grow up to be.

---

1. **I aways :** Peggotty fait de l'adv. **away** un verbe qu'en plus il conjugue de travers : s à la 1re pers. du sing. de l'indicatif.
2. **both** (pronom) : *tous les deux.*
3. *je le ferai.*
4. **going on for two year :** et cela dure depuis presque deux ans.
5. **takes care on her** = takes care of her, *s'occupe d'elle.*
6. **arter dark** = after dark, *la nuit venue.*
7. **lookee :** *regarde.*
8. **I have thought bet'ter' of it** = I have decided, after thinking about it, *j'ai décidé après mûre réflexion.*
9. **Missis** = Mrs., Madame. Orthographe populaire, correspondant à la phonétique de Mrs.

Et moi d'retourner au gars et d'lui dire : "J'aurais ben voulu qu'ça s'arrange, mais y a pas moyen. Mais vous pouvez rester tous les deux comme vous étiez, et tout c'que j'te dis c'est : Reste avec elle comme t'étais avant, sois un homme." Y m'dit, en m'serrant la main, "D'accord !" qu'y m'dit. Et voilà bientôt deux ans qu'il se montre honnête et loyal et qu'il se conduit comme un homme.

« Et puis, tout d'un coup, un certain soir — comme qui dirait ce soir même — p'tite Em'lie revient de son travail, et lui avec elle ! Y a rien à redire à ça, me direz-vous. Non, bien sûr, parce qu'il prend grand soin d'elle, comme un frère, quand la nuit vient, et en vérité avant la nuit, et tout le temps. Mais ce mathurin d'individu, il lui prend la main et me crie, tout joyeux : "R'gard' un peu ici ! Voilà celle qui va être ma p'tite femme !" Et elle de dire, mi-osée, mi-timide, à moitié riant, à moitié pleurant : "Oui, mon oncle ! Si vous y consentez." — Si j'y consens ! Dieu, comme si j'avais jamais voulu faire autrement ! — "Si vous voulez bien, dit-elle, je suis plus réfléchie maintenant, j'ai changé d'avis, et je m'efforcerai d'être pour lui une bonne petite épouse, car c'est un cher bon garçon !" Alors Mâme Gummidge d'applaudir comme dans une pièce de théâtre, et sur ce vous arrivez. Voilà ! Le pot aux roses est découvert ! et vous voilà ! Ça s'est passé y a moins d'une heure ; et v'là l'homme qui va la marier, à la minute où son engagement de couturière prendra fin. »

Ham chancela, comme on aurait pu s'y attendre, sous le coup que M. Peggotty lui porta comme marque de confiance et d'amitié ; mais se sentant obligé de nous dire quelque chose, il bredouilla :

« Elle n'était pas plus haute que vous, m'sieur Davy — à votre première visite ici — que je m'imaginais déjà ce qu'en grandissant elle allait devenir.

---

10. **like a play** = as people do in a play, comme on le fait au théâtre.
11. **the murder's out :** déformation de l'expression : the murder will out, on ne peut dissimuler le meurtre, *le pot aux roses est découvert.*
12. **she's out... needlework** = immediately she has finished the period of her engagement, at the needlework shop, *dès que son contrat à l'atelier de couture aura pris fin.*
13. **as well he might :** *comme il le pouvait tout aussi bien.*
14. **he stammered :** *il bégaya, bredouilla*, ce que Dickens reproduit dans le paragraphe suivant, au moyen de nombreux tirets.

I see her grow up — gentl'men — like a flower. I'd lay down my life for her — Mas'r Davy — Oh ! most content and cheerful ! There ain't a gentl'man in all the land — nor yet a sailing upon all the sea — that[1] can love his lady more than I love her, though there's many a common man — as could say better[2] — what he meant."

I thought it affecting to see such a sturdy fellow[3] trembling in the strength of what he felt for the pretty little creature who had won his heart. I thought the simple confidence reposed[4] in us by Mr. Peggotty and by himself, was touching. I was affected by the story altogether. I was filled with pleasure ; but at first, with an indescribably sensitive[5] pleasure, that a very little would have changed to pain.

Therefore, if it had depended upon *me* to touch the prevailing chord[6] among them with any skill, I should have made a poor hand[7] of it. But it depended upon Steerforth ; and he did it with such address[8], that in a few minutes we were all as easy as possible.

"Mr. Peggotty," he said, "you are a thoroughly good fellow, and deserve to be as happy as you are to-night. My hand upon it[9] ! Ham, I give you[10] joy, my boy. My hand upon that, too ! Davy, stir the fire, and make it a brisk one ! And Mr. Peggotty, unless you can induce[11] your gentle niece to come back, I shall go. Any gap at your fireside on such a night — such a gap[12] least of all — I wouldn't make[13], for the wealth of the Indies[14] !"

So, Mr. Peggotty went to fetch little Em'ly. At first little Em'ly didn't like to come, and then Ham went.

---

1. **that :** c'est le relatif normal après la négation : there ain't a gentleman.
2. **say better :** Ham sait qu'il n'est pas beau parleur ; Dickens le présente comme un homme simple, tendre, travailleur et courageux.
3. **such a sturdy fellow :** exclamation ind. avec such ; si l'on emploie so, la construction sera : so sturdy a young fellow, *un jeune homme si vigoureux.*
4. **to repose** = to place. Ce v. s'emploie dans un contexte impliquant la confiance, l'espoir, etc.
5. **sensitive :** *délicat, sensible.*
6. **prevailing chord** [prɪ'veɪlɪŋ 'kɔːd] **:** prevailing, *dominant, répandu* ; chord = string, *la corde* d'un instrument de musique ; *toucher la corde sensible.*
7. **a poor hand** = ici, a poor show, *une bien médiocre*

Je l'ai vue pousser — messieurs — comme une fleur. Je donnerais ma vie pour elle — m'sieur Davy —, oh oui ! Bien content et bien joyeux de le faire ! Y a pas un seul gentl'man dans tout le pays — ni même voguant sur la mer tout entière — qui puisse aimer sa dame plus que j'aime Emilie, bien qu'il y ait bon nombre d'hommes — qui sauraient dire mieux que moi — ce qu'ils ressentent. »

Je trouvai que c'était touchant de voir un garçon si vigoureux trembler sous le coup de ce qu'il ressentait pour cette mignonne petite bonne femme qui avait ravi son cœur. Je pensai que la simple confiance manifestée par M. Peggotty et lui à notre égard était émouvante. L'histoire tout entière me bouleversait, et me comblait de plaisir ; toutefois au début, ce plaisir était si indiciblement fragile, qu'un rien l'aurait changé en souffrance.

C'est pourquoi, s'il avait dépendu de moi seulement de faire vibrer chez eux la corde sensible avec quelque habileté, je n'aurais guère pu y réussir. Heureusement que Steerforth s'en chargea ; et il le fit avec une telle adresse, qu'en quelques minutes il nous mit tous merveilleusement à l'aise.

« M. Peggotty, dit-il, vous êtes un bien brave homme qui mérite le bonheur qu'il éprouve ce soir. Je vous serre la main ! Ham, mon garçon, je vous souhaite tout le bonheur possible. Je vous serre la main aussi ! Davy, attise le feu, et fais-le ronfler ! M. Peggotty, si vous ne pouvez persuader votre charmante nièce de revenir, je vais vous quitter. Je ne supporterais pas, pour tout l'or du monde, d'être la cause d'une seule absence — et quelle absence, entre toutes —, autour de votre cheminée, surtout ce soir ! »

Aussi, M. Peggotty s'en alla-t-il chercher la petite Em'lie. D'abord la petite Em'lie refusa de revenir, sur quoi Ham y alla aussi.

---

exécution, contribution.

8. **address :** noter l'orthographe : a*dd*ress, en fr. a*dresse* ; emploi très rare de ce nom dans le sens de **skill**, *adresse, habileté.*

9. **my hand upon it :** *je vous donne la main* (pour vous montrer ma sincérité).

10. **I give you** = I wish you, *je vous souhaite.*

11. **to induce** = to persuade, *persuader, convaincre qqn.*

12. **such a gap :** il s'agit de l'absence d'Émilie, l'héroïne de la scène.

13. **any gap... I wouldn't make :** inversion : **I wouldn't make any gap,** *je ne voudrais être la cause d'aucun vide.*

14. **the wealth** [welθ] **of the Indies** [ˈɪndɪz] : il s'agit des *Indes occidentales* d'où les Espagnols tirèrent des *richesses* extraordinaires.

Presently[1] they brought her to the fireside, very much confused, and very shy, — but she soon became more assured when she found how Steerforth spoke to her; how skilfully he avoided anything that would embarrass her; how he talked to Mr. Peggotty of boats, and ships, and tides, and fish[2]; how delighted he was with that boat and all belonging to it; how lightly and easily he carried on[3], until he brought us, by degrees, into a charmed circle.

But he set up no monopoly of the conversation. He was silent and attentive when little Emily talked across the fire to me of our old childish wanderings upon the beach, to pick up shells and pebbles; he was very silent and attentive, when I asked her if she recollected[4] how I used to love her, and how we used to walk[5] about that dim old flat[6], hours and hours, and how the days sported[7] by us as if Time himself had not grown up then, but were a child like ourselves, and always at play. She sat all the evening, in her old little corner by the fire — Ham beside her. I could not satisfy myself whether it was in her little tormenting way, or in a maidenly reserve before us, that she kept quite close[8] to the wall, and away from Ham; but I observed that she did so[9], all the evening.

As I remember, it was almost midnight when we took our leave. We had had some biscuit and dried fish for supper[10], and Steerforth had produced[11] from his pocket a flask[12] of Hollands. We parted merrily; and as they all stood crowded round the door to light us on our road[13],

---

1. **presently :** ▲ *bientôt; à présent* = now, at present.
2. **fish :** nom invariable au pluriel, sauf si précédé d'un adj. numéral. Ex. : there are three fishes in that tank; mais there are lots of fish in that pond, *il y a beaucoup de poissons dans cet étang.*
3. **he carried on** = he behaved, *il se comporta.*
4. **recollected :** litt. pour remembered, *se souvenait.*
5. **I used to walk :** forme fréquentative d'habitude, avec l'implication que c'est maintenant définitivement fini.
6. **flat** (nom) : *étendue plate* et basse près d'une surface d'eau.
7. **sported :** *jouait, s'amusait*; **by us :** *en notre compagnie, près de nous.*

Et bientôt ils la ramenèrent au coin du feu, toute confuse et toute intimidée — mais elle se sentit vite rassurée, lorsqu'elle découvrit la manière dont Steerforth s'adressait à elle, et avec quelle habileté il évitait tout ce qui aurait pu l'embarrasser ; la manière qu'il avait de parler bateaux, navires, marées et poissons avec M. Peggotty ; combien il se déclarait charmé de ce bateau-ci et de tout ce qui s'y rapportait, et sans en avoir l'air, avec quelle aisance il se comporta jusqu'à mettre peu à peu sous son charme le cercle que nous formions.

Mais il n'accapara pas la conversation. Il resta silencieux et attentif pendant que la petite Emilie et moi, des deux coins opposés de la cheminée, évoquions nos promenades le long de la plage quand nous étions enfants, à la recherche de coquillages et de galets ; il resta très silencieux et très attentif, alors que je demandais à Emilie si elle se rappelait l'amour que je lui portais, les promenades que nous faisions le long de cette vieille étendue plate et sombre, pendant des heures, et comment les jours s'associaient à nos jeux, comme si le Temps lui-même n'avait pas encore grandi alors, et était demeuré enfant comme nous, toujours occupé à s'amuser. Elle resta assise toute la soirée, dans son petit coin habituel, près du feu — avec Ham à côté d'elle. Je ne pus déterminer si c'était pour taquiner Ham à sa manière habituelle, ou par une réserve pudique en notre présence, qu'elle resta appuyée au mur, à bonne distance de son fiancé ; mais j'observai qu'elle garda cette attitude toute la soirée.

Si mes souvenirs sont exacts, il était près de minuit quand nous prîmes congé. On nous avait servi du poisson séché avec quelques biscuits en guise de souper, et Steerforth avait sorti de sa poche un flacon de schiedam. Nous nous séparâmes dans la joie ; et tandis qu'ils étaient tous là, assemblés autour de la porte pour éclairer notre chemin,

---

8. **close** [kləʊs] (adv.) = **very near** ; ici, le sens est encore accentué par l'emploi de **quite**.
9. **she did so :** reprise de **kept close... Ham.**
10. **supper :** repas léger que l'on prend tard avant d'aller au lit ; d'où le menu élémentaire : **biscuits and dried fish.**
11. **to produce** = **to bring out, forward** : *faire sortir, montrer.*
12. **flask :** *flacon* plat que l'on peut glisser dans la poche portefeuille de son pantalon ; **Hollands** : genièvre (gin) de Hollande ou schiedam.
13. **to light us on our road :** ils étaient sortis sur le pas de la porte tenant haut la lampe pour éclairer le chemin.

I saw the sweet blue eyes of little Em'ly peeping[1] after us, from behind Ham, and heard her soft voice calling to us to be careful how we went.

"A most engaging little Beauty !" said Steerforth, taking my arm. "Well ! It's a quaint[2] place, and they are quaint company ; and it's quite a new sensation[3] to mix with them."

"How fortunate we are, too, Steerforth, to have arrived to witness their happiness in that intended marriage[4] ! I never saw people so happy. How delightful to see it !"

"Yes — that's rather a chuckle-headed[5] fellow for the girl. Isn't he ?"

I felt a shock in this cold reply. But turning quickly upon him[6], and seeing a laugh in his eyes, I answered :

"Ah, Steerforth ! It's well for you to joke about the poor[7] ! But when I see how perfectly you understand them, and how you can enter into happiness like this plain fisherman's[8], I know there is not a joy, or sorrow, or any emotion, of such people, that[9] can be indifferent to you. And I admire and love you for it, Steerforth, twenty times the more !"

To my surprise, he suddenly said, with nothing, that I could see, to lead to it :

"Daisy, I wish to God I had had a judicious father these last twenty years ! You know my mother has always doted on me[10] and spoilt me. I wish with all my soul I had been better guided ! I wish with all my soul, I could[11] guide myself better !"

---

1. **peeping :** évoque une manière secrète, discrète, furtive de regarder.
2. **quaint** = strange, queer, *étrange, bizarre.*
3. **a new sensation :** Steerforth, qui appartient à la haute bourgeoisie, n'a pas l'habitude de pénétrer dans des milieux plus humbles ; ceci lui procure une sensation nouvelle de plaisir.
4. **marriage :** union légale d'un homme et d'une femme ; ne pas confondre avec la cérémonie, **wedding. Ex. : I attended his wedding,** *j'ai assisté à son mariage.*
5. **chuckle-headed :** adj. comp. d'un faux part. pas. : **headed,** *à tête de* ; et d'un n. : **chuckle :** *lourdaud, benêt, nigaud.* Steerforth pense sans doute que la ravissante Émilie est digne d'un meilleur partenaire !
6. **turning quickly upon him :** to turn upon ou on, donne une idée de légère animosité. David est ennuyé par la remarque

je vis la petite Em'lie, à demi cachée derrière Ham, nous suivre de ses doux yeux bleus caressants, et je l'entendis, de sa voix douce, nous recommander de faire bien attention en nous en allant.

« Une petite beauté bien séduisante ! dit Steerforth en me prenant par le bras. Ma foi ! C'est un endroit bien drôle, habité par de bien drôles de gens ; on éprouve une sensation toute nouvelle à se trouver en leur compagnie.

— Quelle chance aussi nous avons eue, Steerforth, d'arriver juste pour être témoins du bonheur apporté par ce projet de mariage ! Je n'ai jamais vu gens aussi heureux. Comme c'était charmant d'assister à cela !

— Certes — mais le gars est plutôt lourdaud pour une fille pareille, tu ne crois pas ? »

Cette froide réponse me donna un choc. Mais me tournant rapidement vers lui, et voyant ses yeux rieurs, je répondis :

« Ah, Steerforth ! tu as beau jeu de te moquer des pauvres gens ! Mais quand je vois que tu les comprends parfaitement, et que tu sais partager leur bonheur, comme celui de ce simple pêcheur, je sais qu'il n'est ni joie, ni chagrin, ni émotion chez ces gens, qui te laissent indifférent. Et je t'en admire et t'aime, Steerforth, vingt fois davantage ! »

Je fus surpris de l'entendre dire tout à coup, alors que rien ne me le faisait prévoir :

« Daisy, plût à Dieu que j'aie été guidé par un père raisonnable, ces vingt dernières années ! Tu sais que ma mère m'a toujours adoré et m'a bien trop gâté. De toute mon âme je souhaiterais avoir été mieux guidé ! De toute mon âme je voudrais être pour moi-même un guide plus avisé ! »

---

peu flatteuse de Steerforth à propos de Ham.
7. **the poor :** l'adj. pris comme nom collectif et précédé de l'art. défini est un pluriel, *les pauvres* ; **the rich,** *les riches.*
8. **this plain fisherman's :** s.-ent. **happiness.**
9. **that :** le relatif sujet ou complément précédé d'une négation (**not**) est obligatoirement **that**, que l'on peut sous-entendre s'il est objet. La règle s'applique aussi s'il y a dans l'antécédent **only, all, very**, un superlatif (y compris **first** ou **last**), et un antécédent mixte (gens + choses ou animaux) : **the people and the cattle that were on the bridge,** *les gens et le bétail qui étaient sur le pont.*
10. **to dote on / upon smb :** *montrer beaucoup* et même *trop d'affection pour qqn.*
11. **I wish... I could :** wish introduit un souhait (encore réalisable) après lequel on emploie le subjonctif **could** exprimant la possibilité.

There was a passionate dejection[1] in his manner that quite amazed me. He was more unlike himself than I could have supposed possible[2].

"It would be better to be this poor Peggotty, or his lout of a nephew, than be myself, twenty times richer and twenty times wiser, and be the torment[3] to myself that I have been in that Devil's bark[4] of a boat[5] within[6] the last half-hour."

I was so confounded by the change in him that at first I could only regard him in silence as he walked at my side. At length I asked him to tell me what had happened to cross him so unusually.

"Tut, it's nothing — nothing, Davy ! I must have had a nightmare, I think. What old women call the horrors[7], have been creeping over me from head to foot. I have been afraid of myself."

"You are afraid of nothing else[8], I think."

"Perhaps not, and yet may have enough to be afraid of, too. Well ! so it goes by ! Daisy — for though that's not the name your godfathers and godmothers gave you, you're such a fresh fellow[9] that it's the name I best like[10] to call you by — and I wish, I wish, I wish, you could give it to me !"

"Why, so I can, if I choose."

"Daisy, if anything should ever happen to separate us, you must think of me at my best, old boy. Come ! let us make that bargain. Think of me at my best, if circumstances should ever part us !"

---

1. **passionate dejection :** il y a une sorte de contradiction dans ces termes, dejection marquant *l'abattement* et passionate *l'enthousiasme, l'emballement.*
2. *« Il était plus différent de lui-même que j'aurais pu supposer qu'il fût possible. »*
3. **torment :** Steerforth, en proie à cette passion subite pour Émilie, essayait toutefois d'y résister ; d'où la *« torture »* qu'il avait subie.
4. **Devil's bark :** les deux termes Devil et bark (péjoratif pour *rafiot*) traduisent la colère de Steerforth, en fait, non pas tellement contre la famille Peggotty, mais envers lui-même ; il n'est sans doute pas très fier de lui, alors qu'il a plus ou moins déjà décidé d'enlever Émilie.
5. **bark of a boat :** of suivi de l'art. indéf. sing. s'emploie pour séparer deux noms, le premier qualifiant le second ; **boat** est

Il le dit d'un ton si passionné et découragé à la fois, que cela me surprit beaucoup. Cela lui ressemblait tellement peu que je n'en croyais pas mes oreilles.

« Plutôt être ce pauvre Peggotty, ou son rustre de neveu, que moi-même, vingt fois plus riche et vingt fois plus averti, et en proie à la torture que j'ai connue cette dernière demi-heure, dans cette maudite coque de noix. »

Le changement survenu en lui me confondait à tel point, que tout d'abord, je ne pus que l'observer en silence, tandis qu'il marchait à côté de moi. Finalement je lui demandai de m'expliquer ce qui était arrivé pour qu'il se sente si extraordinairement contrarié.

« Bah ! ce n'est rien — rien du tout, Davy ! J'ai dû avoir un cauchemar, je crois. J'ai été saisi de la tête aux pieds, par ce que les vieilles femmes appellent la tremblote. J'ai eu peur de moi-même.

— Tu n'as peur de rien d'autre, je pense.

— Peut-être que non, et en même temps j'aurais assez de raisons d'avoir peur. Enfin ! Ainsi va le monde ! Daisy — bien que ce prénom ne soit pas celui que t'ont donné tes parrain et marraine, tu es un garçon si candide que c'est ainsi que je préfère te nommer — et je voudrais vraiment, oh ! combien je voudrais, qu'il te soit possible d'en faire autant à mon égard !

— Ma foi, je le peux, si ça me chante.

— Daisy, si jamais il arrivait que quoi que ce soit nous oppose, il faudra, mon vieux, que tu ne voies en moi que ce que j'ai de meilleur. Allons ! marché conclu. Ne vois en moi que le meilleur si les circonstances, un jour, doivent nous séparer !

---

ici qualifié par le terme péjoratif **bark. A palace of a house,** *un vrai palais.*

6. **within** (prép.) : *« à l'intérieur de »* cette demi-heure, en une demi-heure tout au plus. **Within** s'emploie aussi pour l'espace. Ex. : **within 2 miles of the station,** *à moins de 2 km de la gare.*

7. **the horrors :** forme populaire ; **It gives me the horrors,** *cela me donne le frisson, « la trouille »,* etc.

8. **you are afraid of nothing else :** David se doute que quelque chose d'inquiétant est né dans l'âme de son ami.

9. **Daisy... a fresh fellow :** Steerforth a trouvé ce surnom affectueux pour son ami, si gentil et si naïf. Cf. l'expression habituelle : **as fresh as a daisy,** *« frais comme une pâquerette »* (première fleur du printemps) que Dickens reprend ici.

10. **I best like :** inversion : **I like best = I prefer,** *je préfère.*

"You have no best to me, Steerforth, and no worst. You are always equally loved and cherished in my heart."

I was up, to go away alone, next morning with the dawn, and, having dressed as quietly as I could, looked into his room. He was fast asleep[1]; lying, easily[2], with his head upon his arm, as I had often seen him lie[3] at school.

The time came[4] in its season, and that was very soon, when I almost wondered that nothing troubled his repose, as I looked at him then. But he slept — let me think of him so again — as I had often seen him sleep at school; and thus, in this silent hour I left him.

— Never more, O God forgive you, Steerforth ! to touch that passive[5] hand in love and friendship. Never, never, more[6] !

---

1. **fast asleep :** fast (adv.) = firmly, profoundly, *profondément endormi.*
2. **lying easily :** cette évocation de la pose gracieuse de son ami endormi est reprise à la dernière ligne de ce récit (p. 110), pour évoquer l'attitude de Steerforth dans la mort.
3. **seen him lie :** après les verbes de sensation : **to see** *(voir)*, **to hear** *(entendre)*, **to feel** *(sentir)*, **to watch** *(observer)*, on emploie l'infinitif sans to. Ex. : **I heard him fall,** *je l'ai entendu tomber*; mais au passif, **he was heard *to* fall.**
4. **the time came... :** peu de temps après, lorsque David apprit l'enlèvement d'Émilie, il se demanda comment Steerforth avait pu dormir aussi calmement, alors que son âme était déjà chargée d'aussi noirs desseins.
5. **passive :** *sans réaction*, détendue dans le sommeil.
6. **les deux dernières lignes :** évocation dramatique et mystérieuse du destin des deux camarades séparés désormais pour toujours.

— Il n'y a pour moi, en ce qui te concerne, Steerforth, ni meilleur ni pire. Je porte toujours pour toi en mon cœur autant d'amitié que d'affection. »

Le lendemain matin je me levai à l'aube pour partir seul, et m'étant habillé en faisant aussi peu de bruit que possible, je jetai un coup d'œil dans sa chambre. Il dormait profondément, allongé avec grâce, la tête sur le bras, comme je l'avais souvent vu le faire à l'école.

Vint le moment, très peu de temps après, où je m'étonnai presque que rien ne troublât son repos, tandis que je le regardais ce matin-là. Mais il dormait — et je veux encore maintenant penser à lui de cette manière — comme je l'avais souvent vu dormir à l'école ; et c'est ainsi en cette heure silencieuse, que je le quittai.

« Pour ne plus jamais, que Dieu te pardonne, O Steerforth !, serrer avec affection et amitié, cette main abandonnée. Jamais, jamais plus ! »

Chapter II

Some months elapsed, before I again found myself down[1] in that part of the country, and approaching the old boat by night.

It was a dark evening, and rain was beginning to fall, when I came within sight[2] of Mr. Peggotty's house, and of the light within it shining through the window. A little floundering across the sand, which was heavy, brought me to the door, and I went in. I was bidden[3] to a little supper ; Emily was to be married[4] to Ham that day fortnight, and this was the last time I was to see her in her maiden life.

It looked very comfortable, indeed. Mr. Peggotty had smoked his evening pipe, and there were preparations for supper by-and-by. The fire was bright, the ashes were thrown up[5], the locker was ready for little Emily in her old place[6]. Mrs. Gummidge appeared to be fretting a little, in her own corner : and consequently looked quite natural.

"You're first of the lot, Mas'r Davy ! Sit ye down, sir. It ain't o' no use saying welcome to you, but you're welcome, kind and hearty."

Here Mrs. Gummidge groaned.

"Cheer up, cheer up, Mrs. Gummidge !" said Mr. Peggotty.

"No, no, Dan'l. It ain't o' no use telling *me*[7] to cheer up, when everythink goes contrairy with me. Nothink's nat'ral to me but to be lone and lorn."

After looking at Mrs. Gummidge for some moments, with great sympathy, Mr. Peggotty glanced[8] at the Dutch clock, rose, snuffed the candle, and put it in the window.

---

1. **down :** n'oublions pas que David vient de la capitale.
2. **within sight** = near enough to be seen, *en vue de* ≠ out of sight, *hors de vue.*
3. **bidden :** de to bid, bade ou bid, bidden ou bid ; arch. dans le sens d'*inviter* ; à la voix active, ce verbe peut se construire avec l'infinitif incomplet. Ex. : **they bade me think about it,** *ils me demandèrent d'y réfléchir.*
4. **was to be married :** la forme to be to indique que quelque chose a été organisé, fixé de manière définitive = *devoir.* Cette forme peut aussi introduire a) le futur proche, la probabilité, l'intention : **I am to see my solicitor to-morrow,** *je dois, je vais voir mon notaire demain ;* b) une hypothèse : **if you**

Chapitre II

Quelques mois passèrent, au terme desquels je me retrouvai dans cette partie du pays, en train de me diriger, de nuit, vers le vieux bateau.

C'était une sombre soirée ; la pluie se mit à tomber au moment où j'aperçus la maison de M. Peggotty, et la lumière qui, de l'intérieur, brillait à travers la fenêtre. Après avoir quelque peu pataugé dans le sable détrempé, j'atteignis la porte et entrai. On me convia à un petit souper ; le mariage d'Emilie et de Ham devait être célébré quinze jours plus tard, et c'était la dernière fois que je devais la voir encore jeune fille.

La pièce avait l'air très confortable, vraiment. M. Peggotty avait fumé sa pipe du soir, et bientôt on se mit à préparer le souper. Dans la cheminée où brûlait un feu vif, on avait repoussé les cendres ; le coffre était prêt à accueillir la petite Emilie à sa place habituelle. Dans son propre coin, Mme Gummidge paraissait un peu agitée : c'est-à-dire, en fait, toujours pareille à elle-même.

« Vous êtes le premier d'la bande, m'sieur Davy ! Asseyez-vous donc, monsieur. Pas b'soin d'vous souhaiter la bienvenue, mais bienvenu vous l'êtes et de grand cœur. »

A cet instant, Mme Gummidge poussa un gémissement.

« Courage, courage, madame Gummidge ! dit M. Peggotty.

— Non, non, Daniel. Pas b'soin d'me dire de reprendre courage, quand rien n'va plus pour moi. Tout est contre moi, si seule et abandonnée ! »

Après un long regard de profonde sympathie, adressé à Mme Gummidge, M. Peggotty jeta un coup d'œil vers le coucou, se leva, moucha la bougie et la plaça devant la fenêtre.

---

were to see him, *si jamais vous le voyez ;* c) un événement inévitable résultant d'une décision du destin : **Joan of Arc was to die on the stake,** *Jeanne d'Arc devait mourir sur le bûcher.*

5. **the ashes were thrown up :** les cendres tombées devant le feu étaient balayées et rejetées sur les flammes, ce qui permettait de faire durer le feu et d'économiser le combustible.

6. **the locker... place :** s'agit-il d'un coffre ou d'une sorte de petite couchette aménagée dans une alcôve ? La première solution semble la plus vraisemblable, puisque c'est l'endroit où, d'ordinaire, Émilie va s'asseoir pour passer la veillée.

7. **it ain't of no use telling me :** expression verbale se construisant avec le gérondif : **it's no good telling me,** *rien ne sert de me répéter.*

8. **glanced :** *jeta un coup d'œil rapide.*

"Theer ! Theer we are, Missis Gummidge !" Mrs. Gummidge slightly groaned again. "Theer we are, Mrs. Gummidge, lighted up, accordin' to custom ! You're a wonderin' what that's fur[1], sir ! Well, it's fur our little Em'ly. You see, the path ain't over light[2] or cheerful arter dark ; and when I'm here at the hour as[3] she's a comin' home from her needlework down-town, I puts the light in the winder. That, you see, meets two objects. She says to herself, says Em'ly, "Theer's home !" she says. And likeways[4], says Em'ly, 'My uncle's theer !' Fur if I ain't theer, I never have no light showed[5]. You may say this is like a Babby, sir. Well, I doen't know but what I *am* a babby[6] in regard o' Em'ly. Not to look at, but to — to consider on, you know[7]. *I* doen't care, bless you ! Now I tell you. When I go a looking and looking about that theer pritty[8] house of our Em'ly's, all got ready for her to be married, if I doen't feel as if the littlest things[9] was her, a'most. I takes 'em up, and I puts 'em down, and I touches of 'em[10] as delicate[11] as if they was our Em'ly. So 't is with her little bonnets and that[12]. I couldn't see one on 'em rough used a purpose[13] — not fur the whole wureld[14].

"It's my opinion, you see, as this is along[15] of my havin' played with Em'ly so much when she was a child, and havin' made believe as we was Turks, and French[16], and sharks, and every wariety of forinners — bless you, yes ; and lions and whales, and I don't know what all ! — when she warn't no higher than my knee. I've got into the way on it, you know.

---

1. **fur** = for ; what's that for ? *pour quoi faire ?*
2. **ain't over light** = it is not too well lighted, *ce n'est pas trop éclairé.*
3. **at the hour as** = as the hour when, *à l'heure où.*
4. **likeways** = likewise : *de même, aussi.*
5. **never have no light showed** : remarquer l'incorrecte double négation et le part. pass. erroné = **I would never have** any light shown, *je ne mettrais pas de lumière à la fenêtre.*
6. *« Je ne sais rien sinon que je suis un bébé. »*
7. **not to look at... you know** = *je ne parais pas être un bébé, mais je peux, par mon attitude puérile, être pris (considéré) pour tel.*
8. **pritty** = pretty, *jolie.*
9. **the littlest things :** le superlatif correct de little est the least mais, en fait, on dirait plutôt ici the **smallest things**, *les plus petites choses.*

« Et voilà ! C'est fait, mâme Gummidge ! » Mme Gummidge poussa à nouveau un petit gémissement. « Madame Gummidge, v'là la lumière à sa place, comme d'habitude ! Vous vous d'mandez pourquoi, monsieur ! He ben, c'est pour not' p'tite Em'lie. Vous comprenez, le chemin n'est pas trop éclairé, ni ben gai la nuit venue ; et quand j'suis ici à l'heure où qu'elle s'en r'vient de sa couture en ville, j'mettons la lumière derrière la f'nêtre, et ça voyez-vous, pour deux raisons. Elle se dit, que s'dit Em'lie : "Me v'là cheux nous !" qu'elle s'dit. Et aussi, dit Em'lie : "Mon oncle est là !" Car si j'y étions pas, y aurait pas d'lumière à la f'nêtre. Vous m'direz peut-être, monsieur, que j'suis un vrai Bébé. Ma foi, c'que j'sais, c'est qu' j'suis un vrai bébé pour c'qui est d'Em'lie. Pas à m'voir, mais à m'regarder faire, vous savez. J'm'en moque, par Dieu ! Et j'vais vous dire une bonne chose : quand j'vais fouiner dans c'te chouette de p'tite maison à not' Em'lie, toute préparée pour après son mariage, j'crois ben, ou presque, que la moindre p'tite chose, c'est elle. Et j'te les prends et j'te les pose, et j'te les touche aussi délicatement que si c'était not' Em'lie en personne. C'est pareil pour ses p'tits bonnets et tout comme ça. J'pourrais pas supporter qu'on abîme, exprès, une seule de ses affaires — pour rien au monde.

« D'après moi, voyez-vous, ça vient d'avoir tant joué avec Em'lie, quand elle était p'tite, et de lui avoir fait croire, qu'on s'rait des Turcs, et des Français, et des requins et des étrangers de c't' acabit — et oui, bon Dieu ; et des lions et des baleines et Dieu sait quoi encore ! — et ça quand elle m'arrivait à peine au genou. J'en ai pris l'habitude, vous savez.

---

10. **I touches of them** = I touch them, *je les manipule.*
11. **delicate** (et à la ligne suivante : **rough**) est ici employé comme adv. par Mr. Peggotty.
12. **and that** = and all that, *et tout le reste.*
13. **a purpose** [ˈpɜːpəs] = on purpose, *exprès.*
14. **wureld** = world, *monde.*
15. **as this is along** = this is due to the fact of my having, *c'est à cause du fait que j'ai.*
16. **French :** c'est amusant de voir nos compatriotes pris comme exemples de gens ou d'animaux effrayants et nuisibles.

Why, this here candle, now ! *I* know wery well that arter she's married and gone, I shall put that candle theer, just the same as now, and sit afore the fire, pretending[1] I'm expecting of her[2], like as I'm a doing now[3]. Why, at the present minute, when I see the candle sparkle up, I says to myself, 'She's a looking at it[4] ! Em'ly's a coming !' Right too, fur here she is !"

No ; it was only Ham. The night should have turned[5] more wet since I came in, for he had a large sou'wester hat on, slouched over his face.

"Where's Em'ly ?"

Ham made a movement, as if she were outside. Mr. Peggotty took the light from the window, trimmed it, put it on the table, and was stirring the fire, when Ham, who had not moved, said :

"Mas'r Davy, will you come out a minute, and see[6] what Em'ly and me has got to show you ?"

As I passed him, I saw, to my astonishment and fright, that he was deadly pale. He closed the door upon us. Only upon us two.

"Ham ! What's the matter ?"

"My love, Mas'r Davy — the pride and hope of my art — her that I'd have died for, and would die for now — she's gone !"

"Gone !"

"Em'ly's run away ! You're a scholar, and know what's right and best. What am I to say[7], in-doors[8] ? How am I ever to break it to him[9], Mas'r Davy ?"

I saw the door move, and tried to hold the latch, to gain a moment's time[10]. It was too late. Mr. Peggotty thrust forth his face ; and never could I forget the change that came upon it when he saw us, if I were[11] to live five hundred years.

---

1. **pretending :** ▲ *faisant comme si. Prétendre,* to claim, to assert.
2. **I'm expecting of her** = I am expecting her, *je l'attends.*
3. **like as I am a doing now** = as I'm doing, now, *comme je fais en ce moment.*
4. **she's a looking at it :** renforcement populaire de la forme progressive, *elle est en train de la regarder.*
5. **the night should have turned** = the night had probably turned, *la nuit avait dû devenir.*
6. **will you come... and see :** and associe deux verbes de sens impératif, le deuxième indique alors l'intention ou le but. Ex. :

Et puis, c'te bougie là, maintenant ! J'sais très bien qu'après qu'elle s'ra mariée et partie, j'mettrai c'te bougie là-bas, tout com' maint'nant et j'rest'rai assis d'vant l'feu, faisant semblant de l'attendre, comme en c'moment. Eh ben, à c't'heur'ci, quand j'vois la bougie étinceler, j'me dis en moi-même : "Em'lie la regarde ! Elle arrive !" Et c'est vrai, car la v'là ! »

Non ; ce n'était que Ham. La pluie avait dû redoubler depuis mon arrivée, car il portait un grand suroît, rabattu sur le visage.

« Où est Em'lie ? »

Ham fit un signe comme pour indiquer qu'elle était dehors. M. Peggotty enleva la bougie de devant la fenêtre, la moucha, la posa sur la table, et il était en train de tisonner le feu, lorsque Ham, qui n'avait pas bougé, me dit :

« M'sieur Davy, voulez-vous sortir une minute pour voir ce qu'Em'lie et moi avons à vous montrer ? »

Comme je passais devant lui, je vis, à mon étonnement et à mon grand effroi, qu'il était d'une pâleur mortelle. Il referma la porte derrière nous, nous deux seulement.

« Ham ! que se passe-t-il ?

— M'sieur Davy, mon amour — l'orgueil et l'espoir de mon cœur — celle pour qui j'aurais donné ma vie, et la donnerais encore maintenant —, elle est partie !

— Partie !

— Em'lie s'est enfuie ! Vous êtes un savant qui sait c' qui est bien et c'qui convient le mieux. Que dois-je leur dire, là-dedans ? Comment que j'pourrai jamais, m'sieur Davy, lui annoncer l'affreuse nouvelle ? »

Je vis la porte bouger et j'essayai de tenir le loquet pour gagner quelques minutes. C'était trop tard. M. Peggotty passa la tête par l'entrebâillement ; et dussé-je vivre cinq cents ans, je n'oublierai jamais l'altération de son visage lorsqu'il nous vit.

---

come and have a drink, *venez boire un coup.*

7. **what am I to say :** la chose à laquelle il pense surtout, malgré son grand chagrin personnel, c'est de ménager Mr. Peggotty.

8. **in-doors** (adv.) = inside, in the house, *à l'intérieur.*

9. **to break it to him :** it ; la mauvaise, l'affreuse nouvelle. Cf. to break the news : *annoncer une mauvaise nouvelle en essayant de faire le moins de peine possible.*

10. **a moment's time :** cas possessif employé avec une idée de temps. Ex. : in a century's time, *dans un siècle d'ici.*

11. **if I were :** were subjonctif employé dans l'expression de faits conditionnels ou irréels.

I remember a great wail and cry, and the women[1] hanging about him, and we all standing in the room; I with an open letter in my hand, which Ham had given me; Mr. Peggotty, with his vest[2] torn open, his hair wild, his face and lips white, and blood trickling down his bosom[3] (it had sprung from his mouth, I think).

"Read it, sir; slow, please. I doen't know as I can understand[4]."

In the midst of the silence of death, I read thus, from the blotted[5] letter Ham had given me. In Em'ly's hand — addressed to himself:

"'When you[6], who love me[7] so much better than I ever have deserved, even when my mind was innocent, see this, I shall be far away. When I leave my dear home — my dear home — oh, my dear home! — in the morning,'" — the letter bore date on the previous night: "'— it will be never to come back, unless he[8] brings me back a lady[9]. This will be found at night, many hours after, instead of me. For mercy's sake[10], tell uncle that I never loved him half so dear as now. Oh, don't remember you and I were ever to be married — but try to think as if I died when I was little, and was buried somewhere. Pray Heaven that I am going away from[11], have compassion on my uncle! Be his comfort. Love some good girl, that will be what I was once to uncle, and that will be true to you, and worthy of you, and know no shame but me[12]. God bless all! If he don't bring me back a lady, and I don't pray for my own self[13], I'll pray for all. My parting love to uncle. My last tears, and my last thanks, for uncle!'"

That was all.

---

1. **the women :** Mrs. Gummidge et Peggotty, la sœur de Mr. Peggotty ; ▲ la différence de prononciation entre le sing. **woman** [ˈwʊmən] et le plur. **women** [ˈwɪmɪn].
2. **vest :** en anglais ancien = **waistcoat** *(gilet)*; en anglais moderne : *tricot de corps, de peau.*
3. **bosom** [ˈbuzəm] **:** mot ancien qui n'est plus guère employé = breast, *la poitrine.*
4. **as I can understand** = if I can understand.
5. **blotted :** de a blot, *une tache*; la lettre était tachée par les larmes qu'Émilie avait répandues pendant qu'elle écrivait.
6. **when you... see this :** quand une prop. subord. est introduite par une conj. de temps (**when**), la prop. principale étant au futur, le verbe de cette subord. est au présent.
7. **who love me** = who love*s* me, *qui m'aime.*
8. **he :** Steerforth, qui a enlevé la jeune fille.

J'ai souvenir d'une longue plainte et d'un cri, des femmes serrées autour de lui, de nous tous debout dans la pièce, de moi tenant une lettre ouverte, que Ham m'avait donnée, et de M. Peggotty, le gilet grand ouvert, les cheveux ébouriffés, le visage et les lèvres livides, et du sang qui tombait goutte à goutte sur sa poitrine (et qui, je crois, coulait de sa bouche).

« Lisez-la, monsieur ; lentement, je vous prie. J'sais pas si je pourrai comprendre. »

Dans un silence de mort, je lus ce qui suit, sur cette lettre tachée de larmes, que m'avait donnée Ham. Elle était de la main d'Em'lie et adressée à son fiancé :

« Lorsque toi, qui m'aimes tellement plus que je ne l'ai jamais mérité, même lorsque mes pensées étaient innocentes, tu liras cette lettre, je serai loin. Lorsque j'aurai, demain matin, quitté ma chère maison — ma chère, ô combien chère maison ! » — la lettre était datée de la veille au soir — « ce sera pour n'y jamais revenir, à moins qu'il ne m'y ramène après avoir fait de moi une dame. C'est cette lettre que tu trouveras au lieu de moi, dans la soirée, plusieurs heures après mon départ. Par pitié, dis à mon oncle que je ne l'ai jamais, et de loin, autant aimé qu'à présent. Oh, oublie que toi et moi devions un jour être mari et femme — mais essaye plutôt de croire que je suis morte enfant, et que je suis enterrée quelque part. Prie le ciel dont je m'éloigne, d'avoir pitié de mon oncle ! Sois sa consolation. Aime quelque bonne fille, qui sera ce que j'ai jadis été pour mon oncle, qui te sera fidèle et méritera ton amour ; et tu ne connaîtras plus la honte une fois que tu m'auras oubliée. Que Dieu vous bénisse tous ! S'il ne fait pas de moi une dame, et que je ne puisse prier pour moi-même, je prierai pour vous tous. Toute mon affection à mon oncle, au moment de le quitter. Mes dernières larmes, et mes derniers remerciements seront pour lui ! »

C'était tout.

---

9. **a lady :** ce qu'elle espère, c'est que Steerforth l'épousera, qu'elle deviendra une grande dame.
10. **for mercy's sake :** expression idiomatique dans laquelle on trouve le cas possessif. Ex. : **for God's sake,** *pour l'amour de Dieu,* **art for art's sake,** *l'art pour l'art.*
11. **that I am going away from :** selon la morale du temps, Émilie, en quittant sa famille avec un jeune homme sans être mariée, s'enfonçait dans le péché et s'éloignait de Dieu (**heaven**).
12. **know no shame but me :** Émilie espère qu'en épousant une femme vertueuse, Ham ne connaîtra plus le déshonneur.
13. **I don't pray for my own self :** dans l'état de péché où elle se trouve, elle ne peut plus invoquer Dieu pour elle-même.

He stood, long after I had ceased to read, still looking at me. Slowly, at last, he moved his eyes from my face, and cast them round the room.

"Wo's the man[1] ? I want to know his name."

Ham glanced at me, and suddenly I felt a shock.

"Mas'r Davy ! Go out a bit, and let me tell him what I must. You doen't ought to hear[2] it, sir."

I sank down[3] in a chair[4], and tried to utter some reply ; but my tongue was fettered[5], and my sight was weak. For I felt that the man was my friend — the friend I had unhappily introduced there — Steerforth, my old schoolfellow and my friend.

"I want to know his name !"

"Mas'r Davy's frend[6]. He's the man. Mas'r Davy, it ain't no fault of yourn[7] — and I am far from laying of it to you[8] — but it is your friend Steerforth, and he's a damned villain !"

Mr. Peggotty moved no more, until he seemed to wake all at once, and pulled down his rough coat from its peg in a corner.

"Bear a hand[9] with this ! I'm struck of a heap[10], and can't do it. Bear a hand, and help me. Well ! Now give me that theer hat !"

Ham asked him whither[11] he was going.

"I'm a going to seek my niece. I'm a going to seek my Em'ly. I'm a going, first, to stave in[12] that theer boat as he[13] gave me, and sink it where I would have drownded *him*, as I'm a livin' soul, if I had had one[14] thought of what was in him !

---

1. **wo's the man** = who's (who is) the man.
2. **you doen't ought to hear :** incorrect pour you ought not to hear.
3. **I sank down :** David est si bouleversé qu'il n'obéit pas à la demande de Ham.
4. **in a chair :** grâce à la préposition in, nous savons que, ici, a chair est un *fauteuil.* Cf. to sit down *on* a chair, *s'asseoir sur une chaise.*
5. **fettered :** *enchaînée,* de **fetters**, *les fers* qui entravent un prisonnier.
6. **frend** = friend, *ami.*
7. **of yourn** = of yours ; c'est le pronom possessif postposé ; cette tournure renforce l'idée de possession. Ex. : I like that novel *of his, j'aime beaucoup son roman.*

M. Peggotty resta longtemps immobile à me fixer après que j'eûs terminé ma lecture. Enfin, il détourna lentement les yeux de mon visage et promena son regard tout autour de la pièce.

« Qui est l'homme ? Je veux connaître son nom. »

Ham me lança un coup d'œil, et soudain je ressentis un choc.

« M'sieur Davy ! Sortez un instant, et laissez-moi lui dire ce que j'ai à lui apprendre. Faut pas qu'vous entendiez ça, m'sieur. »

Je m'affalai dans un fauteuil, et j'essayai de formuler quelque réponse ; mais ma langue était paralysée, et ma vue troublée. Car je pressentais que l'homme était mon ami — l'ami que par malheur j'avais amené ici — Steerforth, mon vieux camarade de classe et ami.

« Je veux connaître son nom !

— C'est l'ami de m'sieur Davy, c'est lui. M'sieur Davy, c'est sûrement pas vot' faute — et j'suis loin de vous l'reprocher — mais c'est votre ami Steerforth, ce maudit scélérat ! »

M. Peggotty ne bougea plus ; puis tout à coup, il sembla se réveiller, et arracha sa grosse pèlerine du portemanteau, dans le coin.

« Aidez-moi à la mettre ! Ça m'a coupé bras et jambes, et je n'y arrive pas. Aidez-moi donc. Bon ! Et maintenant, passez-moi ce chapeau là ! »

Ham lui demanda où il allait.

« J'vas chercher ma nièce. J'vas chercher mon Em'lie. Et d'abord, j'vas défoncer c'te barque là-bas qu'il m'a donnée, et la faire couler, là où qu'j'aurais dû le nayer, lui, aussi vrai que j'suis là, si seulement j'avais pensé une fois à c'qu'il avait dans l'corps !

---

8. **laying of it to you** = from laying the blame (the responsibility) of it on you, *de vous en blâmer.*
9. **bear a hand** = bring me a helpful hand, *portez-moi une main secourable,* c.-à-d. *aidez-moi.*
10. **I'm struck of a heap :** Mr. Peggotty explique pourquoi il a besoin d'aide pour une chose aussi simple que d'enfiler un manteau ; la nouvelle du départ d'Émilie l'a foudroyé.
11. **whither** ['wɪðə*] : rel. inter. indirect arch. (to where) *vers où ?.*
12. **to stave in :** to stave, *briser, casser ;* in, *vers l'intérieur,* c.-à-d. *enfoncer, défoncer* la barque, pour la faire couler.
13. **he :** Steerforth. Celui-ci, riche et généreux, avait offert une barque à Mr. Peggotty.
14. **one :** *une seule,* si j'avais seulement pensé.

As he sat afore me, in that boat, face to face, strike me down dead[1], but I'd have drownded him, and thought it right ! — I'm a going fur to seek my niece."

"Where ?"

"Anywhere ! I'm a going to seek my niece through the wureld. I'm a going to find my poor niece in her shame, and bring her back wi' my comfort and forgiveness. No one stop me[2] ! I tell you I'm a going to seek my niece ! I'm a going to seek her fur and wide[3] !"

Mrs. Gummidge came between them, in a fit of crying. "No, no, Dan'l, not as you are now. Seek her in a little while, my lone-lorn Dan'l[4], and that'll be but right[5] ; but not as you are now. Sit ye down, and give me your forgiveness for having ever been a worrit[6] to you, Dan'l — what have *my* contrairies ever been to this[7] ! — and let us speak a word about them times[8] when she was first a orphan[9], and when Ham was too, and when I was a poor widder woman[10], and you took me in. It'll soften your poor heart, Dan'l, and you'll bear your sorrow better ; for you know the promise, Dan'l, 'As you have done it unto one of the least of these, you have done it unto me[11] ;' and that can never fail under this roof, that's been our shelter for so many, many year[12] !"

He was quite passive now ; and when I heard him crying[13], the impulse that had been upon me to go down upon my knees, and curse Steerforth, yielded to a better feeling. My overcharged heart found the same relief as his, and I cried too.

---

1. **strike me down dead :** invocation religieuse ; *que Dieu me frappe de mort subite si...*
2. **stop me** = no one can, ou will stop me, *personne ne m'en empêchera.*
3. **fur and wide :** fur = far ; far and wide, ou far and near = everywhere, *partout.*
4. **my lone lorn Dan'l :** *mon Daniel solitaire et abandonné.* Cette plainte que la malheureuse Mrs. Gummidge a l'habitude de proférer sans beaucoup de raisons, elle la transfère maintenant à son bienfaiteur Peggotty qui, lui, a toutes les raisons désormais de se sentir lone and forlorn.
5. **be but right :** *ce ne sera que normal.* But a un sens négatif : *ne... que.*
6. **worrit** = worry (n.), *souci.*
7. **been to this :** to = compared to, *comparé à ceci.*

Lorsqu'il était assis d'vant mé, dans c'te barque, nous deux face à face, Dieu me damne de n'pas l'avoir nayé, et sans regrets encore !
— J'm'en vas chercher ma nièce !

— Où ?

— N'import' où ! J'vas la chercher au bout du monde. J'vas r'trouver ma pôv' nièce, avec sa honte, et la ram'ner en la consolant et en lui pardonnant. Personne m'en empêchera ! J'vous dis que j'vas chercher ma nièce ! J'vas la chercher dans tous les coins du monde ! »

Mme Gummidge se glissa entre eux, en proie à une crise de larmes. « Non, non, Dan, pas dans l'état où vous êtes à c't'heure. Vous irez à sa recherche dans un p'tit bout de temps, mon Daniel solitaire et abandonné, et ça s'ra ben normal ; mais pas comme vous êtes maint'nant. Asseyez-vous donc, et donnez-moi votre pardon pour avoir toujours été un souci pour vous ; Daniel — qu'est-ce que mes contrariétés ont été à côté d' ça ! Et parlons un peu du temps où elle est devenue orpheline et Ham également, et où j'étais un' pôv' veuve et vous m'avez prise avec vous. Cela adoucira vot' pôv' cœur, Dan, et ça vous aidera à mieux supporter votre chagrin ; car vous connaissez Sa promesse, Dan. "Ce que vous avez fait pour le moindre d'entre ceux-ci c'est pour moi que vous l'avez fait" ; et elle ne manquera pas de se réaliser sous ce toit, qui est notre refuge depuis tant et tant d'années ! »

Il ne réagissait plus maintenant ; et lorsque je l'entendis pleurer, l'impulsion que j'avais eue de tomber à genoux, et de maudire Steerforth, céda devant un meilleur sentiment. Mon cœur si lourd trouva le même soulagement que le sien, et je me mis à pleurer aussi.

---

8. **them times :** *ces temps.* Il est fréquent dans la langue populaire de remplacer le démonstratif **these** ou **those** par le pron. pers. objet plur.
9. **a orphan :** incorrect pour *an* orphan.
10. **widder woman** = widow, *veuve.*
11. **« As you have done... unto me » :** paroles du Christ ; Évangile de saint Marc IX 37. On retrouve cette citation presque littéralement chez saint Matthieu.
12. **so many, many year :** devrait être : so many, many *a* year (emphatique) ou so many, many years, *depuis tant et tant d'années.*
13. **I heard him crying :** les verbes de perception (to hear, to see) se construisent soit avec le part. prés., soit avec l'infinitif incomplet. I heard him cry.

Chapter III

At this period of my life I lived in my top set of chambers[1] in Buckingham Street, Strand[2], London, and was over head and ears in love with Dora[3]. I lived principally on Dora and coffee. My appetite languished and I was glad of it, for I felt as though it would have been an act of perfidy towards Dora to have a natural relish for my dinner. I bought four sumptuous waistcoats — not for myself; *I* had no pride in them — for Dora. I took to[4] wearing straw-coloured kid gloves in the streets. I laid the foundations of all the corns[5] I have ever had. If the boots I wore at that period could only be produced and compared with the natural size of my feet, they would show in a most affecting manner what the state of my heart was.

Mrs. Crupp, the housekeeper[6] of my chambers, must have been a woman of penetration[7]; for, when this attachment was but a few weeks old, she found it out. She came up to me one evening when I was very low, to ask (she being afflicted with spasms) if I could oblige her with a little tincture of cardamums[8], mixed with rhubarb and flavoured[9] with seven drops of the essence of cloves — or, if I had not such a thing by me — with a little brandy. As I had never even heard of the first remedy, and always had the second in the closet, I gave Mrs. Crupp a glass of the second; which (that I might have no suspicion of its being devoted to any improper use) she began to take immediately.

"Cheer up, sir," said Mrs. Crupp. "Excuse me. I know what it is, sir. There's a lady in the case."

---

1. **a set of chambers :** *« un ensemble de pièces ».*
2. **Strand :** grande artère du quartier est de Londres, entre la Cité et Westminster, célèbre pour la concentration des grands titres de la presse anglaise.
3. **Dora :** dans le roman, Dora est le premier amour de David. Dora Spenlow est le portrait d'une certaine Maria Beadnell dont Dickens tomba follement amoureux en 1830, alors qu'il avait 18 ans. Maria avait une petite chienne, Daphné, qui devint Jip dans *David Copperfield.*
4. **I took to = I got into the habit of,** *je pris l'habitude de, je me mis à,* + gérondif : **wearing.**
5. **corns :** *cors* (au pied) ; ne pas confondre avec **corn,** *cé-*

Chapitre III

A cette époque de ma vie j'habitais mon appartement au dernier étage d'une maison de Buckingham Street, dans le Strand, à Londres, et j'étais éperdument amoureux de Dora. Je vivais surtout de café et d'amour pour Dora. Je perdais l'appétit et j'en étais ravi, car je sentais que c'eût été agir avec perfidie vis-à-vis de Dora que d'éprouver un goût naturel pour la nourriture. J'achetai quatre magnifiques gilets — pas tellement pour moi-même, je ne ressentais aucune fierté à les porter —, mais pour Dora. Dans mes sorties, je me mis à porter des gants de chevreau couleur paille. Je jetai les fondations de tous les cors que j'aie jamais eus. Si l'on pouvait seulement exhiber les bottines que je portais à cette époque, et les comparer à la taille naturelle de mes pieds, elles montreraient d'une façon fort affligeante dans quel état était mon cœur.

Mme Crupp, la gouvernante qui s'occupait de mon appartement, était probablement une femme de grande perspicacité ; car, alors que mon amour pour Dora ne datait que de quelques semaines, elle le découvrit. Elle vint me trouver un certain soir où je me sentais au plus bas, pour me demander (elle souffrait de spasmes) si je pouvais lui rendre le service de lui préparer un peu de teinture à base de cardamome, mêlée de rhubarbe et parfumée de sept gouttes d'essence de girofle — ou, si je n'avais pas ces ingrédients à portée de la main, un petit verre de cognac. Comme je n'avais même jamais entendu parler du premier remède, et que je gardais toujours le second dans le placard, je donnai à Mme Crupp un verre de ce dernier, qu'elle se mit à avaler sur-le-champ (afin que je ne la soupçonnasse pas de vouloir le destiner à un usage impropre).

« Courage, monsieur, dit Mme Crupp. Pardonnez-moi, mais je sais de quoi il s'agit, monsieur. Il y a une dame là-dessous.

---

réales, blé.

6. **housekeeper :** titre un peu pompeux ici, pour une sorte de femme de ménage-cuisinière qu'emploie d'ordinaire un célibataire.
7. **penetration** (of the mind) **:** capacité à entrevoir rapidement les problèmes difficiles, *perspicacité.*
8. **cardamums** ou **cardamom** [ˈkaːdəməm] **:** *cardamome,* épice aromatique, au goût poivré, provenant d'une plante d'Asie.
9. **flavoured :** ce terme culinaire évoque à la fois le parfum et le goût des choses, ce qui est le cas, par exemple, pour le clou de girofle.

"Mrs. Crupp ?"

"Oh, bless you ! Keep a good heart, sir ! Never say die[1], sir ! If she don't smile[2] upon you, there's a many as will[3]. You're a young gentleman to *be* smiled on, Mr. Copperfull, and you must learn your walue, sir."

Mrs. Crupp always called me Mr. Copperfull : firstly, no doubt, because it was not my name ; and secondly, I am inclined to think, in some indistinct association with a washing-day.

"What makes you suppose there is any young lady in the case, Mrs. Crupp ?"

"Mr. Copperfull[4], I'm a mother myself. Your boots and your waist is equally too small, and you don't eat enough, sir, nor yet[5] drink. Sir, I have laundressed[6] other young gentlemen besides you. It was but[7] the gentleman which died here before yourself, that fell in love — with a barmaid — and had his waistcoats took in[8] directly, though much swelled[9] by drinking."

"Mrs. Crupp, I must beg you not to connect the young lady in my case with a barmaid, or anything of that sort, if you please."

"Mr. Copperfull, I'm a mother myself, and not likely[10]. I ask your pardon, sir, if I intrude. I should never wish to intrude where I were not welcome. But you are a young gentleman, Mr. Copperfull, and my adwice to you is, to cheer up, sir, to keep a good heart, and to know your own walue. If you was to take to something, sir ; if you was to take to skittles[11], now, which is healthy, you might find it divert your mind, and do you good."

---

1. **never say die :** il ne faut jamais se résigner à la mort, c.-à-d. à l'échec = *il ne faut pas jeter le manche après la cognée,* se décourager par lassitude.
2. **if she don't smile :** don't = doesn't ; la langue incorrecte de Mme Crupp est celle de tous les gens du peuple, bien peu éduqués à cette époque.
3. **there's a many as will** = there are many young ladies ready to smile upon you, *bien des jeunes filles sont prêtes à s'intéresser à vous.*
4. **copperfull :** *la bassine* (théoriquement en cuivre : copper) *pleine de linge à laver.*
5. **nor yet :** *ni encore, ni même :* pour Mme Crupp, boire (cf. le cognac) est au moins aussi important que manger.
6. **laundressed :** verbe (rare), de **laundress** (n.), *la blanchisseuse.* On dit plutôt **to do sb's laundry.**

— Madame Crupp ?

— Oh, Seigneur Dieu ! ne vous laissez pas abattre, monsieur ! Il ne faut jamais désespérer, monsieur ! Une de perdue, dix de retrouvées ! Vous êtes un jeune monsieur, fait pour avoir des succès, M. Copperfull, et il vous faut apprendre à vous estimer à votre juste valeur, monsieur. »

Mme Crupp m'appelait toujours M. Copperfull ; premièrement, sans aucun doute, parce que ce n'était pas mon nom ; et deuxièmement, je suis porté à le croire, à cause de quelque vague rapprochement avec un jour de lessive.

« Qu'est-ce qui vous fait croire qu'il y ait une jeune fille là-dessous, madame Crupp ?

— M. Copperfull, je suis mère moi-même. Vos bottines et vos gilets sont également trop petits, et vous ne mangez ni même ne buvez assez. Monsieur, j'ai entretenu le linge d'autres jeunes gens que vous. Par exemple celui du gentleman qui est mort ici avant votre arrivée, et qui était tombé amoureux — d'une serveuse de café — et qui avait aussitôt fait reprendre ses gilets, quoiqu'il fût fort enflé à force de boire.

— Madame Crupp, j'insiste pour que vous n'établissiez aucun rapport entre la jeune personne en question et une serveuse de café, ou qui que ce soit du même acabit, je vous prie.

— Monsieur Copperfull, je suis mère moi-même, et c'est pas mon genre. Excusez-moi, monsieur, si j'm'en mêle. Je n'voudrais jamais mettre le nez dans les affaires des autres, si ça leur déplaît. Mais vous êtes bien jeune, monsieur Copperfull, et c'que j'vous conseille, monsieur, c'est de prendre courage, de n'pas vous laisser abattre, et de savoir c'que vous valez. Et si vous vous intéressiez à quéque chose, monsieur ; par exemple, si vous vous mettiez à jouer aux quilles — voilà un jeu bien sain — vous vous apercevriez sans doute que ça vous occuperait l'esprit et qu'ça vous f'rait du bien. »

---

7. **it was but :** *ne serait-ce* (comme exemple) *que...*
8. **took in = taken in** ; terme de couture : *reprendre, resserrer, rendre plus étroit.* Ex. : **to take in a sleeve,** *serrer une manche.*
9. **swelled :** le part. pass. de **to swell** est **swollen** ; c'est la boisson qui l'avait fait *enfler,* soit par obésité, soit par maladie (cirrhose du foie).
10. **and not likely :** reprend ce que David a dit dans la phrase antérieure, **not likely to connect Dora with a barmaid** !
11. **skittles :** jeu très populaire à cette époque en Angleterre, qui consiste à renverser avec une boule de bois des sortes de bouteilles de bois. Ce jeu s'appelle aussi **ninepins** s'il y a 9 quilles, et **tenpins** s'il y en a 10.

I turned it off[1] and changed the subject by informing Mrs. Crupp that I wished to entertain at dinner next day, my esteemed friends Traddles[2], and Mr. and Mrs. Micawber[3]. And I took the liberty of suggesting a pair of soles, a small leg of mutton, and a pigeon pie. Mrs. Crupp broke out into rebellion on my first bashful hint in reference to *her* cooking the fish and joint. But, in the end[4], a compromise was effected ; and Mrs. Crupp consented to achieve this feat[5], on condition that I dined from home for a fortnight afterwards.

Having laid in the materials for a bowl of punch, to be compounded by Mr. Micawber ; having provided a bottle of lavender-water, two wax candles, a paper of mixed pins, and a pin-cushion, to assist[6] Mrs. Micawber in her toilette, at my dressing-table ; having also caused the fire in my bed-room to be lighted for Mrs. Micawber's convenience ; and having laid the cloth with my own hands ; I awaited[7] the result with composure.

At the appointed time, my three visitors arrived together. Mr. Micawber with more shirt-collar[8] than usual, and a new ribbon to his eye-glass ; Mrs. Micawber with her cap in a parcel[9] ; Traddles carrying the parcel, and supporting[10] Mrs. Micawber on his arm. They were all delighted with my residence. When I conducted Mrs. Micawber to my dressing-table, and she saw the scale on which it was prepared for her, she was in such raptures, that she called Mr. Micawber to come in and look.

"My dear Copperfield," said Mr. Micawber, "this is luxurious. This is a way of life which reminds me of[11] the period when I was myself in a state of celibacy.

---

1. **turned it off :** expression amusante qui associe le bavardage de Mme Crupp au débit d'un robinet (**to turn off a tap**).
2. **Traddles :** autre ami de David, qu'il a connu à l'école, en même temps que Steerforth. Traddles était tout l'opposé de Steerforth ; gentil, timide, réservé, il était le souffre-douleur du maître Creakle.
3. **Mr. and Mrs. Micawber** [mɪ'kɔːbə*] **:** lorsque le jeune David fut mis au travail dans l'entrepôt de Murdstone and Grimby, à Londres, on lui trouva un logement chez les Micawber, personnages hauts en couleur. Pour tracer le portrait de son logeur, Dickens s'est servi de celui de son père, John Dickens.
4. **in the end** (adv.) = **finally, at last,** *enfin.* Ne pas confondre avec la préposition at the end of. Ex. : **he was at the end of his resources,** *il était à bout de ressources.*

Je l'interrompis et, pour changer de sujet, l'informai que je souhaitais inviter à dîner le lendemain, mes bons amis Traddles et le ménage Micawber. Et je pris la liberté de suggérer, comme menu, deux soles, un petit gigot de mouton et un pâté de pigeon. Mme Crupp se révolta contre ma première et timide suggestion relative au fait qu'elle aurait à faire cuire le poisson et le rôti. Mais, en fin de compte, nous en arrivâmes à un compromis ; et Mme Crupp accepta d'entreprendre ce tour de force, à condition que, pendant la quinzaine qui suivrait, je ne dînerais pas chez moi.

Je réunis les ingrédients pour un bol de punch que M. Micawber devait préparer ; je me procurai une bouteille d'eau de lavande, deux bougies de cire, une carte d'épingles assorties et une pelote à épingles, pour permettre à Mme Micawber de s'apprêter devant ma coiffeuse ; je fis allumer un feu dans ma chambre à coucher pour le confort de Mme Micawber ; je mis la table de mes propres mains ; après quoi, j'attendis avec calme le résultat de tout cela.

A l'heure fixée, mes trois invités arrivèrent ensemble : M. Micawber avec un col de chemise plus ample qu'à l'ordinaire, et un cordon de monocle neuf ; Mme Micawber avec un bonnet dans un paquet que Traddles portait tout en lui donnant le bras. Tous trois furent charmés de mon installation. Lorsque j'accompagnai Mme Micawber jusqu'à ma coiffeuse, et qu'elle se rendit compte de l'importance des préparatifs faits en son honneur, elle fut saisie d'un tel ravissement qu'elle appela M. Micawber pour qu'il vienne voir.

« Mon cher Copperfield, dit M. Micawber, tout ceci est d'un luxe raffiné. C'est un mode de vie qui me rappelle l'époque où j'étais moi-même célibataire.

---

5. **feat** (ironique) : faire cuire un gigot est un *haut fait* culinaire pour l'incapable et paresseuse Mme Crupp.
6. **to assist :** ▲ *aider, prêter assistance. Assister à :* to attend.
7. **awaited :** forme litt. pour **waited. Awaited** a une construction directe : **he awaited the results** ; au lieu de **he waited for the results,** *il attendit les résultats.*
8. **more shirt-collar :** Dickens semble penser que, à cette époque, une tenue d'apparat masculine comportait le port de cols de chemises particulièrement amples.
9. **her cap in a parcel :** cette dame, lorsqu'elle était invitée, avait deux chapeaux : **a cap**, pour être porté dans la rue, et **a bonnet,** plus raffiné et élégant, pour être porté à l'intérieur.
10. **supporting** = helping, assisting, *donnant le bras à* Mme Micawber pour l'aider à marcher.
11. **reminds me of :** to remind sb. of sth, *rappeler quelque chose à qqn.* Une autre construction serait : **this makes me remember the period.**

I am at present established on what may be designated as a small and unassuming[1] scale ; but, you are aware[2] that I have, in the course of my career, surmounted difficulties, and conquered obstacles. You are no stranger to the fact, that there have been periods of my life, when it has been requisite[3] that I should pause, until certain expected events should turn up[4] — when it has been necessary that I should fall back, before making what I trust I shall not be accused of presumption in terming[5] — a spring. The present is one of those momentous stages in the life of man. You find me, fallen back, *for* a spring ; and I have every reason to believe that a vigorous leap will shortly be the result."

I informed Mr. Micawber that I relied upon him[6] for a bowl of punch[7], and led him to the lemons. I never saw a man so thoroughly enjoy himself, as he stirred, and mixed, and tasted, and looked as if he were making, not mere[8] punch, but a fortune for his family down to the latest posterity. As to Mrs. Micawber, I don't know whether it was the effect of the cap, or the lavender-water, or the pins, or the fire, or the wax candles, but she came out of my room, comparatively speaking[9], lovely.

I suppose — I never ventured to inquire, but I suppose — that Mrs. Crupp, after frying the soles, was taken ill. Because we broke down at that point. The leg of mutton came up, very red inside[10], and very pale outside : besides having a foreign substance of a gritty[11] nature sprinkled over it, as if it had had a fall into ashes. But we were not in a condition to judge of this fact from the appearance of the gravy, forasmuch as[12] it had been all dropped on the stairs.

---

1. **unassuming :** du verbe to assume, *se charger de, entreprendre.* D'où : *modeste, sans envergure.*
2. **you are aware :** aware = *averti, informé* = to know, *savoir ;* la forme to be aware of est plus recherchée.
3. **requisite** [ˈrekwɪzɪt] (adj.) = needed ou required, *nécessaire, indispensable* ; ce terme entraîne l'emploi du subj. should ; ce qui est le cas aussi, un peu plus loin dans la même phrase de : necessary that I should fall back.
4. **until... turn up :** l'emploi du subj. provient ici de l'idée d'incertitude, de doute introduite par **expected** (prévus, mais non certains).
5. **terming** = calling ; remarquer la langue très litt. du sieur Micawber.

Ma position sociale, à l'heure actuelle, peut être qualifiée comme fort modeste et manquant d'envergure ; mais vous n'êtes pas sans savoir que j'ai, au cours de ma carrière, vaincu bien des difficultés et surmonté bien des obstacles. Vous n'êtes pas étranger au fait qu'il y a eu des périodes de ma vie où j'ai dû marquer une pause, en attendant que certains événements espérés se présentent, pendant laquelle il m'a fallu reculer avant d'effectuer ce que j'appellerai — souhaitant ne pas être accusé de suffisance — un bond en avant. La période actuelle représente l'une de ces étapes capitales dans la vie d'un homme. Vous me voyez, dans un moment de repli, prêt à bondir ; et j'ai de bonnes raisons de croire qu'il en résultera, sous peu, un puissant saut en avant. »

J'informai M. Micawber que je comptais sur lui pour la préparation d'un bol de punch, et le menai jusqu'aux citrons. Je n'ai jamais vu homme prendre autant de plaisir, tandis qu'il remuait, mélangeait et goûtait, et paraissait, non pas concocter un simple punch, mais jeter les bases d'une fortune pour sa famille jusqu'à la énième génération. Quant à madame Micawber, je ne sais si c'était l'effet du bonnet, ou de l'eau de lavande, ou des épingles, ou du feu, ou des bougies de cire, mais toujours est-il qu'elle sortit de ma chambre, ravissante — jusqu'à un certain point.

Je crois — sans avoir jamais osé m'en informer —, je crois, dis-je, que Mme Crupp, après avoir fait frire les soles, fut saisie d'un malaise, car, à partir de ce moment-là, tout alla de travers. Le gigot arriva très rouge à l'intérieur et très pâle à l'extérieur et, qui plus est, saupoudré d'une substance étrangère de nature granuleuse, comme s'il était tombé dans les cendres. Mais nous ne fûmes pas à même d'en juger d'après l'apparence de la sauce, vu que celle-ci avait été renversée, dans l'escalier, jusqu'à la dernière goutte.

---

6. **relied upon him** = trusted him, depended upon him, *je lui faisais confiance, je comptais sur lui.*
7. **punch :** boisson à base de vin ou alcool, sucre, citron, épices et eau bouillante.
8. **mere** [miə] (adj.) : simple, ordinary, *un simple* (punch).
9. **comparatively speaking :** ni flatteur ni galant de la part de David.
10. **very red inside :** il faut se rappeler l'aversion qu'ont en général les Anglais pour la viande peu cuite (**underdone**).
11. **gritty** (adj.) : de grit (sing. collectif) : *grains de sable, de pierre,* etc.
12. **for as much as** (conj.) : (vocab. juridique) = since, *étant donné que, vu que, puisque.*

The pigeon-pie was not bad, but it was a delusive[1] pie: the crust being like a disappointing phrenological[2] head: full of lumps and bumps[3], with nothing particular underneath. In short, the banquet was such a failure that I should have been quite unhappy — about the failure, I mean, for I was always unhappy about Dora — if I had not been relieved by the great good-humour of my company.

"My dear friend Copperfield," said Mr. Micawber, "accidents will occur[4] in the best-regulated families; and especially[5] in families not regulated by that pervading influence which sanctifies while it enhances[6] the — a — I would say, in short, by the influence of woman in the lofty[7] character of Wife. If you will allow me to take the liberty of remarking that there are few comestibles[8] better, in their way, than a Devil[9], and that I believe, with a little division of labour, we could accomplish a good one[10] if the young person in attendance could produce a gridiron[11], I would put it to you[12], that this little misfortune may be easily repaired."

There *was* a gridiron in the pantry, on which my morning rasher[13] of bacon was cooked. We had it out, in a twinkling; Traddles cut the mutton into slices; Mr. Micawber covered them with pepper, mustard, salt, and cayenne; I put them on the gridiron, turned them with a fork, and took them off, under Mr. Micawber's direction; and Mrs. Micawber heated some mushroom ketchup in a little saucepan. Under these circumstances, my appetite came back miraculously. I am ashamed to confess it, but I really believe I forgot Dora for a little while.

---

1. **delusive** [dɪ'ljuːsɪv] = deceiving, *trompeur* (langue litt.).
2. **phrenological** [frenə'lədʒɪkl] : relevant de la science appelée phrénologie, c.-à-d. l'étude du caractère, des facultés dominantes d'après la forme du crâne. « Lui tâter la tête pour en examiner les bosses phrénologiques » (Gérard de Nerval).
3. **lumps and bumps** : les deux mots ont pratiquement le même sens, mais le second appartient davantage au vocabulaire spécial de la phrénologie.
4. **accidents will occur** : l'aux. will s'emploie pour exprimer la répétition, l'habitude, ce qui ne peut manquer d'arriver (ici).
5. **and especially...** : suit une très longue phrase où Micawber s'embrouille et qui se résumerait en peu de mots, les accidents domestiques se produisent inévitablement dans la maison d'un célibataire.

Le pâté de pigeon n'était pas mauvais, mais c'était un pâté trompeur : la croûte avait quelque chose d'un crâne bien décevant du point de vue phrénologique : couverte de bosses et de protubérances, sans rien de substantiel par-dessous. En un mot, notre festin fut un tel fiasco que j'aurais été bien malheureux — pour ce qui est du fiasco, j'entends, car je ne cessai d'être malheureux à propos de Dora — si je n'avais pas été soulagé par la grande bonne humeur de mes invités.

« Copperfield, mon cher ami, dit M. Micawber, des accidents ne manquent pas de se produire dans les familles les plus ordonnées ; et plus particulièrement dans celles qui ne sont pas soumises à cette influence dominante qui sanctifie, tout en la rehaussant la — une — je veux dire, en un mot, à l'influence de la Femme dans son rôle sublime d'Epouse. Si vous voulez bien me permettre de prendre la liberté de faire remarquer qu'il est peu de mets plus délectable, à tous égards, qu'une grillade, je pense qu'en nous répartissant le travail, nous pourrions en réussir une excellente ; et si la jeune personne à votre service pouvait nous fournir un gril, je vous garantis que nous pourrions aisément porter remède à cette petite infortune. »

Il y avait un gril à l'office, sur lequel on faisait cuire la tranche de lard de mon petit déjeuner. Nous l'en fîmes sortir en un clin d'œil ; Traddles coupait le mouton en tranches ; M. Micawber les couvrait de poivre, de moutarde, de sel et de cayenne ; je les posais sur le gril, je les retournais avec une fourchette, et je les retirais sous la direction de M. Micawber ; Mme Micawber, elle, faisait chauffer une sauce piquante aux champignons dans une petite casserole. Dans ces conditions, je recouvrai miraculeusement l'appétit. J'ai honte de l'avouer, mais je crois bien que j'en oubliai Dora, pour un temps.

---

6. **enhances** = adds to, increases, *argumente, rehausse.*
7. **lofty** = morally high, *sublime.*
8. **comestibles** [kə'mestɪblz] (coll. plur.) **: things one can eat, food** ; le mot courant est **eatables** (aussi coll. plur.).
9. **a Devil :** une grillade fortement épicée.
10. **one :** reprend **a Devil.**
11. **gridiron** ['grɪd,aɪən] **:** m. à m. *grille de fer* ; cadre de barres de métal parallèles, utilisé pour faire griller viandes ou poissons sur un feu à découvert, *gril.*
12. **I would put it to you that** = **I would point out to you,** *je vous ferais remarquer que...*
13. **a rasher :** *une tranche* **(slice)**, lorsqu'il s'agit de bacon ou de jambon à frire.

"Punch, my dear Copperfield," said Mr. Micawber, tasting it as soon as dinner was done[1], "like time and tide, waits for no man[2]. Ah ! it is at the present moment in high flavour. My love, will you give me your opinion ?"

Mrs. Micawber pronounced[3] it excellent.

"As we are quite confidential[4] here, Mr. Copperfield," said Mrs. Micawber sipping her punch, "(Mr. Traddles being a part of our domesticity)[5], I should much like to have your opinion on Mr. Micawber's prospects. I have consulted branches of my family on the course most expedient for Mr. Micawber to take[6], and it was, that he should immediately turn his attention to coals."

"To what, ma'am ?"

"To coals. To the coal trade. Mr. Micawber was induced to think, on inquiry, that there might be an opening for a man of his talent in the Medway Coal Trade. Then, as Mr. Micawber very properly said, the first step to be taken clearly was, to go and *see* the Medway[7]. Which we went and saw. I say 'we,' Mr. Copperfield ; for I never will desert[8] Mr. Micawber. I am a wife and mother, and I never will desert Mr. Micawber."

Traddles and I murmured our admiration.

"That," said Mrs. Micawber, "that, at least, is *my* view, my dear Mr. Copperfield and Mr. Traddles, of the obligation which I took upon myself when I repeated the irrevocable words[9] 'I Emma, take thee, Wilkins.' I read the service over with a flat-candle[10], on the previous night, and the conclusion I derived from it was that I never could or would desert Mr. Micawber."

---

1. **done** = over, finished, *terminé*.
2. **« tide and time waits for no man » :** proverbe anglais = *« la marée et le temps n'attendent personne ».*
3. **to pronounce :** *déclarer avec solennité* ; car le punch était sacré pour Mr. Micawber et son épouse.
4. **confidential** [kɒnfɪˈdenʃl] = **in confidence** ; nous pouvons échanger des propos *confidentiels,* car aucune oreille étrangère ne nous écoute.
5. **domesticity :** ▲ la maisonnée, la vie de famille. Traddles avait remplacé David comme pensionnaire chez les Micawber, et ceux-ci le considéraient comme faisant partie de la famille. *La domesticité :* **the staff (of servants).**
6. **the course... to take :** remarquer la construction ; l'adj. **most expedient** est placé après le nom qu'il qualifie parce qu'un complément en dépend. Ex. : **an easy text,** *un texte facile,* mais

« Le punch, mon cher Copperfield », dit M. Micawber, en le goûtant dès que le dîner fut terminé, « tout comme la marée, le punch, dis-je, n'attend personne. Ah ! c'est maintenant qu'il exhale son arôme le plus subtil. Ma très chère, voulez-vous me dire ce que vous en pensez ? »

Mme Micawber déclara qu'il était excellent.

« Comme nous sommes tous en confiance ici, monsieur Copperfield, dit Mme Micawber en sirotant son punch (M. Traddles faisant partie de la famille), j'aimerais beaucoup connaître votre opinion sur les perspectives qui s'ouvrent devant M. Micawber. J'ai consulté certaines branches de ma famille quant à la voie la plus opportune où il devrait s'engager, et leur conseil fut qu'il devrait, sans plus tarder, s'occuper de charbon.

— De quoi, madame ?

— De charbon. Du commerce du charbon. On a poussé M. Micawber à penser qu'il pourrait, après investigations, y avoir un débouché, pour un homme aussi doué, à la Compagnie des Houillères de la Medway. Alors, comme le dit si justement M. Micawber, la première chose à faire, de toute évidence, c'était d'aller voir la Medway. Ce que nous avons fait. Je dis "nous", monsieur Copperfield, car je n'abandonnerai jamais M. Micawber. Je suis épouse et mère, et jamais je n'abandonnerai M. Micawber. »

Traddles et moi laissâmes échapper un murmure d'admiration.

« Cela, dit Mme Micawber, cela, tout au moins, est mon point de vue, mes chers amis, quant à l'engagement que j'ai pris, lorsque j'ai répété les mots irrévocables "Moi, Emma, je te prends pour époux, Wilkins". J'ai relu le service à la lueur d'un bout de bougie la nuit avant le mariage, et la conclusion à laquelle je suis arrivée c'est que je ne pourrais, ni n'accepterais jamais d'abandonner M. Micawber.

---

a text easy to translate, *un texte facile à traduire.*

7. **the Medway :** rivière d'Angleterre qui traverse le Comté de Kent et se jette dans l'estuaire de la Tamise après un cours de quelque 100 kilomètres.

8. **I never will desert** [dɪ'zɜːt] **: never** est placé avant l'aux. pour donner plus de force à la déclaration de Mme Micawber = **I will never desert** ; remarquer aussi l'emploi de **will** au lieu de **shall**, allant dans le même sens. Il y aurait une forme encore plus accentuée : **never will I desert.**

9. **the irrevocable words :** *les mots* prononcés devant le prêtre ou le pasteur pendant la cérémonie de mariage et *qui lient les époux pour toujours* ; le divorce était moins fréquent alors.

10. **a flat-candle :** probablement *une bougie* utilisée la nuit.

"My dear," said Mr. Micawber, *a little impatiently*, "I am not conscious that you are expected to do anything of the sort[1]."

"We went," repeated Mrs. Micawber, "and saw the Medway. My opinion of the coal trade on that river, was, that it might require talent, but that it certainly requires capital. Talent, Mr. Micawber has ; capital, Mr. Micawber has not. We saw, I think, the greater part[2] of the Medway ; and that was my individual conclusion. My family were then of opinion[3] that Mr. Micawber should turn his attention to corn[4] — on commission. But corn, as I have repeatedly said to Mr. Micawber, may be gentlemanly, but it is not remunerative. Commission to the extent of two and ninepence[5] in a fortnight cannot, however limited our ideas, be considered remunerative."

We were all agreed[6] upon that.

"Then," said Mrs. Micawber, who prided herself on taking a clear view of things, and keeping Mr. Micawber straight by her woman's wisdom, when he might otherwise go a little crooked[7], "then I naturally look round the world, and say, 'What is there in which a person of Mr. Micawber's talent is likely to succeed ?' I may have a conviction that Mr. Micawber's manners peculiarly qualify him for the Banking business. I may argue within myself, that if *I* had a deposit at a banking-house, the manners of Mr. Micawber, as representing that banking-house, would inspire confidence, and extend the connexion.

---

1. **anything of the sort :** c.-à-d. desert Mr. Micawber, *abandonner Mr. Micawber.*
2. **the greater part :** superl. portant sur une dualité : *la plus grande partie* et, s.-ent., la plus petite ; nécessite l'emploi de la forme du comp. en -er (adj. court).
3. **my family were then of opinion :** certains noms à sens collectif peuvent être employés avec un verbe au sing. ou au plur. Ex. : crowd *(la foule)*, police *(la police)*, government *(le gouvernement)*, etc. Le sing. s'emploie quand on considère le groupe comme formant un tout indivisible, le plur. lorsqu'on envisage les différents membres de ce groupe. Ex. : my family were always quarrelling, *les divers membres de ma famille se querellaient sans cesse* ; my family lives in Yorkshire, *ma famille* (prise comme un tout) *habite le Yorkshire.*
4. **corn :** au 19e siècle, le mot corn représentait les céréales connues et cultivées en Angleterre, et plus particulièrement le

— Ma chère, dit M. Micawber en laissant paraître une certaine impatience, je n'ai nullement conscience que l'on s'attende à ce que vous fassiez quoi que ce soit de la sorte.

— Nous allâmes, répéta Mme Micawber, voir la Medway. Mon opinion, quant au commerce du charbon sur cette rivière, fut que peut-être il nécessitait du talent, mais que certainement il nécessitait des capitaux. Du talent, M. Micawber en a ; des capitaux, il n'en possède point. Nous avons visité, je crois, la plus grande partie de la Medway, et ce fut la conclusion personnelle à laquelle j'arrivais. Ma famille alors exprima l'opinion que M. Micawber devrait porter son attention sur le blé — à la commission. Mais le blé, comme je l'ai dit à maintes reprises à M. Micawber, est peut-être une activité de gentilhomme, mais une activité peu rémunératrice. Une commission s'élevant à deux shillings et neuf pence par quinzaine ne peut, quelque modestes que soient nos vues, être jugée rémunératrice. »

Nous tombâmes tous d'accord sur ce point.

« Alors », dit Mme Micawber qui se piquait d'avoir une vue claire des choses, et, grâce à sa sagesse de femme, de maintenir M. Micawber dans un droit chemin qui, sans elle, pourrait se révéler quelque peu tortueux, « alors, je jette un coup d'œil sur le monde autour de moi, et je me dis : "Dans quelle activité une personne du talent de M. Micawber peut-elle vraisemblablement réussir ?" J'ai sans doute la conviction que les bonnes manières de M. Micawber le qualifient tout particulièrement pour les affaires de banque. D'où je puis tirer argument, que si j'avais un dépôt dans une banque, les bonnes manières de M. Micawber, en tant que représentant de cette banque, m'inspireraient confiance et développeraient la clientèle.

---

blé ; mais avec l'introduction du maïs provenant des États-Unis (**Indian corn**), on a employé **corn** pour *le maïs* et **wheat** pour *le blé*.

5. **two and ninepence :** cela représente évidemment une rétribution ridiculement basse. Rappelons-nous que Scrooge, qui payait fort mal son commis Bob Cratchit, lui donnait 30 shillings par quinzaine, c.-à-d. à peu près 5 fois plus !

6. **we were all agreed :** construction passive du verbe to agree ; en anglais moderne on dirait plutôt : **we all agreed,** *nous fûmes tous d'accord.*

7. **straight... crooked :** les deux adj. opposés caractérisent, d'une part *le droit chemin* (**straight**), dans lequel Mme Micawber maintient son mari, lequel, sans sa ferme direction, aurait tendance à emprunter *une voie plus tortueuse* (**crooked**).

But if the various banking-houses refuse to avail themselves of Mr. Micawber's abilities, or receive the offer of them with contumely[1], what is the use of dwelling upon *that* idea ? None. As to originating a banking-business, I may know that there are members of my family who, if they chose to place their money in Mr. Micawber's hands, might found[2] an establishment of that description. But if they do *not* choose to place their money in Mr. Micawber's hands — which they don't — what is the use of that ? Again I contend that we are no farther[3] advanced than we were before."

I shook my head, and said, "Not a bit." Traddles also shook his head, and said, "Not a bit."

"What do I deduce[4] from this ?" Mrs. Micawber went on to say, still with the same air of putting a case lucidly. "What is the conclusion, my dear Mr. Copperfield, to which I am irresistibly brought ? Am I wrong in saying, it is clear that we must live ?"

I answered, "Not at all !" and Traddles answered, "Not at all !" and I found myself afterwards sagely[5] adding, alone, that a person must either live or die[6].

"Just so," returned Mrs. Micawber. "It is precisely that. And here is Mr. Micawber without any suitable position or employment. Where does that responsibility rest ? Clearly on society. Then I would make a fact so disgraceful known[7], and boldly challenge[8] society to set it right. It appears to me, my dear Mr. Copperfield, that what Mr. Micawber has to do is to throw down the gauntlet to society, and say, in effect, 'Show me who will take that up. Let the party[9] immediately step forward.'

---

1. **contumely** [ˈkɔntjumlı] (nom) : *insolence, mépris.*
2. **found :** infinitif de to found, -ed, -ed., *fonder, créer.* Ne pas confondre avec le prétérit de to find, found, found, *trouver.*
3. **farther :** comp. irrég. de far ; far a deux formes de comp., farther et further, et de superl., the farthest et the furthest. On peut employer furthest et further dans tous les cas, position dans l'espace ou sens figuré ; farther et farthest uniquement lorsqu'il s'agit de distance. Ex. : I shan't go any *farther* ou *further* on this road to-day, *je n'irai pas plus loin sur cette route aujourd'hui ;* I shall not study this question any *further*, *je n'étudierai pas cette question davantage.*
4. **deduce** [dıˈdjuːs] : il s'agit ici du 1er sens français : *déduire, conclure par raisonnement.* Pour le 2e sens, *défalquer une somme d'un total*, on emploie to deduct. To deduce effects

Mais si les diverses banques refusent de profiter des compétences de M. Micawber, ou reçoivent ses offres de service avec mépris, à quoi servirait-il de s'attacher à cette idée ? A rien. Quant à fonder une banque, je sais bien que si certains membres de ma famille voulaient mettre leur argent entre les mains de M. Micawber, ils pourraient créer un établissement de cette sorte. Mais s'ils se refusent à mettre leur argent entre les mains de M. Micawber — comme c'est le cas — à quoi bon tout cela ? Et je prétends une fois de plus que nous ne sommes pas plus avancés qu'auparavant. »

J'opinai du bonnet en disant « pas d'un pouce » et Traddles d'opiner aussi du bonnet, en disant « pas d'un pouce ».

« Que dois-je déduire de tout ceci ? poursuivit Mme Micawber en prenant encore le même air de présenter un problème avec lucidité. A quelle conclusion, mon cher monsieur Copperfield, suis-je irrésistiblement amenée ? Ai-je tort de dire que, bien évidemment, il nous faut vivre ? »

Je répondis, « Pas du tout ! » et Traddles de répondre, « Pas du tout ! » et je me surpris un peu plus tard à ajouter, tout seul cette fois, d'un ton doctoral, qu'un individu doit ou bien vivre, ou bien mourir.

« C'est bien cela, répondit Mme Micawber. C'est exactement cela. Et voici M. Micawber sans position ni emploi convenables. Sur qui en repose la responsabilité ? De toute évidence sur la société. Dans ces conditions, j'ai la ferme intention de révéler un fait aussi scandaleux et de sommer carrément la société d'y porter remède. Il me semble, mon cher monsieur Copperfield, que la ligne de conduite à adopter par M. Micawber, c'est de jeter le gant à la société, et de lui dire, en fait : "Montrez-moi qui va le relever. Que la partie adverse s'avance sans plus tarder."

---

from their causes, *déduire des effets de leurs causes*; to deduct one's expenses : *déduire, défalquer ses frais.*

5. **sagely :** forme litt. pour **wisely,** *sagement.*

6. **live or die :** toute cette scène de l'intervention de Mme Micawber est traitée en farce par Dickens.

7. **to make a fact so disgraceful known :** la place particulière de l'adj. disgraceful est due à l'intention de le mettre fortement en relief ; construction normale : **to make so disgraceful a fact known,** *faire connaître un fait aussi scandaleux.*

8. **to challenge :** 1) *défier au combat, provoquer en duel*; 2) *porter un défi à, sommer quelqu'un de.* La même idée est reprise 2 lignes plus loin, avec l'image médiévale : **to throw the gauntlet,** *jeter le gant.*

9. **the party :** one of the persons or sides in a legal dispute : *la partie (adverse).*

It appears to me, that what Mr. Micawber has to do[1], is to advertise[2] in all the papers; to describe himself plainly as so and so, with such and such qualifications, and to put it thus: '*Now* employ me, on remunerative terms, and address, post paid[3], to *W.M.*, Post Office, Camden Town[4].' For this purpose, I think Mr. Micawber ought to raise a certain sum of money — on a bill[5]. If no member of my family is possessed of sufficient natural feeling to negotiate that bill, then, my opinion is, that Mr. Micawber should go into the City, should take that bill into the Money Market, and should dispose of[6] it for what he can get."

I felt, but I am sure I don't know why, that this was highly self-denying and devoted in Mrs. Micawber, and I uttered a murmur to that effect. Traddles, who took his tone from me, did likewise[7], and really I felt that she was a noble woman — the sort of woman who might have been a Roman matron[8], and done all manner of troublesome[9] heroic public actions.

In the fervour of this impression, I congratulated Mr. Micawber on the treasure he possessed. So did Traddles. Mr. Micawber extended his hand to each of us in succession, and then covered his face with his pocket-handkerchief — which I think had more snuff[10] upon it than he was aware of. He then returned to the punch in the highest state of exhilaration.

Mrs. Micawber made tea for us in a most agreeable manner; and after tea we discussed a variety of topics before the fire;

---

1. **has to do** = must ; marque l'obligation, mais peut être moins contraignant que must ; *falloir à tout prix.*
2. **to advertise :** *faire de la publicité* en général et, ici, par les petites annonces dans les journaux.
3. **post paid :** *port payé*, par pli dûment affranchi. Évidemment, M. Micawber ne veut ni ne peut payer le port d'une correspondance en *port dû* (carriage forward).
4. **to W.M., Post Office, Camden Town :** équivalent de *à M. Wilkins Micawber, Poste restante, Camden Town.* Camden Town, banlieue de Londres où habitaient les Micawber. « Poste restante » s'emploie en anglais [ˈpoust ˈrestaːnt].
5. **bill :** *billet à ordre*, par lequel une personne (ici, Traddles qui a accepté de garantir l'emprunt fait par M. Micawber) s'engage à rembourser, à une certaine date, la somme due, à un tiers.

Il me semble que ce que M. Micawber doit faire, c'est passer une annonce dans tous les journaux ; se décrire simplement comme il est, avec telles et telles qualifications, et terminer ainsi : "Et maintenant employez-moi, à des conditions rémunératrices, et adressez votre lettre, dûment affranchie, à W.M., Bureau de Poste, Camden Town." Dans ce but, je pense que M. Micawber devrait se procurer une certaine somme d'argent — par un billet à ordre. Si aucun membre de ma parenté n'a un sens inné de la famille suffisant pour négocier ce billet, alors, je suis d'avis que M. Micawber se rende à la Cité, pour introduire ce billet en Bourse, et le céder pour la somme qu'il pourra obtenir. »

Je sentis, mais à coup sûr sans trop savoir pourquoi, que c'était une marque d'abnégation et de dévouement de la part de Mme Micawber, et je marmonnai quelque chose à cet effet. Traddles, qui m'imitait en tout, fit de même, et vraiment je sentais que c'était une noble femme — la sorte de femme qui aurait pu être une matrone romaine, et accomplir toutes sortes de difficiles et héroïques actions d'éclat.

Dans l'ardeur née de cette impression, je félicitai M. Micawber de la possession d'un tel trésor. Traddles fit de même. M. Micawber nous tendit la main à tour de rôle, puis se couvrit le visage de son mouchoir de poche — qui, je crois, était bien plus maculé de tabac à priser qu'il ne s'en doutait. A la suite de quoi, il retourna au punch avec la plus grande joie de vivre.

Mme Micawber nous servit le thé avec beaucoup d'amabilité ; après quoi, assemblés devant le feu, nous nous mîmes à discuter sur une grande variété de sujets ;

---

6. **to dispose of :** to sell ; *vendre, écouler* (de la marchandise), *céder* (le billet à ordre) à qqn contre paiement d'une somme que Micawber s'engage à rembourser à une certaine date ; s'il ne le fait pas, c'est Traddles qui devra le faire pour lui.
7. **likewise** ['laɪkwaɪz] (adv.) **:** in a similar manner : *de même, pareillement ;* origine : in a **like way**, *de façon identique*, **way** étant transformé en **wise** (ne pas confondre avec l'adj. **wise**, *avisé, sage*).
8. **Roman matron :** noter d'abord la majuscule à **Roman**, obligatoire en anglais. La matrone était l'épouse d'un citoyen romain. La *matrone romaine* était considérée comme une femme noble et digne.
9. **troublesome** ['trʌblsəm] : 2e sens du mot : *difficile, pénible* ; le 1er sens étant : *ennuyeux, embarrassant, agaçant.*
10. **snuff :** *le tabac à priser*, très à la mode en ce temps et qui laisse des traces sur les mouchoirs !

and she was good enough to sing us (in a small, thin, flat voice, which I remembered to have considered, when I first knew her, the very table-beer of acoustics)[1] the favourite ballads of 'The Dashing White Sergeant[2],' and 'Little Tafflin.' For both of these songs[3] Mrs. Micawber had been famous when she lived at home with her papa and mamma[4]. Mr. Micawber told us, that when he heard her sing[5] the first one, on the first occasion of his seeing her beneath the parental roof, she had attracted his attention in an extraordinary degree ; but that when it came to Little Tafflin, he had resolved to win that woman[6], or perish in the attempt.

It was between ten and eleven o'clock when Mrs. Micawber rose to replace her cap in the parcel, and to put on her bonnet. Mr. Micawber took the opportunity to slip a letter into my hand, with a whispered request that I would read it at my leisure. *I* also took the opportunity of my holding a candle over the bannisters to light them down, when Mr. Micawber was going first, leading Mrs. Micawber, to detain[7] Traddles for a moment on the top of the stairs.

"Traddles, Mr. Micawber don't[8] mean any harm ; but, if I were you, I wouldn't lend him anything."

"My dear Copperfield, I haven't got anything to lend."

"You have got a name, you know."

"Oh ! you call *that* something to lend ?"

"Certainly."

"Oh ! Yes, to be sure ! I am very much obliged to you, Copperfield, but — I am afraid I have lent him that already."

---

1. **table-beer of acoustics** [ə'ku:stɪks] **:** 1) table-beer = *bière ordinaire*, de tous les jours, par opposition à bière de qualité. A l'origine, M. Micawber n'avait pas du tout été impressionné par les éminentes qualités de Mme Micawber en tant que chanteuse (small, thin and flat voice) ; 2) **acoustics** : les noms de sciences ou d'activités sportives terminés en -ics font l'accord au sing. : mathematics *is* more difficult than latin : *les maths sont plus difficiles que le latin.* Toutefois, précédés d'un article ou d'un possessif, ils font l'accord au pluriel : His maths are hopeless : *il est nul en maths.*
2. **« The Dashing White Sergeant »** ['sa:dzənt] **:** l'air de cette chanson faisait partie d'une série de rengaines fort jouées dans les bals populaires accompagnant une danse riche en figures.
3. **both** [bəʊθ] **of these songs :** both est ici pronom ; exprime

et elle eut la gentillesse de nous chanter (d'une petite voix fluette et terne, que je me rappelai avoir considérée, au début de nos relations, comme de la vraie « piquette » musicale) les ballades favorites : *Le Fringant Sergent Blanc*, et *Le Petit Tafflin*. Ces deux chansons avaient valu à Mme Micawber une grande renommée lorsqu'elle vivait chez son papa et sa maman. M. Micawber nous conta que, lorsqu'il l'avait entendue chanter la première de ces chansons, la première fois où il l'avait vue sous le toit familial, elle avait captivé son attention au plus haut degré ; mais que lorsqu'elle avait attaqué *Le Petit Tafflin*, il avait résolu de gagner le cœur de cette femme ou de périr dans la tentative.

Lorsque, entre dix et onze heures du soir, Mme Micawber se leva pour remettre le bonnet dans son paquet, et se coiffer de sa capote, M. Micawber profita de l'occasion pour me glisser une lettre dans la main, et me prier en chuchotant de la lire tout à loisir. Je profitai également du moment où je tenais une bougie par-dessus la rampe afin d'éclairer l'escalier tandis qu'ils descendaient, M. Micawber en tête, précédant Mme Micawber, pour retenir Traddles un instant sur la première marche.

« Traddles, M. Micawber ne veut faire du tort à personne ; mais, si j'étais vous, je ne lui prêterais pas un centime.

— Mon cher Copperfield, je n'ai rien à prêter.

— Vous avez un nom, à ce que je sache.

— Oh ! vous appelez ça quelque chose que l'on peut prêter ?

— Certes.

— Oh ! oui, bien sûr. Je vous suis fort obligé, Copperfield, mais je crains bien de lui avoir déjà prêté cela.

---

l'idée d'une dualité indissociable.

4. **papa** [pə'pa:] **and mamma** [mə'ma:] = **father and mother**, en termes enfantins et maniérés.

5. **heard her sing :** l'infinitif sans to s'emploie après les verbes dits de sensation : **to hear** *(entendre)*, **to feel** *(sentir)*, **to see** *(voir)* et **to watch** *(regarder)* ; mais à la voix active seulement. Ex. : **he heard her sing,** *il l'entendit chanter* ; **she was heard** *to* **sing,** *on l'entendit chanter.*

6. **to win that woman :** expression chevaleresque : conquérir une femme, malgré sa propre résistance ou celle de sa famille ; évoque des enlèvements romantiques en harmonie avec le caractère du couple Micawber.

7. **to detain :** dépend de **the opportunity**, l'occasion de retenir Traddles.

8. **don't :** cette incorrection semble assez étonnante dans la bouche de David, peut-être est-ce là un signe de familiarité entre copains.

"For the bill that is to go into the Money Market ?"

"No. Not for that one. This is the first I have heard[1] of that one. I have been thinking that he will most likely propose that one, on the way home. Mine's another."

"I hope there will be nothing wrong about it."

"I hope not. I should think not, though, because he told me, only the other day, that it was provided for[2]. That was Mr. Micawber'expression, 'Provided for.'"

Mr. Micawber looking up at this juncture[3], I had only time to repeat my caution. Traddles thanked me, and descended. But I was much afraid, when I observed the good-natured manner in which he went down with Mrs. Micawber's cap in his hand, that he would be carried into the Money Market, neck and heels[4].

I returned to my fireside, and read Mr. Micawber's letter, which was dated an hour and a half before dinner. I am not sure whether I have mentioned that, when Mr. Micawber was at any particularly desperate crisis, he used a sort of legal phraseology[5] : which he seemed to think equivalent to winding up his affairs[6].

This was the letter.

"Sir — for I dare not say my dear Copperfield,

"It is expedient that I should inform you that the undersigned is Crushed. Some flickering efforts[7] to spare you the premature knowledge of his calamitous position, you may observe in him this day ; but hope has sunk beneath the horizon, and the undersigned is Crushed.

"The present communication is penned[8] within the personal range[9] (I cannot call it the society) of an individual, in a state closely bordering on intoxication, employed by a broker[10]. That individual is in legal possession of the premises[11], under a distress for rent.

---

1. **this is the first I have heard :** expression concise où time est sous-entendu = it is the first time I have heard ; *c'est la première fois que j'ai entendu.*
2. **provided for** = provided with funds, *garanti par un dépôt de fonds* ; comment et par qui le billet était-il couvert ?
3. **at this juncture** (litt.) = at this moment, *à ce moment-là.*
4. **neck and heels :** *« du cou aux talons »*, c.-à-d. *de la tête aux pieds.*
5. **legal** [liːgəl] **phraseology :** nous aurons maints exemples de ce jargon employé par Mr. Micawber dans sa lettre, et que Dickens connaît bien.

— Pour le billet à ordre qui doit être négocié en Bourse ?

— Non, pas pour celui-là. C'était la première fois que j'en entendais parler. J'ai pensé qu'il allait très vraisemblablement me le proposer sur le chemin du retour. Le billet pour lequel je me suis engagé, c'est un autre.

— J'espère qu'il n'en sortira rien de fâcheux.

— Moi non plus. Je ne crois pas, en tout cas, parce qu'il m'a déclaré, pas plus tard que l'autre jour, que ce billet-là était couvert. C'est l'expression que M. Micawber a employée, "couvert". »

Comme, à ce moment précis, M. Micawber levait les yeux vers nous, j'eus tout juste le temps de répéter ma mise en garde. Traddles me remercia et descendit. Mais je redoutais fort en observant la manière bon enfant dont il descendait l'escalier en portant le bonnet de Mme Micawber, qu'il ne se trouvât plongé jusqu'au cou dans le marché financier.

Je retournai au coin du feu, où je lus la lettre de M. Micawber, laquelle avait été écrite une heure et demie avant notre dîner. Je ne crois pas avoir mentionné que, lorsque M. Micawber était en proie à une crise particulièrement désespérée, il utilisait une sorte de phraséologie juridique qui, à ses yeux, était une façon de régler définitivement ses affaires.

Voici cette lettre :

« Monsieur — car je n'ose pas dire mon cher Copperfield,

« Il m'appartient de vous informer que le soussigné est Anéanti. Vous serez à même d'observer en lui, ce jour, quelques efforts intermittents pour vous épargner la connaissance prématurée de sa situation catastrophique ; mais l'espoir a sombré à l'horizon, et le soussigné est Anéanti.

« La présente communication est rédigée à proximité physique (je ne peux dire dans la compagnie) d'un individu employé par un huissier et dont l'état touche de près à l'ivresse. Cet individu a la possession légale des lieux, sous mandat de saisie pour loyer impayé.

---

6. **to winding up his affairs** = to put one's affairs in order before ending them, *mettre de l'ordre dans ses affaires avant de les amener à leur conclusion.*
7. **some flickering... this day :** longue inversion.
8. **penned :** de to pen = to write (with a pen).
9. **within the personal range :** *à portée de, dans le voisinage immédiat de ;* il s'agit du commis de l'huissier venu pour procéder à la saisie des biens.
10. **a broker :** *un huissier* qui vient saisir ses biens.
11. **the premises** [ˈpremɪsɪz] (pl. inv.) **:** *les locaux, les lieux.*

His inventory includes, not only the chattels[1] and effects of every description belonging to the undersigned, as yearly tenant[2] of this habitation[3], but also those appertaining to[4] Mr. Thomas Traddles, lodger, a member of the Honourable Society of the Inner Temple[5].

"If any drop of gloom were wanting[6] in the overflowing cup, which is now 'commended'[7] (in the language of an immortal Writer) to the lips of the undersigned, it would be found in the fact, that a friendly acceptance granted to the undersigned, by the before-mentioned Mr. Thomas Traddles, for the sum of £23 4 *s.* 9 1/2 d., is over due, and is not provided for. Also, in the fact, that the living responsibilities clinging to the undersigned will, in the course of nature, be increased by the sum[8] of one more helpless victim ; whose miserable[9] appearance may be looked for — in round numbers — at the expiration of a period not exceeding six lunar months[10] from the present date.

"After premising[11] thus much, it would be a work of supererogation[12] to add, that dust and ashes are for ever scattered

"On
"The
"Head
"Of
"Wilkins Micawber[13]."

---

1. **the chattels :** mot juridique désignant *les biens mobiliers.*
2. **tenant :** le *locataire* (Mr. Micawber).
3. **habitation** (litt. et sophistiqué) **:** the place where one lives, *demeure, appartement.*
4. **appertaining to** (litt. et sophistiqué) = belonging to, *appartenant à.*
5. **the Inner Temple :** l'une des quatre « Inns of Court », les deux plus connues étant « the Inner Temple » et « the Middle Temple ». Sortes d'universités privées londoniennes préparant les étudiants aux carrières du Barreau.
6. **wanting :** 1er sens de to want, *ne pas avoir, manquer de.* Ex. : the Sahara wants water, *le Sahara manque d'eau.*
7. **to commend :** *remettre, confier, approcher ;* sens rare que l'auteur lui-même met entre guillemets, comme citation de Shakespeare (l'« Immortal Writer » sur la même ligne).
8. **sum of** = the addition of, *l'addition de.*

Son inventaire comprend non seulement les biens mobiliers et les effets de toute description appartenant au soussigné, en tant que locataire à l'année de cette demeure, mais également ceux qui sont la propriété de M. Thomas Traddles, pensionnaire du soussigné, et membre de l'Honorable Société de l'École de Droit d'Inner Temple.

« Si une seule goutte d'amertume manquait pour faire déborder la coupe, que maintenant on "approche" (selon le terme employé par un immortel Ecrivain) des lèvres du soussigné, on la trouverait dans le fait que M. Thomas Traddles, ci-dessus mentionné, a amicalement accordé au soussigné sa garantie pour la somme de vingt-trois livres, quatre shillings et neuf pence et demi, somme qui est arrivée maintenant à échéance sans être couverte. Dans le fait, aussi, que les responsabilités actuelles qui s'attachent au soussigné seront, selon les lois de nature, accrues par l'addition d'une nouvelle victime innocente dont la pitoyable venue au monde peut être attendue à l'expiration d'une période n'excédant pas — en chiffres ronds — six mois lunaires à partir de la présente date.

« Après de telles prémisses, il serait superfétatoire d'ajouter que poussière et cendres sont à jamais répandues

sur

la

tête

de

WILKINS MICAWBER. »

---

9. **victim... miserable :** toute cette longue phrase compliquée annonce que Mme Micawber attend un enfant dont la venue au monde ne semble guère souhaitée.
10. **lunar months :** le mois lunaire équivaut à 29 jours, 12 heures, 44 minutes et 2 secondes. Pourquoi mois lunaire ? Parce que, dans le processus qu'il qualifie de **course of nature**, il préfère donner une évaluation naturelle de la durée, en cours de grossesse.
11. **premising** [prɪ'maɪzɪŋ] **:** to premise, *poser en prémisses.*
12. **supererogation :** le fait de *faire plus qu'il n'est demandé.*
13. **On/The/Head/Of/Wilkins Micawber :** façon figurée originale de représenter la dispersion des cendres, que, dans l'Antiquité, l'on se jetait sur la tête en signe de grande affliction.

Révisions

Vous avez rencontré en lisant les trois premiers chapitres de ce roman les expressions anglaises correspondant aux phrases françaises suivantes. Vous en souvenez-vous ?

1. C'était une vieille péniche noire, une sorte de bateau à sec sur la grève de Yarmouth, dont la cheminée de fer se dressait pour servir de tuyau de poêle.
2. Nous restâmes silencieux tandis que nous nous rapprochions de la lumière, mais nous nous dirigeâmes vers la porte à pas feutrés.
3. Bientôt ils la ramenèrent au coin du feu, toute confuse et intimidée.
4. Tu as beau jeu de te moquer des pauvres gens ! Mais lorsque je vois que tu sais partager leur bonheur, comme celui de ce simple pêcheur, je t'en admire et t'aime d'autant plus.
5. Il dormait profondément, allongé avec grâce, la tête sur le bras, comme je l'avais souvent vu le faire à l'école.
6. On m'invita à un petit souper ; le mariage d'Émilie et de Ham devait être célébré quinze jours plus tard, ce jour.
7. Émilie s'est enfuie ! Vous êtes un savant qui sait ce qui est bien et ce qui convient le mieux. Que dois-je leur dire, là-dedans ?
8. M. Peggotty ne bougea plus, puis, tout d'un coup il sembla se réveiller et décrocha sa grosse pèlerine du portemanteau dans le coin.
9. Je vivais surtout de café, et d'amour pour Dora, et je me mis à porter des gants de chevreau de couleur paille.
10. Je pris la liberté de suggérer comme menu deux soles, un petit gigot de mouton et un pâté de pigeon.
11. Il y avait un gril à l'office sur lequel on faisait cuire la tranche de lard de mon petit déjeuner.
12. Mon opinion, quant au commerce de charbon sur cette rivière, fut que peut-être il nécessitait du talent, mais que, à coup sûr, il nécessite des capitaux.
13. Il me semble que, dans ce but, M. Micawber devrait se procurer une certaine somme, par un billet à ordre.
14. Si j'avais un dépôt dans cette banque, les bonnes manières de M. Micawber m'inspireraient confiance et accroîtraient la clientèle.

1. It was an old black barge or boat, high and dry on Yarmouth Sands, with an iron funnel sticking out of it for a chimeney.
2. We said no more as we approached the light, but made softly for the door.
3. Presently they brought her to the fireside, very much confused and very shy.
4. It's well for you to joke about the poor ! But, when I see how you can enter into happiness like this plain fisherman's, I admire and love you for it.
5. He was fast asleep, lying easily, with his head upon his arm, as I had often seen him lie at school.
6. I was bidden to a little supper ; Emily was to be married to Ham that day fortnight.
7. Emily's run away ! You're a scholar, and know what's right and best. What am I to say, indoors ?
8. Mr. Peggotty moved no more, until he seemed to wake all at once and pulled down his rough coat from a peg in a corner.
9. I lived principally on Dora and coffee, and took to wearing straw-coloured kid gloves.
10. I took the liberty of suggesting a pair of soles, a small leg of mutton and a pigeon pie.
11. There was a gridiron in the pantry, on which my morning rasher of bacon was cooked.
12. My opinion of the coal trade on that river was that it might require talent, but that it certainly requires capital.
13. For this purpose, I think Mr. Micawber ought to raise a certain sum of money — on a bill.
14. If I had a deposit at that bank house, the manners of Mr. Micawber would inspire confidence and extend the connexion.

Chapter IV

Seldom did I wake[1] at night, seldom did I look up at the moon or stars or watch the falling rain, or hear the wind, but I thought[2] of the solitary figure of the good fisherman toiling on — poor Pilgrim[3] ! — and recalled his words, "I'm a going to seek my niece. I'm a going to seek her fur and wide."

Months passed, and he had been absent — no one knew where — the whole time.

It had been a bitter day in London, and a cutting north-east wind had blown. The wind had gone down with the light[4], and snow had come on. My shortest way home, — and I naturally took the shortest way on such a night — was through Saint Martin's Lane[5]. On the steps of the church, there was the figure of a man. And I stood face to face with Mr. Peggotty !

"Mas'r Davy ! It do my art good to see you, sir. Well met[6], well met !"

"Well met, my dear olf friend !"

"I had thowts[7] o' coming to make inquiration[8] for you, sir, to-night, but it was too late. I should have come early in the morning, sir, afore going away agen[9]."

"Again ?"

"Yes, sir, I'm away to-morrow."

In those days there was a side entrance to the stable-yard[10] of the Golden Cross Inn. Two or three public-rooms[11] opened out of the yard : and looking into one of them, and finding it empty, and a good fire burning, I took him in there.

---

1. **seldom did I wake :** l'adv. seldom étant placé en tête de phrase pour insister sur le souvenir qu'il avait du pauvre pêcheur, l'inversion est obligatoire.
2. **but I thought** = without thinking, *sans penser.*
3. **pilgrim :** la définition du *pèlerin* implique une ardeur religieuse particulière ; c'est bien là, en effet, l'esprit que mettait Mr. Peggotty dans sa « quête » ; rechercher sa nièce était pour lui un devoir sacré, il lui fallait la sauver du péché et de la honte.
4. *« le vent avait diminué en même temps que la lumière du jour. »*
5. **Saint Martin's Lane :** une rue au cœur de Londres, longeant la National Gallery (le Louvre anglais) jusqu'à **Trafalgar** Square. L'église est **St Martin's-in-the-Fields** ; c'est en effet le

Chapitre IV

Rarement me suis-je réveillé la nuit, rarement ai-je contemplé la lune et les étoiles dans le ciel, ou regardé tomber la pluie, ou écouté le bruit du vent, sans évoquer la silhouette solitaire du brave pêcheur — malheureux Pèlerin ! — cheminant péniblement à travers le monde, et sans me rappeler ses paroles : « Je vais chercher ma nièce. Je vais la chercher jusqu'au bout de la terre. »

Les mois passèrent, et — sans que personne ne sût où il était — il fut absent tout ce temps-là.

Londres avait connu un temps rigoureux ce jour-là, et un vent cinglant avait soufflé du nord-est. Ce vent était tombé à la chute du jour et la neige était venue. Le plus court chemin pour rentrer chez moi — et naturellement je coupai au plus court par une telle soirée — passait par Saint Martin's Lane. Sur les marches de l'église, se détachait la silhouette d'un homme. Et je me trouvai face à face avec M. Peggotty !

« M'sieur Davy ! Ça m'fait du bien au cœur d'vous voir, monsieur. Pour une chance, c'est une chance d'vous rencontrer !

— J'en suis ravi aussi, mon cher vieil ami !

— J'avions pensé à v'nir d'mander après vous ce soir, monsieur, mais c'était trop tard. Je serais venu de bonne heure, demain matin, monsieur, avant d'repartir.

— Repartir ?

— Oui, monsieur, j'me mets en route demain. »

A cette époque il y avait une entrée latérale donnant sur la cour des écuries de l'Auberge de la Croix d'Or. Deux ou trois de ses salles de café ouvraient sur cette cour : jetant un coup d'œil dans l'une d'elles, et la trouvant vide, avec un bon feu qui brûlait dans la cheminée, j'y conduisis mon ami.

---

chemin le plus court pour gagner le **Strand** et **Buckingham Street**.

6. **well met :** *heureuse rencontre.*

7. **thowts :** n. pour thoughts, *des pensées.*

8. **to make inquiration** = to make inquiries, to inquire after sb., *pour m'informer de vous* (dans la langue très particulière du marin).

9. **agen** = again, *à nouveau.*

10. **stable-yard :** *la cour des écuries.* A cette époque, certaines auberges étaient des relais de diligences. Il fallait donc loger les chevaux nécessaires.

11. **public-rooms :** qui a donné l'abréviation fameuse de **pub**, *un café, un bistrot.*

"I'll tell you, Mas'r Davy, wheer-all[1] I've been, and what-all we've heerd. I've been fur, and we've heerd little ; but I'll tell you !"

As he sat thinking, there was a fine massive gravity in his face, which I did not venture[2] to disturb.

"You see, sir, when she was a child, she used to talk to me a deal about the sea, and about them coasts where the sea got to be dark blue[3], and to lay[4] a shining and a shining in the sun. When she was — lost, I know'd in my mind, as he[5] would take her to them countries. I know'd in my mind, as he'd have told her wonders of 'em, and how she was to be a lady theer, and how he first got her to listen to him along o' sech like[6]. I went across-channel[7] to France, and landed theer, as if I'd fell[8] down from the skies. I found out a English gentleman, as was in authority, and told him I was going to seek my niece. He got me them papers as I wanted fur to carry me through[9] — I doen't rightly know how the're called — and he would have give[10] me money, but that I was thankful to have no need on[11]. I thank him[12] kind[13], for all he done[14], I'm sure ! I told him, best as I was Table, what my gratitoode was, and went away through France, fur to seek my niece."

"Alone, and on foot ?"

"Mostly a-foot ; sometimes in carts along with people going to market ; sometimes in empty coaches. Many mile a day a-foot, and often with some poor soldier or another, travelling fur to see his friends. I couldn't talk to him, nor he to me[15] ; but we was company for one another, too, along the dusty roads.

---

1. **wheer-all** = everywhere, *partout où* ; dans la même phrase : what-all = everything, *tout ce que*.
2. **to venture** = to run the risk of, *se risquer à...*
3. **and about... dark blue :** c'est pour cette raison qu'il va aller chercher Émilie le long des côtes méditerranéennes de France et d'Italie.
4. **to lay :** Mr. Peggotty aurait dû dire to lie : *être étendue*.
5. **as he** = that he (Steerforth), *qu'il*.
6. **along of sech like** = with such kind of idle talk, *avec de pareilles histoires*.
7. **across-channel** = I went across the Channel to France, *je traversai la Manche pour gagner la France*.
8. **as if I'd fell** = as if I had fallen, *comme si j'étais tombé*.
9. **to carry me through :** *pour mener à bien mon entreprise*.
10. **give** = given, *(il m'aurait) donné*.

»J'vas vous raconter, m'sieur Davy, partout où qu'j'ai été, et tout c'que nous avons appris. J'ai été ben loin et nous n'avons pas appris grand-chose ; mais j'vas tout vous raconter ! »

Tandis qu'il était assis là à réfléchir, son visage était empreint d'une si profonde et noble gravité, que je n'osai le déranger.

« Voyez-vous, monsieur, lorsqu'elle était enfant, elle me parlait souvent de la mer, et de ces côtes-là où l'eau est toujours d'un bleu foncé, et étincelle de mille feux sous le soleil. Lorsqu'elle a... disparu, j'ai ben su au fond de moi-même qu'il l'emmènerait dans ces pays là-bas. J'ai ben su au fond de moi-même, comment il lui en aurait décrit toutes les merveilles, et comment elle devait être une grande dame là-bas, et comment il avait réussi d'abord à se faire écouter d'elle avec des trucs pareils. Je traversai la Manche jusqu'en France, et j'débarquai là-bas, comme si j'étions tombé du ciel. Je découvris un gentilhomme anglais qui f'sait partie des autorités, et j'lui racontai que j'allais à la recherche de ma nièce. Y m'fit avoir tous les papiers qu'y m'fallait pour mener à bien mon voyage — j'sais pas trop ben comment qu'on les appelle — et y m'aurait donné d'l'argent ; mais, grâce à Dieu, j'en avions pas b'soin. Je l'ai remercié de tout cœur pour tout c' qu'il avait fait, ben sûr ! et j'lui ai raconté du mieux que j'pouvais combien j'lui étais r'connaissant, et j'm'en allai à travers la France pour chercher ma nièce.

— Seul, et à pied ?

— La plupart du temps à pied ; quéqu'fois en charrette avec des gens qu'allaient sur les marchés ; quéqu'fois dans des diligences vides. Ben des kilomètres à pied chaque jour, et souvent avec un pôv' soldat ou quéqu'autre bonhomme qui voyageaient pour aller voir des amis. J'pouvais pas leur parler, ni eux à moi, mais on s'tenait compagnie, ma foi, le long des routes poussiéreuses.

---

11. **but that... need on :** *« sinon que j'étais reconnaissant de ne pas en avoir besoin. »*
12. **I thank him :** peut-être Mr. Peggotty pense-t-il que **thank** est un passé, comme **sank**, du verbe **to sink, sank, sunk,** *sombrer* ; forme correcte : **I thanked.**
13. **kind :** il emploie **kind** comme un adv. = **kindly,** *chaleureusement.*
14. **he done** = **he had done,** *ce qu'il avait fait.*
15. **nor he to me :** **nor** = **and not** ; on dirait plutôt en anglais moderne : **neither could he,** *et lui non plus.*

When I come to any town, I found the inn, and waited about the yard till some one came by (some one mostly did) as know'd[1] English. Then I told how that I was on my way to seek my niece, and they told me what manner of gentlefolks[2] was in the house, and I waited to see any as seemed like her, going in or out. When it warn't Em'ly, I went on agen. By little and little[3], when I come to a new village or that, among the poor people, I found they know'd about me. They would set me down[4] at their cottage doors, and give me what-not[5] fur to eat and drink, and show me where to sleep. And many a woman, Mas'r Davy, as has had a daughter of about Em'ly's age, I've found a-waiting for me, at Our Saviour's Cross outside the village, fur to do me sim'lar kindnesses. Some has had[6] daughters as was dead. And God only knows how good them mothers was to me !"

I laid my trembling[7] hand upon the hand he put before his face. "Thankee, sir, doen't take no notice."

"At last I come to the sea. It warn't hard, you may suppose, for a seafaring man like me to work his way over[8] to Italy. When I got theer, I wandered on as I had done afore. I got news of her being seen among them Swiss mountains yonder. I made for[9] them mountains, day and night. Ever so fur as I went, ever so fur them mountains seemed to shift away from me. But I come up with 'em, and I crossed 'em. I never doubted her[10]. No ! Not a bit ! On'y let her see my face — on'y let her heer my voice —

---

1. **as know'd** = who knew, *qui savait.*
2. **gentlefolks** [ˈdʒentlfəʊks] : par définition, *des gens nobles de naissance, des aristocrates.* **Folk** ou **folks**, mot variable, de même sens, au sing. comme au plur. Ex. : **countryfolk** ou countryfolks are not very rich, *les campagnards ne sont pas très riches.*
3. **by little and little** = little by little, gradually, *peu à peu.*
4. **would set me down** : would : forme fréquentative au passé. Set me down = settle me (comfortably), *ils m'installaient (confortablement).*
5. **what-not** = all sorts of things, *toutes sortes de choses.*
6. **some has had** = some had had, *certaines avaient eu.*

Quand j'arrivais à quéqu'ville, j'trouvais l'auberge, et j'attendais dans la cour que quelqu'un s'amène par là, qui savait l'anglais (et ça arrivait la plupart du temps). Alors j'racontais comme quoi j'étais en route pour chercher ma nièce, et y m'disaient les sortes de gens de la bonne société qui logeaient à l'auberge, et j'attendais pour voir sortir ou entrer quelqu'un qui lui ressemblerait. Quand c'n'était pas Em'lie, je poursuivais mon chemin. Peu à peu, je découvris, quand j'arrivais à un nouveau village ou quéqu' chose comme ça, que les pauvres gens avaient entendu parler de moi. Ils m'installaient à la porte de leur chaumière, et me donnaient tout plein d'choses à manger et à boire, et me montraient où dormir. Et j'ai trouvé plus d'une femme, m'sieur Davy, qu'avait eu une fille d'à peu près l'âge d'Em'lie, m'attendant à la Croix de Notre-Sauveur à la sortie du village, pour m'faire des gentillesses du même genre. Certaines avaient eu des filles qu'étaient mortes. Et Dieu seul sait combien ces mères là étaient bonnes pour moi ! »

Je posai une main tremblante sur la main dont il se cachait le visage.

« Merci, monsieur, faites pas attention.

A la fin j'arrive à la mer. C'était pas ben dur, vous pensez bien, pour un loup de mer comme moi, d'passer en Italie. Après qu'j'y fus arrivé, je continuai à courir les routes comme j'l'avais fait avant. Il me vint aux oreilles qu'on l'avait vue dans les montagnes suisses par là-bas. J'mis le cap sur ces montagnes, et cheminai jour et nuit. Plus j'avançais vers elles, plus ces montagnes semblaient reculer devant moi. Mais enfin j'arrivai au pied et je les franchis. Je n'ai jamais douté d'Em'lie. Non, pas le moins du monde ! Qu'elle voie seulement mon visage — qu'elle entende seulement ma voix —,

---

7. **trembling :** David ressent une grande émotion devant tant de bonté chez les gens les plus simples.
8. **way over :** over indique le franchissement de la frontière pour pénétrer en Italie.
9. **I made for :** Peggotty emploie une expression de marin, *je mis le cap sur.*
10. **I never doubted her** ['dautɪd] **:** son amour pour Émilie, et la confiance que malgré tout il continue à mettre en elle, sont tels que Peggotty est certain que sa nièce lui reviendra dès qu'elle le verra. Est-ce bien certain ?

on'y let my stanning still[1] afore her bring to her thoughts the home she had fled away from, and the child she had been — and if[2] she had growed to be a royal lady[3], she'd have fell down at my feet ! I know'd well ! I bought a country dress to put upon her. To put that dress upon her, and to cast off what she wore[4] — to take her on my arm again, and wander[5] towards home — to stop sometimes upon the road, and heal her bruised feet and her worse-bruised[6] heart — was all I thowt of now. But, Mas'r Davy, it warn't to be[7] — not yet[8] ! I was too late, and they was gone. Wheer, I couldn't learn. Some said heer, some said theer. I travelled heer, and I travelled theer, but I found no Em'ly, and I travelled home."

"How long ago ?"

"A matter o' fower[9] days. I sighted[10] the old boat arter dark, and I never could have thowt, I'm sure, that the old boat would have been so strange[11] !"

From some pocket in his breast[12], he took out with a very careful hand, a small paper bundle containing two or three letters or little packets, which he laid upon the table.

"The faithful creetur Mrs. Gummidge gave me these. This first one come afore I had been gone a week. A fifty pound Bank note, in a sheet of paper, directed to me, and put underneath the door in the night. She tried to hide[13] her writing, but she couldn't hide it from Me ! This one come to Missis Gummidge, two or three months ago. Five pounds."

It was untouched like the previous sum, and he refolded both.

---

1. **let my stanning still** = my standing still, *(le fait) d'être là debout devant elle.*
2. **and if** = and even if, *et même si.*
3. **a royal lady :** *la femme d'un roi.*
4. **to cast off what she wore :** Mr. Peggotty ne veut absolument pas que sa nièce garde les vêtements offerts par son amant.
5. **to wander :** *aller de place en place sans destination précise,* afin de ne pas rentrer avant qu'Émilie soit moralement remise.
6. **worse-bruised** [wɜːs bruːzd] : adj. composé formé du part. pas. **bruised** et du comparatif de l'adv. **badly, ill.** Son cœur est blessé par la déplorable aventure, tout comme ses pieds par la longue marche du retour.
7. **it warn't to be** = **it wasn't to be : to be to** exprime ici le

que je reste seulement planté là debout devant elle, et ses pensées reviendraient vers la maison d'où elle s'était enfuie, et vers l'enfant qu'elle avait été — et même qu'elle s'rait devenue une princesse, elle s'rait tombée à mes pieds ! J'en étais sûr ! J'ai acheté une robe de paysanne pour la lui faire mettre. Lui faire mettre cette robe et rejeter ce qu'elle portait — la prendre à mon bras comme avant, et repartir sur les chemins vers chez nous — en s'arrêtant parfois en route, pour soigner ses pieds meurtris et son cœur plus meurtri encore — je n'avais que ça dans la tête à ce moment-là. Mais, m'sieur Davy, ça ne devait pas se passer comme ça — pas cette fois ! J'arrivai trop tard, et ils s'étaient envolés. Où, je ne pus le savoir. Les uns disaient dans c'te coin-ci, les autres dans c'te coin-là. Et moi j'me rendis ici, et j'me rendis là, mais j'nai pas trouvé d'Em'lie, et je suis rentré chez moi.

— Il y a combien de temps de cela ?

— Quéqu'chose comme quat' jours. J'arrivai en vue du vieux bateau à la nuit tombée, et j'aurais jamais pu penser, pour sûr, que l'vieux bateau me s'rait d'venu si étranger ! »

De quelque poche intérieure de sa veste, il sortit, avec beaucoup de précautions, une petite liasse de papiers contenant deux ou trois lettres ou petits paquets qu'il posa sur la table.

« C'est cette fidèle créature, Mme Gummidge, qui m'a donné tout ça. Il y avait une semaine que j'étais parti, quand celle-ci, la première, est arrivée. Un billet de banque de cinquante livres, plié dans une feuille de papier adressée à moi, et glissée sous la porte pendant la nuit. Elle a essayé de déguiser son écriture, mais elle ne pouvait le faire, à mes yeux ! Celle-là est arrivée à Mme Gummidge il y a deux ou trois mois. Un billet de cinq livres. »

Il n'y avait pas touché, pas plus qu'au précédent, et il les replia tous les deux.

---

caractère inéluctable du destin, *cela ne devait pas être.*

8. **not yet :** *pas encore.* Mr. Peggotty n'a pas perdu tout espoir ; et il a raison puisque, dans le roman, il retrouvera Émilie, la reprendra avec lui, et partira avec elle pour une vie nouvelle en Australie.

9. **fower** = four, *quatre.*

10. **I sighted :** nous avons là aussi une expression utilisée dans la marine = to get sight of something from a ship, *reconnaître, apercevoir la terre ou un autre navire.*

11. **so strange :** ce vieux bateau, où il avait vécu pendant des années et qu'il n'avait pas quitté depuis tellement longtemps, lui était soudain devenu *étranger.*

12. **in his breast :** *« sur sa poitrine ».*

13. **to hide :** m. à m. : *« cacher (son écriture) ».*

"Is that another letter in your hand ?"

"It's money too, sir. Ten pound, you see. And wrote[1] inside, 'From a true friend.' But the two first[2] was put underneath the door, and this come by the post, day afore yesterday. I'm going to seek her at the postmark[3]."

He showed it to me. It was a town on the Upper Rhine[4]. He had found out, at Yarmouth, some foreign dealers[5] who knew that country, and they had drawn him a rude map on paper, which he could very well understand.

I asked him how Ham was ?

"He works as bold as a man can. He's never been heerd fur to complain. But my belief is ('twixt[6] ourselves) as it has cut him deep. Well ! Having seen you to-night, Mas'r Davy (and that doos me good !), I shall away betimes[7] to-morrow morning. You have seen what I've got heer ;" putting his hand on where the little packet lay ; "all that troubles me is, to think that any harm might come to me, afore this money was give back[8]. If I was to die, and it was lost, or stole[9], or elseways[10] made away with[11], and it was never know'd by him but what I'd accepted of it[12], I believe the t'other wureld wouldn't hold me ! I believe I must come back !"

He rose, and I rose too. We grasped each other by the hand again, and as we went out into the rigorous night, everything seemed to be hushed in reverence for him, when he resumed[13] his solitary journey through the snow.

---

1. **wrote** = written, *écrit.*
2. **the two first :** forme incorrecte pour the first two (letters).
3. **at the post-mark :** Peggotty veut dire qu'il ira chercher sa nièce dans la ville indiquée par *le cachet de la poste* figurant sur sa dernière lettre.
4. **the Upper Rhine** [raɪn] **:** *le cours supérieur du Rhin.* Up au comparatif est employé comme adj. épithète. Le contraire serait : the Lower Rhine, *le cours inférieur du Rhin.*
5. **dealers** = merchants, *marchands, négociants ;* de to deal, dealt, dealt = to do business, *faire des affaires, commercer ;* a deal, *une affaire.*
6. **'twixt :** contraction de la prép. litt. ou populaire : betwixt = between, *entre.*
7. **betimes :** adv. litt. ou populaire = early, *tôt.*
8. **was give back** = was given back, *soit rendu.*
9. **stole** = stolen ; part. pas. de to steal, stole, stolen, *voler, dérober.*

« Est-ce une autre lettre là, dans votre main ?

— C'est aussi de l'argent, monsieur. Dix livres, vous voyez. Et, écrit sur la feuille : "De la part d'une amie fidèle." Mais les deux premières ont été glissées sous la porte, alors que celle-ci est arrivée par la poste, avant-hier. Je vais aller chercher Em'lie à l'endroit du cachet de la poste. »

Il me montra ce cachet. Il s'agissait d'une ville sur le haut Rhin. Il avait découvert, à Yarmouth, quelques négociants étrangers qui connaissaient cette région, et qui lui avaient dessiné sur du papier une carte rudimentaire qu'il pouvait fort bien comprendre.

Je lui demandai des nouvelles de Ham.

« Il travaille avec toute l'énergie d'un homme. On ne l'a jamais entendu se plaindre. Mais (entre nous) mon opinion, c'est qu'il a été durement touché. Bon ! Du moment que j'vous ai vu ce soir, m'sieur Davy (et ça m'fait beaucoup d'bien !), je partirai de bonne heure demain matin. Vous avez vu c'que j'ai là — posant la main à l'endroit où était le petit paquet —, tout ce qui me tracasse, c'est de penser que quelque malheur pourrait bien m'arriver avant qu'cet argent soit rendu. S'il m'arrivait de mourir, et qu'il soit perdu, ou volé, ou qu'il disparaisse d'une façon ou d'une autre, et que lui ne sache jamais que j'ai refusé de l'accepter, je crois que, dans l'autre monde, rien n'pourrait me retenir ! Je crois que je serais obligé de revenir ! »

Il se leva, et moi avec lui. Nous nous serrâmes à nouveau la main, et comme nous sortions et nous enfoncions dans la nuit glaciale, un silence absolu sembla régner par respect pour lui, tandis qu'il reprenait à travers la neige son voyage solitaire.

---

10. **elseways :** pour elsewise = otherwise, in some other way, *d'une autre façon.*
11. **made away with :** *enlevé, dissipé, disparu.*
12. **but what I'd accepted of it :** but étant nég., la phrase normale serait : that I had not accepted it. Émilie, alors qu'elle vivait chez son oncle et travaillait, contribuait sans doute au budget de la famille ; l'argent envoyé dans les lettres représente, dans son esprit, une continuation de cette aide. Mais Peggotty, sachant que cet argent provient de Steerforth, n'y touchera pour rien au monde.
13. **he resumed** [rɪzju:md] **:** ▲ to resume : *reprendre après une interruption. Résumer :* to sum up.

Chapter V

All this time I had gone on loving Dora harder than ever. If I may so express it, I was steeped in Dora. I was not merely over head and ears in love with her ; I was saturated through and through. I took night walks to Norwood[1] where she lived, and perambulated[2] round and round the house and garden for hours together ; looking through crevices in the palings[3], using violent exertions to get my chin above the rusty nails on the top, blowing kisses[4] at the lights in the windows, and romantically calling on the night to shield[5] my Dora. — I don't exactly know from what — I suppose from fire — perhaps from mice, to which she had a great objection.

Dora had a discreet friend, comparatively stricken in years — almost of the ripe age of twenty[6], I should say — whose name[7] was Miss Mills. Dora called her Julia, and she was the bosom friend of Dora. Happy Miss Mills !

One day Miss Mills said, "Dora is coming to stay with me. She is coming the day after to-morrow. If you would like to call, I am sure papa would be happy to see you."

I passed three days in a luxury of wretchedness, and at last, arrayed for the purpose at a vast expense, I went to Miss Mills's fraught with a declaration[8].

Mr. Mills was not at home. I didn't expect he would be. Nobody wanted *him*. Miss Mills was at home. Miss Mills would do.

---

1. **Norwood :** banlieue résidentielle de Londres, à cheval sur le Surrey et le comté de Londres ; jolie région de collines et de bois.
2. **perambulated** [pəræmbjuˈleɪtɪd] **: to perambulate** : *parcourir une grande distance ;* cf. **a perambulator** (ou pram) : *voiture d'enfant,* pour promener les bébés.
3. **palings** [ˈpeɪlɪŋz] **:** clôture faite de planches verticales, terminées en pointe et assemblées en laissant un petit intervalle entre elles : *palissade.*
4. **blowing kisses :** *envoyant des baisers ;* attitude plus puérile et ridicule de la part de David que romantique.
5. **to shield :** *protéger.* Cf. **a shield,** *un bouclier.*
6. **comparatively... twenty :** la Dora de David avait été dans la vie de Dickens une certaine Maria Beadnell qui avait 17 ans alors que Dickens n'en avait que 16. Aux yeux d'un adolescent de 16 ans, il est vraisemblable que Miss Mills, à 20 ans, ait

Chapitre V

Pendant tout ce temps-là je n'avais cessé d'aimer Dora avec plus de passion que jamais. Si j'ose m'exprimer ainsi, je baignais jusqu'au cou dans l'amour de Dora. Je n'étais pas simplement éperdument amoureux d'elle, j'en étais imprégné de la tête aux pieds. Le but de mes promenades nocturnes était Norwood où elle habitait, et où, pendant des heures, je faisais cent fois le tour de la maison et du jardin ; je jetais des coups d'œil par les fentes des palissades, et, faisant de violents efforts pour passer le menton au-dessus des clous rouillés qui couronnaient leur sommet, j'envoyais des baisers dans la direction des fenêtres éclairées, et adressais une invocation romantique à la nuit, afin qu'elle protège ma Dora. — Je ne sais pas trop de quoi — du feu je suppose —, peut-être des souris, pour lesquelles elle éprouvait une grande répulsion.

Dora avait une amie discrète, relativement avancée en âge — arrivée presque, je crois, à l'âge mûr de vingt ans —, du nom de Mlle Mills. Dora l'appelait Julia, et c'était l'amie intime de Dora. Heureuse Mlle Mills !

Un jour Mlle Mills me dit : « Dora vient passer quelques jours avec moi. Elle arrivera après-demain. Si cela vous fait plaisir de nous rendre visite, je suis sûre que papa serait heureux de faire votre connaissance. »

Je passai trois jours dans une débauche d'appréhension, et finalement, m'étant mis, pour cette visite, sur mon trente et un sans un, sans regarder à la dépense, je me rendis chez Mlle Mills, bien décidé à déclarer ma flamme.

M. Mills était absent. Je m'attendais à ce qu'il le fût. Personne ne désirait sa présence. Mlle Mills était chez elle. Mlle Mills, elle, ferait l'affaire.

---

semblé très âgée ! Toutefois, les expressions exagérées : **stricken in years** et **ripe age** laissent transparaître l'ironie de l'auteur.

7. **whose name :** pron. relatif exprimant un rapport de possession ; on l'emploie lorsque l'antécédent est une personne (**discreet friend**) et la construction est : antécédent + **whose** + chose possédée (sans article). En anglais moderne, on emploie aussi ce relatif, lorsque l'antécédent est une chose. Ex. : **the books whose value is immense**, *ces livres dont la valeur est sans limites.*

8. **fraught** [frɔ:t] **with a declaration** = *chargé de, muni de, plein de.*

I was shown into a room up-stairs, where Miss Mills and Dora were. Dora's little dog Jip was there. Miss Mills was copying music, and Dora was painting flowers. — What were my feelings when I recognized flowers I had given her !

Miss Mills was very glad to see me, and very sorry her papa was not at home : though I thought we all bore that with fortitude[1]. Miss Mills was conversational for a few minutes, and then, laying down her pen, got up and left the room[2].

I began to think I would put it off[3] till to-morrow.

"I hope your poor horse was not tired, when he[4] got home at night from that pic-nic[5]," said Dora, lifting up her beautiful eyes. "It was a long way for him."

I began to think I would do it to-day.

"It was a long way for *him*, for *he* had nothing to uphold[6] him on the journey."

"Wasn't he fed, poor thing[7] ?" asked Dora.

I began to think I would put it off till to-morrow.

"Ye-yes, he was well taken care of. I mean he had not the unutterable happiness that I had in being so near you."

I saw now that I was in for it[8], and it must be done on the spot.

"I don't know why you should care for being near me," said Dora, "or why you should call it a happiness. But of course you don't mean what you say. Jip, you naughty boy, come here !"

I don't know how I did it[9], but I did it in a moment. I intercepted Jip. I had Dora in my arms.

---

1. **bore that with fortitude :** bore, de to bear, bore, born = to endure, to tolerate, to put up with, *tolérer, supporter* ; fortitude = calm courage, self-control, *force de caractère* ; nous avons là un mot un peu grandiloquent pour obtenir l'effet d'humour recherché.
2. **left the room :** c'est le devoir d'un chaperon attentionné de s'arranger pour laisser très vite les deux amoureux face à face.
3. **put it off : it,** la déclaration d'amour dont il a été fait mention 12 lignes plus haut ; et, par trois fois encore, Dickens reprendra cet aparté de David ; **to put off = to postpone,** *remettre à plus tard.*
4. **he** = the horse : les animaux domestiques auxquels on est particulièrement attaché (ex. : une monture favorite) sont souvent personnifiés.

On m'introduisit dans une pièce, au premier, où se trouvaient Mlle Mills et Dora. Jip, le petit chien de Dora, était là aussi. Mlle Mills était en train de copier de la musique et Dora de peindre des fleurs. — Quelle ne fut pas mon émotion, lorsque je reconnus les fleurs que je lui avais offertes !

Mlle Mills fut très contente de me voir, et regretta beaucoup que son papa ne fût pas là : toutefois je pense que nous supportâmes tous trois cette absence avec une grande force de caractère. Mlle Mills alimenta la conversation pendant quelques minutes, après quoi, posant sa plume, elle se leva et quitta la pièce.

Je commençai à penser que j'allais remettre ma déclaration au lendemain.

« J'espère que votre pauvre cheval n'était pas fatigué, lorsqu'il est rentré de ce pique-nique, le soir », dit Dora, en levant vers moi ses beaux yeux. « Cela faisait beaucoup de chemin pour lui. »

Je commençai à penser que je la ferais aujourd'hui même.

« Cela faisait un bien long chemin pour un cheval, car lui n'avait rien pour le soutenir en route.

— N'avait-on pas donné à manger, à cette pauvre bête ? » demanda Dora.

Je commençai à penser que j'allais la remettre au lendemain.

« Heu... oui, on l'avait bien soigné. Je veux dire qu'il n'avait pas, lui, l'indicible bonheur que j'éprouvais à être si près de vous. »

Je me rendis compte alors que je ne pouvais y couper et qu'elle devait être faite sur-le-champ.

« Je ne vois pas pourquoi vous tiendriez tant à être près de moi, dit Dora, ni pourquoi vous devriez appeler cela un bonheur. Mais bien sûr, vous ne parlez pas sérieusement. Jip, petit bandit, viens ici ! »

Je ne sais comment j'y arrivai, mais ce fut l'affaire d'un instant. J'arrêtai Jip au passage. Et Dora fut dans mes bras.

---

5. **that picnic :** un pique-nique organisé par le père de Dora.
6. **to uphold** = to support and comfort, *soutenir moralement.*
7. **poor thing :** le mot thing est employé pour exprimer une émotion vis-à-vis d'une personne ou d'un animal, *pauvre bête !* You silly thing ! *petite sotte, va !*
8. **I was in for it :** expression familière, presque populaire : *je ne pouvais y couper !*
9. **I did it :** it, ce qui est expliqué immédiatement après : prendre Dora dans ses bras, et lui faire la fameuse déclaration.

I was full of eloquence. I never stopped for a word. I told her how I loved her. I told her I should die without her. I told her that I idolized and worshipped[1] her. — Jip barked madly all the time.

My eloquence increased and I said, if she would like me to die for her[2], she had but[3] to say the word, and I was ready. I had loved her to distraction every minute, day and night, since[4] I first set eyes upon her. I loved her at that minute to distraction[5]. I should always love her, every minute, to distraction. Lovers had loved before, and lovers would love again; but no lover had ever loved, might, could, would, or should, ever love[6], as I loved Dora. — The more I raved, the more Jip barked. Each of us, in his own way, got more mad every moment[7].

Well, well! Dora and I were sitting on the sofa by-and-by[8], quiet enough, and Jip was lying in her lap[9], winking peacefully at me. It was off my mind. I was in a state of perfect rapture[10]. Dora and I were engaged[11].

Being poor, I felt it necessary the next time I went to my darling, to expatiate on that unfortunate drawback. I soon carried desolation into the bosom of our joys — not that I meant to do it, but that I was so full of the subject — by asking Dora, without the smallest preparation, if she could love a beggar?

"How can you ask me anything so foolish? Love a beggar!"

"Dora, my own dearest, *I* am a beggar!"

---

1. **worshipped** [ˈwɜːʃɪpt] : nous avons là une exception à la règle du doublement de la consonne finale d'un mot lorsqu'on ajoute un suffixe quelconque ; quelques verbes terminés par un p (worship, kidnap, etc.) redoublent cette lettre, bien que la syllabe finale ne soit pas accentuée. En américain, toutefois, on écrit worshi*p*ed, kidna*p*ed.

2. **me to die for her** : langage classique de l'amoureux frénétique ; tout le paragraphe est du même style.

3. **she had but** = she had only, *elle n'avait qu'à...*

4. **I had loved her... since** : expression de la durée dans le passé ; correspond à l'imparfait français.

5. **distraction** : ici, sens très fort du mot : *folie, démence.* Ex. : to drive sb. to distraction, *pousser quelqu'un à la folie, le rendre fou.*

6. **had ever loved... should ever love** : magnifique exemple de la manière facile dont Dickens jongle avec les formes

Je débordais d'éloquence. A aucun moment je ne fus à court de mots. Je lui dis combien je l'aimais. Je lui dis que sans elle je mourrais. Je lui dis que je l'idolâtrais, que je la vénérais. — Jip, pendant tout ce temps, aboyait furieusement.

Je redoublai d'éloquence, lui disant que, si elle voulait que je meure pour elle, elle n'avait qu'un mot à dire et je serais prêt. Je l'aimais à la folie, à chaque minute du jour et de la nuit, depuis que, pour la première fois, mes yeux s'étaient posés sur elle. A cet instant précis, je l'aimais à la folie. A chaque minute de ma vie, je l'aimerais toujours à la folie. Des amants avaient aimé auparavant, et des amants aimeraient encore ; mais aucun d'eux n'avait jamais aimé, ne pourrait, ne saurait, ne voudrait aimer, ni n'aimerait jamais comme j'aimais Dora. — Plus je délirais, plus Jip aboyait. Chacun de nous deux, à sa manière, devenait, à chaque minute, de plus en plus furieux.

Bon, bon ! Un instant plus tard Dora et moi étions assis sur le divan, assez maîtres de nous, avec Jip couché dans son giron, et clignant paisiblement des yeux dans ma direction. J'avais l'esprit libre. J'étais plongé dans une extase béate. Dora et moi étions fiancés.

Étant donné que j'étais pauvre, je sentis qu'il était de mon devoir, lorsque je retournai chez ma bien-aimée, de m'expliquer sur cet inconvénient malheureux. J'eus tôt fait de porter la désolation au cœur de notre félicité — sans que j'en eusse eu la moindre intention, mais parce que ce sujet me tenait tellement à cœur — en demandant à brûle-pourpoint à Dora, si elle se sentait capable d'aimer un mendiant.

« Comment pouvez-vous me poser une question aussi stupide ? Aimer un mendiant !

— Dora, ma petite chérie, je *suis* un mendiant !

---

défectives ; cela correspond sans doute à ce que David a dit au paragraphe précédent : **I was full of eloquence.**
7. **each of us... every moment :** amusant rapprochement entre la rage de l'amoureux et celle du chien.
8. **by-and-by** = soon, *bientôt.*
9. **lap :** partie du corps d'une personne assise, comprise entre la taille et les genoux, *le giron.*
10. **rapture :** dans tout ce passage, le vocabulaire est volontairement exagéré ; **rapture** évoque un bonheur extatique, surhumain, de **rapt**, *ravi, transporté.*
11. **to be engaged :** *être fiancé* ; d'après l'engagement solennel que l'on prend d'épouser quelqu'un dans un délai fixé ; d'où **engagement**, *les fiançailles.*

"How can you be such a silly thing," replied Dora, slapping my hand, "as to sit there, telling such stories ? I'll make Jip bite you if you are so ridiculous."

But I looked so serious, that Dora began to cry. She did nothing but exclaim Oh dear ! Oh dear ! And oh, she was so frightened ! And where was Julia Mills ! And oh, take her to Julia Mills, and go away, please[1] ! until I was almost beside myself[2].

I thought I had killed her. I sprinkled water on her face. I went down on my knees. I plucked at my hair. I implored her forgiveness. I besought her[3] to look up[4]. I ravaged[5] Miss Mills's work-box for a smelling-bottle, and in my agony[6] of mind applied an ivory needle-case instead, and dropped all the needles over Dora.

At last, I got Dora to look at me, with a horrified expression, which I gradually soothed until it was only loving, and her soft, pretty cheek was lying against mine.

"Is your heart mine still, dear Dora ?"

"Oh, yes ! Oh, yes, it's all yours. Oh, don't be dreadful !"

I dreadful ! To Dora !

"Don't talk about being poor, and working hard ! Oh, don't, don't !"

"My dearest love, the crust[7] well earned —"

"Oh, yes ; but I don't want to hear any more about crusts. And after we are[8] married, Jip must have a mutton[9]-chop every day at twelve, or he'll die !"

I was charmed with her childish[10], winning way, and I fondly explained to her that Jip should have his mutton-chop with his accustomed regularity.

---

1. **and oh... go away, please ! :** Dickens passe habilement du récit rapporté par David à une façon plus directe de citer les propos de Dora.
2. **beside myself** = having lost one's self-control, *ayant perdu le contrôle de soi.* Beside est une préposition = *au-delà de...* ⚠ besides (adv.), *en outre.*
3. **I besought her :** de to beseech [bɪ'si:tʃ], besought [bɪ'sɔ:t], besought, *demander instamment, supplier* ; reprend, en évitant la répétition, l'idée de I implored her.
4. **to look up :** *lever les yeux.*
5. **I ravaged :** terme fort, employé pour montrer l'affolement de David, *dévaster, causer des ravages.*
6. **agony** ['ægənɪ] **:** *angoisse, supplice* ; **agony** est en harmonie avec ravage. *L'agonie :* the death-struggle, the death-pangs.

— Comment pouvez-vous être assez sot, répondit Dora en me donnant une tape sur la main, pour me raconter de telles balivernes, assis là à côté de moi ? Je vais vous faire mordre par Jip si vous continuez à être aussi ridicule. »

Mais j'avais si peu l'air de plaisanter que Dora se mit à pleurer. Elle ne cessait de s'écrier, Mon Dieu, oh mon Dieu ! Et comme elle paraissait effrayée ! Et où pouvait bien être Julia Mills ? Oh ! qu'on la mène à Julia Mills, et qu'on s'en aille ! suppliait-elle ; tant et si bien que je perdis presque le contrôle de moi-même.

Je crus l'avoir tuée. J'aspergeai d'eau son visage. Je tombai à genoux. Je m'arrachai les cheveux. J'implorai son pardon. Je la suppliai de me regarder. Je mis sens dessus dessous la boîte à ouvrage de Mlle Mills pour y chercher un flacon de sels et, dans mon angoisse, j'eus recours à sa place à un étui à aiguilles en ivoire, et fis tomber une pluie d'aiguilles sur Dora.

Enfin, j'obtins que Dora me regarde, avec une expression horrifiée que j'atténuai graduellement jusqu'à ce qu'elle ne soit plus qu'amour, et que sa douce, mignonne petite joue vînt se presser contre la mienne.

« Votre cœur m'appartient-il toujours, Dora chérie ?

— Oh, oui ! Oh, oui, il est tout à vous. Mais cessez d'être aussi abominable !

— Moi, abominable ! pour ma Dora !

— Ne parlez pas d'être pauvre et de vous tuer au travail ! Non et non !

— Mon adorée, la croûte que l'on a bien gagnée...

— Oh, bon ; mais je ne veux plus entendre parler de croûtes. Quand nous serons mariés, il faudra que Jip ait sa côtelette de mouton tous les jours à midi, sinon il mourra ! »

Ses manières enfantines et séduisantes me charmaient, et je lui promis affectueusement que Jip aurait sa côtelette de mouton avec la régularité à laquelle il était habitué.

---

7. **crust :** la partie dure à la surface d'un pain ; nous avons la même expression en français : **to earn one's crust,** *gagner sa croûte* ; **to beg for crusts,** *mendier son pain.*
8. **after we are :** after : conj. de subord. de temps ; commande le présent avec un sens de futur. Cf. p. 38, note 6.
9. **mutton : la viande de mouton** ; l'animal vivant : **sheep,** *le mouton* ; nous avons le même phénomène pour : **beef** (viande de *bœuf*), **ox,** *le bœuf* ; veal (viande de) *veau*, **calf,** *le veau* ; pork (viande de) *porc*, **pig,** *le cochon.*
10. **childish :** Dora est encore une enfant, ou fait l'enfant. Elle va demander plus loin à son mari de l'appeler *la femme-enfant* (the Child-wife).

When we had been engaged some half a year or so, Dora delighted me by asking me to give her that cookery-book[1] I had once spoken of, and to show her how to keep housekeeping accounts[2], as I had once promised I would. I brought the volume with me on my next visit (I got it prettily bound, first, to make it look less dry and more inviting) ; and showed her an old housekeeping-book of my aunt's[3], and gave her a set of tablets[4], and a pretty little pencil-case, and a box of leads[5], to practise house-keeping with[6].

But the cookery-book made Dora's head ache, and the figures made her cry. *They wouldn't add up, she said.* So she rubbed them out, and drew little nosegays, and likenesses[7] of me and Jip, all over the tablets.

Time went on, and at last, here in this hand of mine I held the wedding licence[8]. There were the two names in the sweet old visionary connexion, David Copperfield and Dora Spenlow ; and there in the corner was that parental Institution the Stamp-office[9], looking down upon our union ; and there, in the printed form of words, was the Archbishop of Canterbury[10] invoking a blessing on us, and doing it as cheap as could possibly be expected !

I doubt whether two young birds could have known less about keeping house, than I and my pretty Dora did. We had a servant, of course. *She* kept house for us. We had an awful time of it with Mary Anne.

Her name was Paragon[11]. Her nature was represented to us, when we engaged her, as being feebly expressed in her name.

---

1. **cookery-book :** *livre de cuisine*, contenant des *recettes* (recipes) [ˈresɪpɪz] et des conseils pratiques sur l'art de cuisiner.
2. **housekeeping accounts :** *les comptes* se rapportant à la tenue *du ménage*.
3. **of my aunt's :** le cas possessif postposé est une forme où le génitif se juxtapose à la forme périphrastique en of. Ex. : **a friend of my father's**, *un ami de mon père* ; cette tournure est très ancienne.
4. **a set of tablets :** un certain nombre de feuilles de papier à écrire, assemblées sur l'un des côtés : *bloc-correspondance* ou *bloc-notes*.
5. **leads** [ledz] **:** *mines de crayon*, fabriquées avec du graphite ; de lead, *le plomb*.
6. **to practise... with :** construction normale pour : **a box of leads with which to practise housekeeping.** ▲ **to practi*se*** ;

Nous étions fiancés depuis quelque six mois, quand Dora me causa un grand plaisir en me demandant de lui donner ce fameux livre de cuisine dont je lui avais jadis parlé, et de lui montrer comment tenir les comptes d'un ménage, selon la promesse que je lui avais faite autrefois. A ma visite suivante, je lui apportai le volume (après l'avait fait joliment relier pour le rendre moins ingrat et plus attrayant) ; et je lui montrai un vieux carnet de dépenses qui avait appartenu à ma tante, et lui offris un bloc-notes, ainsi qu'un joli petit porte-mine, et une boîte de mines, pour s'entraîner à la tenue des comptes d'un ménage.

Mais le livre de cuisine donna la migraine à Dora, et les chiffres la firent pleurer. Ils se refusaient, dit-elle, à toute addition. Aussi les effaça-t-elle pour dessiner des petits bouquets et des portraits de moi et de Jip, sur toutes les feuilles du bloc.

Le temps passa, et enfin, voici que dans ma main je tenais la licence de mariage. Là figuraient les deux noms de cette douce union si longtemps imaginée, David Copperfield et Dora Spenlow ; et là, au coin de la feuille, la marque de cette parentale Institution, le Bureau de l'état civil, patronnant notre alliance ; et là encore, formulée avec des mots imprimés, la prière de l'archevêque de Cantorbéry, demandant à Dieu de nous bénir, pour un prix aussi modique qu'on pouvait vraiment l'espérer !

Je ne sais si deux oisillons auraient pu en savoir moins que moi et ma jolie Dora sur la façon de tenir une maison. Nous avions une bonne naturellement. C'est elle qui tenait notre maison. Mais cette Mary Anne nous en fit voir de toutes les couleurs.

Son nom de famille était Parangon. On nous fit remarquer, lorsque nous l'engageâmes, que son nom n'exprimait que faiblement ses qualités naturelles.

---

the practice ; to advise, *conseiller* ; a piece of advice, *un conseil.*

7. **likenesses :** portraits, pictures, *portraits, images.*

8. **wedding licence :** *autorisation officielle de mariage* avec, ici, dispense des trois semaines de délai appelées *les bans* (banns).

9. **the Stamp-office :** maintenant appelé Registry, bureau du fonctionnaire chargé de contrôler les mariages civils.

10. **the Archbishop of Canterbury :** l'archevêque de Canterbéry, Primat du Royaume, la plus haute autorité religieuse d'Angleterre. Les papiers officiels pour le mariage avaient été délivrés, contre paiement (raisonnable !) d'un droit, par ce haut personnage.

11. **Paragon :** Dickens a inventé là un nom de famille, à partir de paragon, *modèle d'excellence*, pour introduire une ironique description de cette fort médiocre servante.

She had a written character[1], as large as a Proclamation[2]; and, according to this document, could do everything of a domestic nature that I ever heard of, and a great many things that I never did hear of. She was a woman in the prime of life : of a severe countenance[3]; and subject (particularly in the arms) to a sort of perpetual measles. She had a cousin in the Life Guards[4], with such long legs that he looked like the afternoon shadow of somebody else. She was warranted sober and honest. And I am therefore willing to believe that she was in a fit[5] when we found her under the boiler; and that the deficient teaspoons were attributable to the dustman. She was the cause of our first little quarrel[6].

"My dearest life," I said one day to Dora, "do you think Mary Anne has any idea of time ?"

"Why, Doady[7] ?"

"My love, because it's five, and we were to have dined at four[8]."

My little wife came and sat upon my knee, to coax[9] me to be quiet, and drew a line with her pencil down the middle of my nose : but I couldn't dine off that, though it was very agreeable.

"Don't you think, my dear, it would be better for you to remonstrate[10] with Mary Anne ?"

"Oh no, please ! I couldn't, Doady !"

"Why not, my love ?"

"Oh, because I am such a little goose, and she knows I am !"

I thought this sentiment so incompatible with the establishment of any system of check[11] on Mary Anne, that I frowned a little.

---

1. **character :** *certificat,* c.-à-d. document fourni par un employeur attestant les qualités de son employé, lorsque celui-ci quitte son service.
2. **Proclamation :** la majuscule suggère la dignité, le caractère imposant correspondant à une Proclamation royale ; peut-être celle annonçant l'accession au trône d'un nouveau souverain.
3. **countenance :** ▲ *visage, contenance,* bearing.
4. **Life Guards :** régiment de cavalerie chargé de la protection du souverain ; ces soldats sont triés sur le volet, particulièrement quant à leur taille, ce qui donne du sel à la description qui suit.
5. **in a fit :** ici, a fainting fit, c.-à-d. *un évanouissement* ; mais

Elle avait un certificat aussi long qu'une Proclamation royale ; et ce document assurait qu'elle savait faire tout ce que j'ai jamais entendu mentionner en matière de ménage, ainsi qu'une foule de choses dont je n'avais jamais entendu parler. C'était une femme dans la force de l'âge, au visage dur, et souffrant (surtout sur les bras) d'une sorte de rougeole perpétuelle. Elle avait un cousin dans les gardes de la maison royale, affligé de jambes si longues qu'il ressemblait à l'ombre de quelqu'un d'autre projetée tard l'après-midi. On la certifiait sobre et honnête. Je suis par conséquent prêt à croire qu'elle avait eu une syncope, le jour où nous la trouvâmes sous la chaudière de la cuisine ; et que la disparition des petites cuillères à thé était imputable aux boueux. Elle fut la cause de notre première petite dispute.

« Mon cher amour, dis-je un jour à Dora, crois-tu que Mary Anne ait quelque notion de l'heure ?

— Pourquoi, Doady ?

— Ma chérie, c'est parce qu'il est cinq heures et que nous devions dîner à quatre heures. »

Ma petite femme vint s'asseoir sur mes genoux, pour me calmer par ses cajoleries, et tira avec son crayon un trait au milieu de mon nez : mais cela ne pouvait me tenir lieu de dîner, bien que ce fût fort agréable.

« Ne crois-tu pas, ma chérie, que tu ferais mieux de réprimander Mary Anne ?

— Oh non, Doady, je t'en prie ! Je ne pourrais pas !

— Pourquoi pas, mon amour ?

— Oh, parce que je suis une vraie petite oie, et qu'elle le sait ! »

Je trouvais ce sentiment si incompatible avec la reprise en main méthodique de Mary Anne, que je fronçai légèrement les sourcils.

---

occasionné par un abus de boisson ; la servante n'était donc ni sober ni honest (comme le montrera l'incident des cuillers).
6. **our first little quarrel :** David en arrive vite à ne plus se faire d'illusion sur le succès de leur union.
7. **Doady :** surnom enfantin dérivé de David, et donné par Dora à son époux.
8. **dined at four :** le couple prenait à 4 heures de l'après-midi un high tea, qui comporte de la viande ou du poisson.
9. **to coax** [kəʊks] **:** *obtenir de quelqu'un par des cajoleries qu'il fasse quelque chose qui ne lui plaît pas.* La construction habituelle ne se fait pas avec l'infinitif, mais avec into + le gérondif. Ex. : to coax somebody into doing something.
10. **to remonstrate** = to raise a protest, to scold, *protester, gronder, faire des remontrances.*
11. **check** (n.) **:** *contrôle, autorité.*

"My precious wife, we must be serious sometimes. Come ! Sit down on this chair[1], close beside me ! Give me the pencil ! There ! Now let us talk sensibly[2]. You know, dear ;" what a little hand it was to hold, and what a tiny wedding-ring it was to see ! "You know, my love, it is not exactly comfortable to have to go[3] out without one's[4] dinner. Now, is it ?"

"N-n-no !" replied Dora, faintly.

"My love, how you tremble !"

"Because I KNOW you're going to scold me."

"My sweet, I am only going to reason."

"Oh, but reasoning is worse than scolding ! I didn't marry to be reasoned with. If you meant to reason with such a poor little thing as I am, you ought to have told me so, you cruel boy !"

"Now, my own Dora, you are childish, and are talking nonsense[5]. You must[6] remember, I am sure, that I was obliged to go out yesterday when dinner was half over ; and that, the day before, I was made quite unwell[7] by being obliged to eat underdone[8] veal[9] in a hurry ; to-day, I don't dine at all — and I am afraid to say how long we waited for breakfast — and *then* the water didn't boil[10]. I don't mean to reproach you, my dear, but this is not comfortable."

"I wonder, I do[11], at your making such ungrateful speeches. When you know that the other day, when you said you would like a little bit of fish, I went out myself, miles and miles, and ordered it, to surprise you."

---

1. **on this chair :** la prép. on montre qu'il s'agit d'une chaise ; avec un fauteuil, on dirait in this chair.
2. **sensibly** = in a sensible way, *raisonnablement.* ▲ sensible : *raisonnable. Sensible :* sensitive.
3. **to have to go :** équivalent de must exprimant l'obligation, aux formes où must n'existe pas (ici, l'infinitif), on pourrait dire aussi : to be obliged to (ligne 18), to be compelled to.
4. **one's :** one, pron. personnel indéfini, peut se mettre au cas possessif, équivaut alors en français à un adj. possessif.
5. **to talk nonsense :** inv. à sens pluriel, *des sottises, dire des sottises.*
6. **must :** exprime ici la probabilité : *tu dois te rappeler.*

« Mon petit trésor, il nous faut être sérieux de temps en temps. Approche-toi ! Assieds-toi sur cette chaise, tout près de moi ! Donne-moi ce crayon, voyons ! Et maintenant, discutons raisonnablement. Tu sais, ma chérie » — qu'elle était petite la main blottie dans la mienne, et quelle minuscule alliance j'avais sous les yeux ! — « tu sais, mon amour, ce n'est pas vraiment agréable d'être obligé de sortir sans son dîner, dis ?

— N-n-non ! répondit Dora, sans conviction.

— Mon amour, pourquoi trembles-tu ainsi ?

— Parce que je SAIS que tu vas me gronder.

— Ma douce, je ne veux que te faire entendre raison.

— Oh, mais raisonner est pire que gronder ! Je ne me suis pas mariée pour qu'on me fasse entendre raison. Si ton intention était de faire entendre raison à une pauvre petite créature comme moi, tu aurais mieux fait de me prévenir, méchant garçon !

— Allons, ma Dora bien-aimée, tu fais l'enfant, et tu dis des sottises. Tu dois probablement te rappeler, j'en suis sûr, qu'hier j'ai été obligé de partir alors que nous n'en n'étions qu'à la moitié du dîner ; et que, le jour d'avant, je ne me suis pas senti très bien, après avoir été forcé de manger en toute hâte du veau pas assez cuit ; aujourd'hui, je vais me passer de dîner — et je regrette d'avoir à dire combien de temps nous avons attendu notre petit déjeuner — et encore, l'eau n'était même pas bouillante. Je n'ai pas l'intention de te faire des reproches, ma chérie, mais tout cela n'est vraiment pas agréable.

— Franchement, je m'étonne de t'entendre discourir ainsi avec tant d'ingratitude, alors que tu sais fort bien que l'autre jour, lorsque tu m'as dit qu'un peu de poisson te ferait plaisir, j'ai fait moi-même des kilomètres pour en commander, afin de te faire une surprise.

---

7. **unwell :** to be well, *être en bonne santé*, **unwell** se réfère à une indisposition plutôt qu'à une maladie.
8. **underdone :** done, *cuit*; under, *insuffisamment.*
9. **veal :** cf. p. 85, note 9.
10. **didn't boil :** *ne bouillait pas*, par conséquent n'était pas assez chaude pour faire le thé (quel sacrilège !).
11. **I wonder, I do :** I do, reprise de **wonder**, sous une forme d'insistance : **I do wonder**, *je m'étonne vraiment.*

"And it was very kind of you, my own darling, and I felt it so much that I wouldn't on any account have mentioned that you bought a salmon[1] — which was too much for two. Or that it cost one pound six — which was more than we can afford[2]."

"You enjoyed it very much," sobbed Dora. "And you said I was a mouse[3]."

"And I'll say so again, my love, a thousand times !"

I said it a thousand times, and more, and went on saying it until Mary Anne's cousin deserted into our coal-hole, and was brought out, to our great amazement, by a piquet of his companions in arms, who took him away handcuffed, in a procession that covered our front-garden[4] with disgrace.

Everyboby we had anything to do with, seemed to cheat us. Our appearance in a shop was a signal for the damaged goods to be brought out immediately. If we bought a lobster, it was full of water. All our meat turned out tough, and there was hardly any crust to our loaves. As to the washerwoman pawning[5] the clothes, and coming in a state of penitent intoxication[6] to apologize, I suppose that might have happened several times to anybody. Also the chimney on fire, the parish engine, and perjury on the part of the *Beadle*[7]. But I apprehend we were personally unfortunate in our *page*[8] : whose principal function was to quarrel with the cook and who lived in a hail[9] of saucepan-lids.

---

1. **salmon** ['sæmən] : poisson de chair délicate, très estimé, et par conséquent assez cher. Particularité grammaticale : inv. au pluriel : **a river full of salmon**, *une rivière pleine de saumons.* Entrent dans cette catégorie les animaux suivants : **sheep** *(moutons)*, **deer** *(cerfs, chevreuil et daims)*, **swine** *(porcs)*, **grouse** *(coqs de bruyère)*, **trout** *(truites)*.
2. **to afford :** *trouver, avoir assez de temps ou d'argent pour.* Ex. : **we can't afford to lose a minute,** *nous ne pouvons pas (nous permettre de) perdre une minute* ; **we can't afford a car,** *nous n'avons pas les moyens de posséder une voiture.*
3. **a mouse :** plur. mice : *une souris.* Au figuré, terme affectueux = *mon petit pigeon, ma poulette.*
4. **our front-garden :** dans les petites maisons individuelles anglaises, *le jardin de devant* est particulièrement soigné car il donne aux voisins et aux passants une image de la famille qui vit là. D'où le scandale de la traversée du jardin par un prisonnier, menottes aux poings.

— C'était très gentil de ta part, ma petite chérie, et je m'en suis senti si reconnaissant que je me serais bien gardé de te faire remarquer que tu as acheté tout un saumon — ce qui était bien trop pour deux ; ou qu'il coûtait une livre six shillings — ce qui est bien au-dessus de nos moyens.

— Tu t'en es régalé, dit Dora avec des sanglots dans la voix. Et tu as déclaré que j'étais ton petit pigeon.

— Et je suis prêt à le dire encore mille fois, ma bien-aimée ! »

Je le dis mille fois, et plus encore, et je continuai à le répéter jusqu'au moment où le cousin de Mary Anne, ayant déserté, vint se réfugier dans notre cave à charbon, d'où il fut extrait, à notre immense stupeur, par un piquet de ses compagnons d'armes, qui lui passèrent les menottes et l'emmenèrent en une procession qui couvrit d'opprobre notre jardin de devant.

Tous les gens auxquels nous avions affaire semblaient nous voler. Notre apparition dans une boutique était le signal que l'on eût à apporter sur-le-champ les marchandises avariées. Si nous achetions un homard, il était plein d'eau à l'intérieur. Toute notre viande se révéla dure, tandis que nos pains n'avaient pratiquement pas de croûte. Pour ce qui est de la blanchisseuse qui portait notre linge chez « ma tante » et venait s'en excuser, ivre mais repentie, je suppose que n'importe qui aurait pu connaître pareil état de choses, plusieurs fois. Il en fut de même du feu de cheminée, de la pompe à incendie de la paroisse, et du faux témoignage du bedeau. Mais je crains que nous n'ayons été personnellement malchanceux dans le choix de notre jeune garçon de courses dont la principale occupation était de se chamailler avec la cuisinière, et qui vivait sous une grêle de couvercles de casseroles.

---

5. **to pawn** [pɔ:n] : *porter des objets chez le prêteur sur gages* (pawnbroker) pour qu'ils garantissent un emprunt.
6. **intoxication** = **drunkenness,** *l'ivresse. Intoxication,* **poisoning.**
7. **beadle** [bi:dl] : *bedeau* ; officiel ecclésiastique employé par la paroisse qui aide le pasteur, fait respecter l'ordre dans l'église et au-dehors. Le faux témoignage du bedeau est en lui-même la plus scandaleuse des nombreuses catastrophes qui viennent troubler le bonheur de nos jeunes mariés.
8. **page** [peɪdʒ] : l'affaire du jeune domestique — au sujet duquel David précise : **« we were personally unfortunate »** — leur causa bien plus d'ennuis que les précédentes. Il semble étrange que ce jeune ménage aux moyens financiers limités (épisode du saumon) ait pu engager deux domestiques.
9. **hail :** *la grêle* ; ici, évidemment, au figuré.

We wanted to get rid of him, but he was very much attached to us, and wouldn't go[1], until one day he stole Dora's watch, and spent the produce (he was always a weak-minded boy) in riding up and down between London and Uxbridge[2] outside the coach[3]. He was taken to the Police Office[4], on the completion of his fifteenth journey; when four-and-six pence, and a second-hand fife which he couldn't play[5], were found upon his person.

He was tried[6] and ordered to be transported[7]. Even then he couldn't be quiet, but was always writing us letters; and he wanted so much to see Dora before he went away, that Dora went to visit him, and fainted when she found herself inside the iron bars. I had no peace of my life until he was expatriated, and made (as I afterwards heard) a shepherd of, "up the country" somewhere; I have no geographical idea where.

"I am very sorry for all this, Doady," said Dora. "Will you call me a name I want you to call me ?"

"What is it, my dear ?"

"It's a stupid name — Child-wife. When you are going to be angry with me, say to yourself 'it's only my Child-wife.' When I am very disappointing, say 'I knew, a long time ago, that she would make but a Child-wife.' When you miss what you would like me to be, and what I should like to be, and what I think I never can be, say, 'Still[8] my foolish Child-wife loves me.' For indeed I do."

I invoke the innocent figure[9] that I dearly loved, to come out of the mists and shadows of the Past[10], and to turn its gentle head towards me once again, and to bear witness that it was made happy by what I answered[11].

---

1. **wouldn't go :** sens fort de l'auxil. : *refusa de.*
2. **Uxbridge :** petite ville du Middlesex, à 23 km à l'ouest de Londres.
3. **outside the coach :** *à l'impériale de la diligence*, car c'était meilleur marché et plus amusant.
4. **the Police Office :** il s'agit du *Commissariat Central* de Londres dans Bow Street.
5. **he couldn't play :** en matière d'art, de sport et d'études, can peut exprimer le savoir, le talent. Ex. : **she can't swim,** *elle ne sait pas nager.*
6. **tried :** de to try, *mettre un accusé en jugement*; au passif : to be tried, *passer en jugement.* D'où le nom : trial, *jugement.* Ex. : to be brought to trial, *passer en jugement.*
7. **transported :** *condamné aux travaux forcés*; à cette épo-

Nous voulions nous débarrasser de lui, mais il fit montre de beaucoup d'attachement à notre égard, et refusa de nous quitter, jusqu'au jour où il vola la montre de Dora et dépensa l'argent qu'il en tira (il avait toujours été faible d'esprit) en d'innombrables allers et retours entre Londres et Uxbridge, sur l'impériale de la diligence. On l'emmena au commissariat central, alors qu'il terminait son quinzième voyage ; et l'on trouva sur lui quatre shillings et six pence, ainsi qu'un fifre d'occasion dont il ne savait pas jouer.

Il passa en jugement et fut condamné à la transportation. Même à ce moment-là, il ne put se tenir tranquille, et passa son temps à nous envoyer des lettres ; et il désirait tellement voir Dora avant son départ, que celle-ci alla lui rendre visite, et s'évanouit lorsqu'elle se trouva derrière les barreaux. Je ne connus la paix que lorsqu'il eut été expatrié et fut devenu (comme je l'appris plus tard) berger dans les « hautes terres » de quelque pays dont j'ignore totalement la position géographique.

« Je suis désolée de tout cela, Doady, dit Dora. Veux-tu m'appeler par un nom que j'aimerais te voir me donner ?

— De quel nom s'agit-il, ma chérie ?

— C'est un nom stupide — Femme-enfant. Lorsque tu seras sur le point de te fâcher contre moi, dis-toi : "Ce n'est que ma femme-enfant." Quand je te décevrai beaucoup, dis-toi : "Il y a longtemps que je sais qu'elle ne sera jamais qu'une femme-enfant." Lorsque celle que tu aurais voulu que je fusse, celle que j'aimerais être, et pense ne jamais pouvoir devenir, lorsque celle-là te manquera, dis-toi : "Malgré tout, ma petite sotte de femme-enfant m'aime." Et c'est bien vrai. »

J'évoque cet être innocent que j'aimais si tendrement, afin qu'elle se dégage des brumes et des ombres du passé, et tourne encore une fois sa douce tête vers moi, pour témoigner que ma réponse alors la rendit heureuse.

---

que, et souvent pour des délits peu graves (vol d'une montre), le condamné était envoyé dans une colonie lointaine, pour un temps, ou à perpétuité. Ne pas confondre avec la déportation et la relégation qui étaient des peines pour délits politiques.
8. **still** = however, *toutefois ; malgré tout, ma femme m'aime.*
9. **figure :** ▲ 1) *silhouette, forme* ; 2) (ici) *être, créature. La figure :* the face, the countenance.
10. **to come out... the Past :** ceci nous suggère que la pauvre Dora, la « femme-enfant » que David aimait malgré tous ses défauts, est morte : ici il ressuscite son image et son souvenir.
11. **by what I answered :** Dickens ne précise pas la réponse que David fit à la demande de Dora, mais nous pouvons être certains qu'il accéda tendrement à sa requête.

Chapter VI

I heard a footstep on the stairs one day. I knew it to be Mr. Peggotty's. It came nearer, nearer, rushed into the room.

"Mas'r Davy, I've found her[1] ! I thank my Heavenly Father for having guided of me in His own ways to my darling !"

"You have made up your mind as to the future, good friend ?"

"Yes, Mas'r Davy, theer's mighty countries, fur from heer. Our future life lays over the sea."

As he gave me both his hands, hurrying to return to the one[2] charge of his noble existence, I thought of Ham and who would break the intelligence[3] to him ? Mr. Peggotty thought of everything. He had already written to the poor fellow, and had the letter in the pocket of his rough coat, ready for the post. I asked him for it, and said I would go down to Yarmouth, and talk to Ham myself before I gave it him[4], and prepare him for its contents[5]. He thanked me very earnestly, and we parted, with the understanding that I would go down by the Mail[6] that same night. In the evening I started.

"Don't you think that," I asked the coachman, in the first stage[7] out of London, "a very remarkable sky ? I don't remember to have ever seen one like it."

"Nor I[8]. That's wind, sir. There'll be mischief done at sea[9] before long."

It was a murky confusion of flying clouds tossed up into most remarkable heaps, through which the wild moon seemed to plunge headlong, as if, in a dread disturbance of the laws of nature, she had lost her way.

---

1. **her** : Émilie, que Peggotty recherchait sans trêve nì répit depuis qu'elle s'était enfuie avec Steerforth. Il l'avait retrouvée dans un taudis londonien, abandonnée de tous.
2. **one** (adj.) : sens fort : *seul et unique.*
3. **break the intelligence** = break the news, *annoncer la nouvelle* (que Mr. Peggotty avait retrouvé sa nièce).
4. **I gave it him** : certains verbes exprimant le don, la communication, peuvent introduire leurs compléments de deux manières différentes, soit directement soit avec la prép. to. Ex. : I gave it him, ou I gave it to him.
5. **contents** : quelques noms collectifs ne s'emploient qu'au

Chapitre VI

Un jour, j'entendis un bruit de pas dans l'escalier. Je sus que c'était M. Peggotty. Le bruit se rapprocha de plus en plus, et M. Peggotty se précipita dans la pièce.

« M'sieur Davy, je l'ai retrouvée ! Je remercie le Père Céleste de m'avoir, selon ses voies, guidé jusqu'à ma petite chérie !

— Avez-vous décidé de ce que vous alliez faire dans le futur, mon bon ami ?

— Oui, m'sieur Davy, il ne manque pas de vastes pays, loin d'ici. Notre vie à l'avenir se passera de l'autre côté des mers. »

Tandis qu'il me tendait les deux mains, dans sa hâte de retourner vers le seul et unique objet auquel il vouait sa noble existence, je pensai à Ham, me demandant qui lui annoncerait la nouvelle. M. Peggotty avait tout prévu. Il avait déjà écrit au pauvre garçon une lettre, qui était dans la poche de son gros manteau, prête à être mise à la poste. Je la lui demandai, disant que j'irais à Yarmouth pour parler moi-même avec Ham, avant de la lui remettre, afin de le préparer au contenu de cette missive. Il me remercia sincèrement, et nous nous séparâmes, ayant convenu que je prendrais la malle-poste dans la soirée. Je me mis en route le soir même.

« Ne pensez-vous pas », demandais-je au cocher, à la première étape au sortir de Londres, « que voici un ciel bien extraordinaire ? Je ne me souviens pas d'avoir jamais rien vu de semblable.

— Moi non plus. Ceci annonce du vent, monsieur. Il va faire vilain en mer avant longtemps. »

C'était une ténébreuse confusion de nuages, fuyant devant le vent et balayés en formidables amoncellements au travers desquels la lune impétueuse semblait plonger tête baissée, comme si, par un terrifiant bouleversement des lois naturelles, elle avait perdu son chemin.

---

pluriel ; ex. : **riches** *(la richesse)*, **clothes** *(les vêtements)*, **goods** *(les marchandises)*, **savings** *(les économies)*.
6. **the Mail** [meɪl] : *la malle* ou *malle-poste*, voiture des services postaux assurant le transport du courrier (**mail**).
7. **stage :** la malle-poste, tout comme la diligence (stage-coach), s'arrêtait pour changer de chevaux à des *relais de poste* (**stages**). Ici, la première *étape* après la ville de Londres.
8. **nor I :** *ni moi non plus* ; on pourrait aussi dire : **neither do I.**
9. **mischief done at sea :** tout ce chapitre va décrire, de manière remarquable, tous les malheurs amenés par cette tempête exceptionnelle, et le naufrage qu'elle va entraîner.

There had been a wind[1] all day; and it was rising then, with an extraordinary great sound. In another hour it had much increased, and the sky was more overcast[2], and it blew hard.

But, as the night advanced, it came on to blow, harder and harder[3]. I had been in Yarmouth when the seamen said it blew great guns[4], but I had never known the like of this, or anything approaching to it.

The tremendous sea itself, when I came to my journey's end, confounded me. As the high watery walls came rolling in, and tumbled into surf, I seemed to see a rending and upheaving of all nature.

Not finding Ham among the people whom this memorable wind had brought together on the beach, I made my way to his house. I learned that he had gone, on a job of shipwright's work, some miles away, but that he would be back to-morrow morning, in good time.

So, I went back to the inn; and when I had washed and dressed, and tried to sleep, but in vain, it was late in the afternoon. I had not sat five minutes[5] by the coffee-room fire, when the waiter coming to stir it, told me that two colliers[6] had gone down, with all hands[7], a few miles[8] off[9]; and that some other ships had been seen labouring hard in the Roads[10], and trying, in great distress, to keep off shore. Mercy on them, and on all poor sailors, said he, if we had another night like the last!

I could not eat, I could not sit still, I could not continue stedfast to anything. My dinner went away almost untasted, and I tried to refresh myself with a glass or two of wine.

---

1. **a wind :** *un grand coup de vent, un ouragan* (a gale).
2. **overcast :** en parlant du ciel, *uniformément couvert* = cloudy, *nuageux, couvert.*
3. **harder and harder :** comparatif redoublé ; on emploie deux compar. réunis par and s'il s'agit d'un adj. court ; pour un adj. long employé avec more, l'adj. n'est exprimé qu'une fois. Ex. : it is more and more expensive, *c'est de plus en plus cher.*
4. **it blew great guns :** expression particulière exprimant la grande violence du vent. *« Cela soufflait en rafales d'artillerie. »*
5. **I had not sat five minutes :** forme normale de l'expression de la durée [(for s.-ent.) five minutes] avec un past perfect traduit en français par l'imparfait : *il n'y avait pas cinq minutes que j'étais assis.*

Le vent avait soufflé tout le jour, et voilà que maintenant il redoublait d'intensité, dans un tumulte extraordinaire. Une heure plus tard, sa force s'était de beaucoup accrue ; le ciel se chargeait toujours plus, et le vent faisait rage.

Mais, comme la nuit avançait, le vent souffla avec une violence décuplée. Je m'étais trouvé à Yarmouth un jour où les marins disaient qu'il faisait un vent à décorner les bœufs, mais je n'avais rien vu de pareil à ce vent-ci, ni rien qui s'en approchât.

La mer elle-même, lorsque j'en vins au terme de mon voyage, était si déchaînée que j'en fus confondu. Comme les immenses murailles liquides déferlaient et se brisaient sur la plage, il me sembla assister au déchirement et au soulèvement de toute la nature.

Ne trouvant pas Ham, parmi les gens que cette tourmente mémorable avait rassemblés sur la plage, je me rendis chez lui. On m'apprit qu'il était parti exécuter un travail de charpentier de marine, à quelques kilomètres de là, mais qu'il serait de retour de bonne heure, le lendemain matin.

Je n'avais donc plus qu'à rentrer à l'auberge ; et lorsque j'eus fait un brin de toilette et me fus changé, et que j'eus vainement essayé de dormir, l'après-midi était déjà avancé. Il n'y avait pas cinq minutes que j'étais assis au coin de la cheminée dans la salle des voyageurs, que le garçon vint ranimer le feu, et me raconta que deux charbonniers avaient sombré, corps et biens, à quelques milles au large ; et que l'on avait vu d'autres navires bourlinguant avec difficulté dans la rade, et essayant, en détresse, de ne pas se laisser pousser à la côte. Dieu leur vienne en aide, ainsi qu'à tous les pauvres marins, dit-il, si nous devions avoir une autre nuit comme la dernière !

Je ne pus ni manger, ni rester assis immobile, ni rien entreprendre de suivi. Je touchai à peine à mon dîner, et j'essayai de prendre un ou deux verres de vin pour me ravigoter.

---

6. **colliers :** *navires transportant du charbon en vrac.*
7. **hands** = a ship's sailors, the crew, *(les membres de) l'équipage d'un navire.* Cf. **all hands on deck,** *tout le monde sur le pont.*
8. **miles :** il faut faire la différence entre le mille terrestre (1 609 mètres) et le mille marin, **nautical mile** (1 852 mètres).
9. **off** (prép.) = **off the coast** : *à petite distance de la côte, au large.*
10. **the Roads** (plur. inv. dans ce sens) : *étendue d'eau abritée,* près de la côte, où les navires peuvent jeter l'ancre.

In vain. I walked to and fro[1], tried to read an old gazetteer[2], listened to the awful noises : looked at faces, scenes, and figures in the fire. At length the ticking of the *undisturbed*[3] clock on the wall, tormented me to that degree that I resolved to go to bed.

For hours, I lay in bed listening to the wind and water ; imagining, now[4], that I heard shrieks out at sea ; now, that I distinctly heard the firing of signal guns[5] ; now, the fall of houses in the town. At length, my restlessness attained to such a pitch[6], that I hurried on my clothes[7], and went down-stairs. In the large kitchen, all the inn servants and some other watchers were clustered together. One man asked me when I went in among them whether I thought the souls[8] of the collier-crews who had gone down, were out in the storm.

There was a dark gloom in my lonely chamber, when I at length returned to it ; but I was tired now, and, getting into bed again, fell into the depths of sleep until broad day[9] ; when[10] I was aroused[11], at eight or nine o'clock, by some one knocking and calling at my door.

"What is the matter ?"

"A wreck ! Close by !"

"What wreck ?"

"A schooner[12], from Spain or Portugal, laden[13] with fruit and wine. Make haste, sir, if you want to see her ! It's thought, down on the beach, she'll go to pieces every moment."

I wrapped myself in my clothes as quickly as I could, and ran into the street, where numbers of people were before me, all running in one direction — to the beach.

---

1. **to and fro** [ˌtu:ənˈfrəʊ] (adv.) = up and down, de to and from, *marcher de long en large, arpenter, faire les cents pas.*
2. **gazetteer** [ˌgæzəˈtiə*] = newspaper : *journal local* donnant des nouvelles du coin.
3. **undisturbed :** Dickens veut nous faire mesurer l'indifférence de la pendule au milieu de toute cette agitation.
4. **now... now... now :** répété deux ou trois fois, cet adv. a le sens de *tantôt... tantôt.*
5. **signal guns :** ces *canons d'alarme* tiraient depuis les navires qui, ainsi, demandaient du secours.
6. **pitch** = degree, *degré (d'intensité).* Cf. to shout at the pitch of one's voice, *crier à tue-tête.*
7. **hurried on my clothes :** expr. très concise pour to put one's clothes on in a hurry, *se hâter de mettre ses vêtements.*

Ce fut en vain. Je faisais les cent pas, essayais de lire quelque vieille gazette en écoutant l'épouvantable vacarme, je contemplais des visages, des scènes et des silhouettes au milieu des flammes. A la fin, exaspéré au dernier degré par le tic tac de l'impassible pendule accrochée au mur, je résolus d'aller me coucher.

Je restai allongé dans mon lit pendant des heures, à écouter le bruit du vent et de l'eau ; m'imaginant entendre, tantôt des cris perçants là-bas en mer, tantôt, avec netteté, des coups de canon d'alarme, tantôt l'écroulement des maisons au cœur de la ville. Finalement, mon agitation atteignit un tel paroxysme, que j'enfilai rapidement mes vêtements, et descendis au rez-de-chaussée. Dans la vaste cuisine, tous les domestiques de l'auberge ainsi que quelques autres veilleurs étaient rassemblés. Lorsque je me joignis à eux, un homme me demanda si je croyais que les âmes des marins, des charbonniers qui avaient coulé, erraient dans la tempête.

Une profonde obscurité régnait dans ma chambre solitaire, lorsque enfin je m'y retirai ; mais, alors, j'étais fatigué et, me remettant au lit, je sombrai, jusqu'à ce qu'il fît grand jour, dans un profond sommeil, d'où je fus tiré, à huit ou neuf heures, par quelqu'un qui frappait et appelait à ma porte.

« Que se passe-t-il ?

— Un naufrage ! tout près d'ici !

— Quel naufrage ?

— Celui d'une goélette, en provenance d'Espagne ou du Portugal, avec un chargement de fruits et de vin. Dépêchez-vous, monsieur, si vous voulez la voir. Là-bas, sur la plage, on pense qu'elle va se fracasser d'un moment à l'autre. »

Je m'emmitouflai dans mes vêtements aussi vite que je le pus, et me précipitai dans la rue où, me précédant, une foule de gens couraient tous dans la même direction — vers la plage.

---

8. **I thought the souls :** allusion aux superstitions courantes dans ce milieu de marins, surtout par un temps comme celui-là.
9. **broad day** = broad daylight : *de grand jour.*
10. **when** = and then, *et alors, au moment où.*
11. **I was aroused :** forme litt. pour **roused** ; les deux mots ont le même sens : *éveillé, réveillé.*
12. **a schooner** ['sku:nə*] **:** un *schooner* ou *goélette* ; bâtiment léger à deux mâts et voiles auriques, utilisé pour la pêche ou le commerce. Cf. **the second mast**, p. 102, 9 lignes avant la fin.
13. **laden :** du verbe arch. **to lade (laded, laden) with,** *charger un navire* ; en anglais moderne, on emploie le verbe rég. **to load.**

When I got there, — in the difficulty of hearing anything but wind and waves, and in the crowd, and the unspeakable confusion, and my first breathless efforts to stand against the weather, I was so confused that I looked out to sea for the wreck, and saw nothing but the foaming heads of the great waves. A boatman laid a hand upon my arm, and pointed[1]. Then, I saw it, close in upon us !

One mast was broken short off, six or eight feet[2] from the deck, and lay over the side, entangled in a maze[3] of sail and rigging[4] ; and all that ruin, as the ship rolled and beat[5] — which she did with a violence quite inconceivable — beat the side[6] as if it would stave it in. Some efforts were being made, to cut this portion of the wreck away ; for, as the ship, which was broadside on, turned towards us in her rolling, I plainly descried[7] her people at work with axes — especially one active figure with long curling hair. But, a great cry, audible even above the wind and water, rose from the shore ; the sea, sweeping over the wreck, made a clean breach[8], and carried men, spars[9], casks, planks, bulwarks[10], heaps of such toys, into the boiling surge.

The second mast was yet standing, with the rags of a sail, and a wild confusion of broken cordage flapping to and fro. The ship had struck once[11], the same boatman said, *and then lifted in and struck again.* I understood him to add that she was parting amidships[12]. As he spoke, there was another great cry of pity from the beach. Four men arose with the wreck out of the deep, clinging to the rigging of the remaining mast ; uppermost[13], the active figure with the curling hair.

---

1. **to point** = to show with one's finger, *montrer du doigt.*
2. **six or eight feet :** 1 foot = *31 cm.* D'où 1,80 m à 2,50 m.
3. **maze :** 1) *un labyrinthe* ; 2) *un enchevêtrement.*
4. **rigging** (coll. sing.) **:** *les cordes* qui servent à manier les voiles, *le gréement.*
5. **beat** = (for a ship) to move up and down, *monter et descendre à la lame, tanguer.*
6. **beat the side :** ne pas confondre avec le verbe de la note précédente ; il s'agit ici du mât cassé qui *cogne* (**beat**) violemment *contre la coque.*
7. **to descry** [dɪs'kraɪ] **:** mot recherché pour **to see, to catch sight of,** *distinguer, apercevoir (de loin).*
8. **breach** = a gap, *un trou, une percée ;* **clean :** thorough, complete.

Lorsque j'y arrivai, il me fut difficile d'entendre quoi que ce fût, sinon le bruit du vent et des vagues ; et perdu dans la foule, plongé au cœur de l'indicible confusion, à bout de souffle par suite de mes premiers efforts pour résister à la force du vent, j'étais si bouleversé que, scrutant la mer pour y discerner l'épave, je ne vis que les crêtes écumantes des gigantesques vagues. Un marin posa la main sur mon bras, et, du doigt, me montra quelque chose. C'est alors que je la vis, tout près de nous !

L'un des mâts était cassé net, à six ou huit pieds du pont, et pendait par-dessus bord, empêtré dans un enchevêtrement de voiles et de gréement ; et tous ces débris, tandis que le navire, battu par les flots, roulait et tanguait avec une violence absolument inconcevable, heurtaient la coque comme s'ils voulaient la défoncer. On s'efforçait de se débarrasser de cette partie de l'épave ; car, lorsque le bateau, qui se présentait par le travers, se tourna vers nous en roulant, je distinguai nettement son équipage s'activant, la hache à la main — et plus particulièrement la silhouette d'un homme aux longs cheveux bouclés, luttant avec acharnement. Mais un grand cri, perceptible malgré le vent et les vagues, s'éleva du rivage ; la mer, balayant l'épave, déferla brutalement, entraînant dans les flots bouillonnants hommes, espars, tonneaux, planches et pavois, comme autant de jouets.

Le second mât était encore debout, avec des lambeaux de voile, et un affreux enchevêtrement de cordages rompus flottant dans le vent. Le schooner avait talonné une première fois, me dit le même marin, puis s'était redressé pour talonner à nouveau. Il me sembla l'entendre ajouter que le navire était en train de se casser par le milieu. Tandis qu'il parlait, un nouveau grand cri de compassion monta de la grève. Quatre hommes remontaient des profondeurs avec l'épave, s'agrippant aux cordages du mât encore debout, et, dominant les trois autres, l'homme acharné aux cheveux bouclés.

---

9. **spar :** *poteau* ; en terme de marine, *un espar, une pièce de bois utilisée comme mât, beaupré ou vergue.*
10. **bulwarks** [ˈbʊlwəks/bulwɜːks] **:** 1) **a wall protecting from** an attack, rempart ; 2) *le bastingage, le pavois d'un navire.*
11. **struck once :** stricken est employé uniquement comme adj. dans des adj. comp. Ex. : **thunder-stricken,** *foudroyé*). En terme de marine, **to strike bottom or ground,** *toucher le fond par l'arrière, puis remonter = talonner.*
12. **parting amidships** [əˈmɪdʃɪps] **:** **to part,** *se séparer, se couper en deux* ; **amidships,** *par le milieu, à mi-chemin* entre la poupe et la proue.
13. **uppermost** = **highest of all,** le plus haut de tous, de **upper,** ancien compar. de **up,** *supérieur,* auquel on ajoute le suf. **most.**

There was a bell on board ; and as the ship rolled and dashed, this bell rang ; and its sound, the knell[1] of those unhappy men, was borne[2] towards us on the wind. Again we lost her[3], and again she rose. Two of the four men were gone.

I noticed that some new sensation moved the people on the beach, and I saw them part, and Ham come breaking through them to the front.

Instantly, I ran to him, for I divined[4] that he meant to wade off[5] with a rope. I held him back with both arms ; and implored the men not to listen to him, not to let him stir from that sand !

Another cry arose ; and we saw the cruel sail, with blow on blow, beat off[6] the lower of the two men, and fly up in triumph round the active figure left alone upon the mast.

Against such a sight, and against such determination as that of the calmly desperate man who was already accustomed to lead half the people present[7], I might as hopefully have entreated the wind.

I was swept away to some distance, where the people around me made me stay ; urging[8], as I confusedly perceived, that he was bent on[9] going, with help or without, and that I should endanger the precautions for his safety by troubling those with whom they rested[10]. I saw hurry[11] on the beach, and men running with ropes, and penetrating into a circle of figures that hid him from me. Then, I saw him standing alone, in a seaman's frock and trowsers[12] : a rope in his hand : another round his body :and several of the best men holding to the latter[13].

---

1. **knell** [nel] = **sound of a bell for a funeral.** Ici, c'est une sorte de signe prémonitoire de la fin proche des pauvres marins.
2. **borne :** de **to bear, bore, borne = to carry** ; le son était *porté* par le vent. Autre part. pas. de **to bear, born** dans **to be born = to come into the world by birth,** *naître.*
3. *« Nous le perdîmes de vue. »*
4. **to divine** [dɪˈvaɪn] **:** litt. pour **to guess,** *deviner.*
5. **to wade off :** to wade, *marcher avec difficulté dans une eau profonde* ; off : adv. qui marque la séparation, l'éloignement à partir du rivage.
6. **to beat off :** ici, off a le sens de *détacher, faire tomber* ; to beat off, *faire tomber,* ou *faire lâcher prise à force de coups* (blow on blow).
7. **to lead half the people present :** ceci nous montre l'autorité morale de Ham qui était un meneur d'hommes (**a leader**).
8. **to urge :** *essayer de persuader, demander instamment.*

Il y avait une cloche à bord ; et tandis que le navire roulait et se précipitait furieusement en avant, cette cloche se mit à sonner ; son tintement, tel le glas de ces malheureux, fut porté jusqu'à nous par le vent. Une fois encore, le bateau s'abîma, une fois encore il se releva. Deux des quatre hommes avaient disparu.

Je remarquai que les gens sur la grève étaient en proie à une nouvelle émotion ; je les vis s'écarter pour laisser passer Ham, qui se précipita au premier rang.

Immédiatement, je courus à lui, car je devinai qu'il avait l'intention de s'avancer dans les flots, attaché à une corde. Je le retins de mes deux bras, et implorai les hommes de ne pas l'écouter, de ne pas le laisser quitter cette plage.

Un autre cri s'éleva, et nous vîmes l'impitoyable voile frapper de mille coups le marin qui était le plus bas, jusqu'à le faire lâcher prise, puis s'élancer pour venir claquer victorieusement autour de l'homme acharné resté tout seul sur le mât.

Confronté à un tel spectacle, à une telle détermination de la part de cet homme calme mais résolu, déjà accoutumé à mener la moitié des gens présents, j'aurais pu, avec autant de chances de succès, supplier le vent.

Je fus entraîné à quelque distance, et les gens autour de moi me contraignirent à demeurer là, m'expliquant, comme je le compris confusément, que Ham était fermement décidé à y aller, qu'on l'aidât ou non, et que je compromettrais les précautions prises pour assurer sa sécurité en gênant ceux qui en avaient la charge. Il se fit un mouvement précipité sur la plage, et je vis des hommes courir avec des cordes, et pénétrer dans un cercle d'individus qui dissimulaient Ham à ma vue. Puis je le vis debout, seul, vêtu d'un tricot et d'une culotte de marin, une corde à la main, une autre enroulée autour du corps et tenue par plusieurs hommes choisis parmi les plus capables.

---

9. **he was bent on** (+ gérondif) **:** de to bend, bent, bent, *déterminé, résolu à.*
10. **to rest** (with) **:** ici, to be the responsibility of sb. : *dépendre de, incomber à.*
11. **hurry** (n.) **:** *agitation.*
12. **trowsers** [ˈtraʊzəz] **:** orth. arch. pour **trousers**, *un pantalon.*
13. **the latter :** comp. irrég. de **late** ; dans une énumération de deux, se réfère au dernier nommé ; ici, **another (rope)**, *cette dernière.* Le premier membre de l'énumération est repris par **the former.** Ex. : **Yesterday, I met John and Kim ; the former (John) is a school master, the latter (Kim) a postman,** *hier, j'ai rencontré John et Kim ; le premier est instituteur, le second, facteur.*

The wreck was breaking up. I saw that she[1] was parting in the middle, and that the life of the solitary man upon the mast hung by a thread. He had a singular red cap on, not like a sailor's cap, but of a finer colour ; and as the few planks[2] between him and destruction rolled and bulged[3], and as his death-knell rung, he was seen by all of us to wave[4] this cap. I saw him do it now, and thought I was going distracted, when his action brought an old remembrance to my mind of a once dear friend — the once dear friend — Steerforth.

Ham watched the sea, until there was a great retiring wave ; when he dashed in after it, and in a moment was buffeting[5] with the water, rising with the hills, falling with the valleys[6], lost beneath the foam : borne in towards the shore, borne on[7] towards the ship. At length he neared the wreck. He was so near, that with one more of his vigorous strokes he would be clinging to it, — when, a high green vast hill-side of water, moving on shoreward[8], from beyond[9] the ship, he seemed to leap up into it with a mighty bound — and the ship was gone !

They drew him to my very feet — insensible — dead. He was carried to the nearest house ; and every means of restoration were tried[10] ; but he had been beaten to death by the great wave, and his generous heart was stilled for ever.

As I sat beside the bed, when hope was abandoned and all was done, a fisherman, who had known me when Emily and I were children, and ever since, whispered[11] my name at the door.

"Sir, will you come over yonder ?"

The old remembrance that had been recalled to me, was in his look, and I asked him :

---

1. **she :** car *(auto)*, boat, ship *(bateau)*, locomotive ou engine *(locomotive)*, sont considérés par ceux qui les entretiennent, les utilisent et les chérissent, comme étant du féminin.
2. **the few planks :** few : adj. indéf. de quantité réduite devant les noms plur. dénombrables ; *le peu de, les rares.* ▲ **a few** : employé pour une quantité réduite indéf. : **I want a few apples,** *je veux quelques pommes.*
3. **bulge :** ici, to lift vertically with the movement of the ship, *se relever, se dresser.*
4. **he was seen... to wave :** les v. de sensation (to see, to hear, to watch) qui, à la forme active, s'emploient avec un infinitif incomplet, à la forme passive demandent la préposition. Ex. :

L'épave se disloquait. Je la vis s'ouvrir par le milieu ; la vie de l'homme solitaire accroché au mât ne tenait plus qu'à un fil. Il portait un singulier bonnet rouge, différent de celui d'un marin, mais d'une couleur plus délicate ; et tandis que les rares planches qui le séparaient encore de sa perte roulaient et se dressaient, et tandis que le glas sonnait pour lui, nous le vîmes tous agiter ce bonnet. A la vue de ce geste, je crus perdre la raison, car il évoquait un souvenir enfoui dans ma mémoire, celui d'un ami naguère très cher — l'ami très cher de jadis —, Steerforth.

Ham guettait le mouvement de la mer, et au moment où une énorme vague se retirait, il plongea derrière elle, et un instant plus tard, il luttait contre les flots, s'élevant à leur sommet, retombant dans leur creux, disparaissant sous l'écume, tantôt ramené vers la côte, tantôt porté vers le bateau. Il finit par approcher de l'épave. Il en était si près qu'une seule de ses vigoureuses brasses aurait suffi pour qu'il s'y accrochât — mais alors, venant de derrière le navire, une haute montagne d'eau verte déferla vers la côte ; Ham parut s'y précipiter d'un bond puissant — et le navire avait disparu !

On le ramena jusqu'à mes pieds — sans connaissance —, mort. On le porta vers la maison la plus proche, et on tenta l'impossible pour le ramener à la vie ; mais l'énorme vague l'avait assommé, et son cœur généreux s'était arrêté pour toujours.

Alors que j'étais assis à son chevet, après que tout espoir eut été abandonné et que tout fut fini, un pêcheur, qui m'avait connu lorsque Emilie et moi étions enfants, et ne m'avait pas depuis perdu de vue, chuchota mon nom à la porte.

« Monsieur, voulez-vous m'accompagner là-bas ? »

Le vieux souvenir qui m'était revenu à l'esprit habitait son regard, et je lui demandai :

I saw him wave his hat, *je l'ai vu agiter son chapeau* ; he was seen to wave his hat, *on l'a vu agiter son chapeau.*

5. **was buffeting** ['bʌfɪtɪŋ] **with the water** = was contending, struggling with the waves, *il luttait contre les vagues.*

6. **the hills... the valleys :** image poétique pour désigner *les creux et les crêtes* des énormes vagues.

7. **borne in... borne on :** borne in, *ramené vers la côte* ; borne on, *emmené vers le navire.*

8. **shoreward** ['ʃɔ:wəd] = toward(s) the shore, *vers le rivage.* Cf. homeward, *vers la maison.*

9. **from beyond :** d'un endroit *au-delà* du navire.

10. **every means were tried :** means s'emploie au sing. ou au plur. sans modification d'orthographe. Ex. : there is (there are) no means of..., *il n'y a aucun moyen...*

11. **whispered :** *chuchota* par respect pour le mort.

"Has a body come ashore[1] ?"

"Yes."

"Do I know it ?"

He answered nothing. But, he led me to the shore. And on that part of it where she[2] and I had looked for shells, two children — on that part of it where some lighter fragments of the old boat, blown down[3] last night, had been scattered by the wind — among the ruins of the home he had wronged[4] — I saw him lying[5] with his head upon his arm, as I had often seen him lie at school.

---

1. **ashore** = on the shore, to the shore, *sur le rivage.*
2. **she :** Émilie.
3. **blown down :** down indique le mouvement : *abattu, jeté à terre, renversé* ; blown, par la force du vent qui soufflait.
4. **to wrong :** *causer de graves torts, détruire moralement* (en enlevant Émilie peu de temps avant son mariage avec Ham).
5. **I saw him lying :** Dickens termine son récit sur la même vision que celle de Steerforth endormi (cf. page 30) ; mais, ici, il est plongé dans son dernier sommeil. Remarquer le caractère tragique des circonstances qui font mourir Steerforth sur les lieux mêmes de son crime, alors qu'il a failli être sauvé par celui dont il avait ruiné la vie, et qui lui aussi périt dans le naufrage.

« Est-ce qu'un corps a été rejeté sur le rivage ?

— Oui.

— Est-ce que je connais cet homme ? »

Il ne répondit pas. Mais il me conduisit au rivage. Et à l'endroit même où elle et moi, enfants, avions cherché des coquillages — à l'endroit même où quelques légers débris de la vieille péniche, renversée par la tempête de la nuit précédente, avaient été éparpillés par le vent —, parmi les ruines du foyer qu'il avait détruit, je le vis allongé, la tête sur le bras, comme je l'avais souvent vu dormir à l'école.

Stave I.

Marley's Ghost.

Marley was dead: to begin with. There is no doubt whatever about that. The register of his burial was signed by the clergyman, the clerk, the undertaker, and the chief mourner. Scrooge signed it: and Scrooge's name was good upon 'Change, for anything he chose to put his hand to. Old Marley was as dead as a door-nail.

Mind! I don't mean to say that I know, of my own knowledge, what there is particularly dead about a door-nail. I might have been inclined, myself, to regard a coffin-nail as the deadest piece of ironmongery in the trade. But the wisdom of our ancestors is in the simile; and my unhallowed hands shall not disturb it, or the Country's done for. You will therefore permit me to repeat, emphatically, that Marley was as dead as a door-nail.

Scrooge knew he was dead? Of course he did. How could it be otherwise? Scrooge and he were partners for I don't know how many years. Scrooge was his sole executor, his sole administrator, his sole assign, his sole residuary legatee, his sole friend and sole mourner. And even Scrooge was not so dreadfully cut up by the sad event, but that he was an excellent man of business on the very day of the funeral, and solemnised it with an undoubted bargain.

A CHRISTMAS CAROL[1]

In Four Staves[2]

UN CHANT DE NOËL

En quatre stances

STAVE ONE

Marley's Ghost

PREMIÈRE STANCE

Le spectre de Marley

Marley was dead : to begin with. There is no doubt whatever[3] about that. The register of his burial was signed by the clergyman, the clerk, the undertaker, and the chief mourner[4]. *Scrooge* signed it : and Scrooge's name was good upon 'Change[5], for anything he chose to put his hand to. Old Marley was as dead as a door-nail[6].

Scrooge knew he was dead ? Of course he did. How could it be otherwise ? Scrooge and he were partners for I don't know how many years. Scrooge was his sole executor[7], his sole administrator, his sole assign, his sole residuary legatee, his sole friend, his sole mourner.

Scrooge never painted out[8] old Marley's name, however. There it yet stood, years afterwards, above the warehouse door : Scrooge and Marley. The firm was known as Scrooge and Marley. Sometimes people new to the business called Scrooge Scrooge, and sometimes Marley. He answered to both names. It was all the same to him.

Oh ! But he was a tight-fisted[9] hand at the grindstone, was Scrooge ! a squeezing, wrenching, grasping, scraping, clutching, covetous[10] old sinner[11] !

Nobody ever stopped him in the street to say, with gladsome[12] looks, "My dear Scrooge, how are you ? when will you come to see me ?"

---

1. **carol :** chant de Noël, exprimant la joie des chrétiens à la naissance de Jésus ; souvent chanté par des enfants allant de porte en porte, la veille de la Nativité, à qui l'on distribue friandises et argent.
2. **stave :** expression archaïque et poétique = *strophe* ; à l'origine, ne s'employait qu'en musique. Par le choix de ce terme, Dickens insiste sur la nature lyrique, dramatique et sentimentale de son conte.
3. **whatever** (adv.) **:** placé après une forme nég., il donne de l'emphase à cette négation.
4. **chief mourner :** la personne la plus proche du mort par la parenté ou l'amitié, qui suit directement le convoi funèbre.
5. **Change :** contraction pour **Exchange : The Stock-Exchange** = *la Bourse* (des valeurs).
6. *« aussi mort qu'un clou de porte ».*
7. **executor... legatee :** termes techniques de droit bien connus de Dickens qui, dans sa jeunesse, avait travaillé comme clerc de notaire.
8. **painted out :** dans bon nombre d'expressions verbales

Et pour commencer, Marley était mort. Il n'y a aucun doute possible à ce sujet. À son enterrement le registre mortuaire avait été signé par le pasteur, l'officier municipal, l'entrepreneur des pompes funèbres, et la personne qui conduisait le deuil. Scrooge lui-même l'avait signé, et le nom de Scrooge, à la Bourse, présentait une garantie dans toute affaire où il jugeait bon de s'engager. Le vieux Marley était donc mort et bien mort.

Scrooge savait-il qu'il était mort ? Bien sûr que oui ! Comment aurait-il pu en être autrement ? Il y avait je ne sais combien d'années que Scrooge et lui étaient associés. Scrooge était le seul exécuteur testamentaire de Marley, son seul curateur, son seul ayant cause, son seul légataire universel, le seul à avoir conduit le deuil de son unique ami.

Et pourtant Scrooge ne passa jamais un coup de pinceau pour effacer le nom du vieux Marley qui était encore là, des années plus tard, au-dessus de la porte de leur magasin : « Scrooge et Marley ». Leur maison était connue sous la raison sociale de « Scrooge et Marley ». Des gens qui avaient affaire à eux pour la première fois appelaient Scrooge parfois Scrooge, et parfois Marley. Scrooge répondait tout aussi bien aux deux noms. Cela ne faisait aucune différence à ses yeux.

Ah ! quel affreux rapiat que ce Scrooge ! quel vieux coquin, extorqueur de fonds, grippe-sou, accapareur et cupide, qui n'avait pas son pareil pour convoiter les biens d'autrui et s'en emparer !

Personne ne l'arrêta jamais dans la rue pour le saluer allégrement, d'un : « Comment allez-vous, mon cher Scrooge ? Quand viendrez-vous me voir ? »

---

anglaises formées d'un verbe et d'une postposition, cette dernière décrit l'action, tandis que le v. précise la manière, le but de cette action. Ex. : **he staggered away** = *il partit* (**away**) *en titubant* (**staggered**).

9. **tight-fisted :** adj. composé formé ici d'un nom à terminaison de part. passé, précédé d'un adj. qualificatif.

10. **covetous** [ˈkʌvətəs] adj., de to **covet :** désirer ardemment qqch. appartenant à autrui ; **covetousness** : *l'avarice* qui est l'un des sept péchés capitaux.

11. **sinner :** à ne pas prendre ici dans son sens premier de *pécheur*, mais comme terme péjoratif général : *mauvais sujet, sacripant.*

12. **gladsome :** formé de l'adj. **glad** + suff. **some**. Donne une nuance familière ou poétique, *joyeux.* Ex. : **gruesome**, *macabre.*

No beggars implored him to bestow a trifle[1], no children asked him what it was o'clock[2], no man or woman ever once in all his life inquired the way to such and such a place, of Scrooge. Even the blindmen's dogs appeared to know him ; and when they saw him coming on, would tug[3] their owners into doorways and up courts ; and then would wag their tails[4] as though they said, "no eye at all is better than an evil eye, dark master !"

But what did Scrooge care !

Once upon a time[5] — of all the good days in the year, upon a Christmas Eve[6] — old Scrooge sat busy in his counting house. It was cold, bleak, biting, foggy weather, and the city clocks had only just gone three, but it was quite dark already. The door of Scrooge's counting-house was open that he might keep[7] his eye upon his clerk, who in a dismal little cell beyond — a sort of tank — was copying letters. Scrooge had a very small fire, but the clerk's fire was so very much smaller that it looked like one coal. But he couldn't replenish[8] it, for Scrooge kept the coal-box in his own room ; and so surely as the clerk came in with the shovel, the master predicted that it would be necessary for them to part. Wherefore[9] the clerk put on his white comforter[10], and tried to warm himself at the candle ; in which effort, not being a man of a strong imagination, he failed.

---

1. **bestow a trifle** ['traɪfl] **:** to bestow (litt.), *faire un don, accorder une faveur.* A trifle, *une chose de peu de valeur, de peu d'importance.*
2. **what it was o'clock :** o'clock = on the clock ; what time it was, *quelle heure il était.*
3. **would tug :** would = forme fréquentative au passé : les chiens avaient l'habitude de forcer leur maître aveugle à éviter Scrooge. To tug : *tirer, haler.* Cf. **a tug (boat),** *un remorqueur.*
4. **wag their tails :** *remuaient la queue.* Pour les parties du corps, l'anglais emploie l'adj. poss. au lieu de l'art. déf. français. **Tails** : en anglais, on emploie le pl. collectif, là où le français emploie le sing.
5. **once upon a time :** *il était une fois*, expression consacrée par laquelle débutent tous les contes de fées anglais : Dickens va nous raconter un conte merveilleux.

Jamais mendiant ne supplia Scrooge de lui faire la moindre aumône, jamais enfant ne lui demanda l'heure, ni nul homme, nulle femme ne le pria, ne serait-ce qu'une fois dans sa vie, de lui indiquer le chemin vers tel ou tel endroit. Les chiens d'aveugle eux-mêmes semblaient le connaître ; et lorsqu'ils le voyaient arriver, ils entraînaient leur maître de force, dans des passages ou dans des cours, tout en remuant la queue comme pour dire : « Mieux vaut être privé de ses yeux, que de rencontrer le mauvais œil, oh ! mon maître, plongé dans les ténèbres ! »

Mais Scrooge s'en moquait éperdument !

Par un certain jour, et entre tous les jours heureux de l'année, celui de la veille de Noël, le vieux Scrooge était assis dans son bureau plongé dans ses comptes. Il faisait un froid âpre et mordant. Au sein du brouillard, les horloges de la ville venaient d'égrener trois heures, mais il faisait déjà tout à fait nuit ; Scrooge tenant ouverte la porte de son bureau de comptabilité pût surveiller son commis, lequel, dans une lugubre petite cellule, un peu plus loin — une sorte de citerne —, était en train de copier des lettres. Scrooge avait un tout petit feu, mais celui du commis était tellement plus minuscule encore, qu'il semblait réduit à un unique morceau de charbon. Mais il lui était impossible de le regarnir car Scrooge gardait la caisse à charbon dans sa propre pièce ; et chaque fois que le commis se présentait, pelle en main, Scrooge ne manquait pas de lui prédire qu'il lui faudrait bientôt se priver de ses services. Sur quoi le commis s'enveloppait dans son cache-nez blanc et essayait de se réchauffer à la flamme de sa bougie ; mais, l'imagination n'étant pas son fort, il y échouait, malgré tous ses efforts.

---

6. **Christmas Eve :** le jour ou la soirée précédant la fête de Noël = le 24 décembre.
7. **that he might keep :** might est ici l'aux. du subj. passé dans une expression de but : ne pas le confondre avec le défectif passé.
8. **to replenish :** to fill up, en langue soutenue.
9. **wherefore :** équivalent litt. de therefore : *c'est pourquoi.*
10. **comforter :** *cache-nez* chaud et douillet donnant une impression de « comfort », *bien-être.*

"A merry Christmas, uncle ! God save you[1] !" cried a cheerful voice. It was the voice of Scrooge's nephew, who came upon him so quickly that this was the first intimation Scrooge had of his approach.

"Bah !" said Scrooge, "Humbug[2] !"

"Christmas a humbug, uncle ! You don't mean that, I am sure."

"I do. *Out* upon[3] merry Christmas ! What's Christmas time to you but a time for paying bills without money ; a time for finding yourself a year older, and not an hour richer ; a time for balancing your books[4] and having every item in 'em through a round[5] dozen of months presented dead[6] against you ? If I had my will, every idiot who goes about with 'Merry Christmas' on his lips, should[7] be boiled with his own pudding[8], and buried with a stake[9] of holly through his heart. He should !"

"Uncle !"

"Nephew, keep Christmas[10] in your own way, and let me keep it in mine."

"Keep it ! But you don't keep it."

"Let me leave it alone[11], then. Much good may it do you[12] ! Much good it has ever done you !"

"There are many things from which I might[13] have derived good, by which I have not profited, I dare say : Christmas among the rest. But I am sure I have always thought of Christmas time, when it has come round — apart from the veneration due to its sacred origin, if anything belonging to it *can* be apart from that — as a good time :

---

1. **« God save you » :** au présent, le souhait s'exprime par le subj. save. Cf. God save the Queen, *que Dieu protège la reine.* If this *be* true (supposition), subj. présent : *si cela est vrai.*
2. **« Humbug » :** excl., s'applique à des paroles trompeuses et malhonnêtes.
3. **Out upon** (litt.) **:** interject. exprimant la désapprobation, le mépris : *fi de... !*
4. **balancing your books :** terme de comptabilité exprimant la comparaison des débits et des crédits dans les livres (books) de comptes.
5. **round :** adj. équivalent de **full, complete** : *une bonne douzaine.*
6. **dead** (adv.) **:** *complètement, en plein, net.*
7. **should :** forme défective, équivalent de **ought to** ; marque l'obligation au conditionnel, c'est-à-dire le conseil, la recom-

« Joyeux Noël, mon oncle ! Dieu vous garde ! » s'écria une voix enjouée. C'était celle du neveu de Scrooge, lequel se présenta si promptement devant son oncle, que ce fut là le premier signe de sa venue, perçu par Scrooge.

« Bah ! dit Scrooge, foutaises !

— Noël, des foutaises, mon oncle ! vous plaisantez, j'en suis sûr !

— Jamais de la vie ! Au diable vos joyeux Noëls ! Que représente Noël pour vous autres, sinon le moment de régler des factures sans en avoir le premier sou ; le moment où vous vous trouvez plus vieux d'une année et pas plus riche d'une seule heure ; le moment de faire vos comptes et de voir chaque article porté tout net à votre débit, pendant une bonne douzaine de mois ? Si je pouvais en faire à ma guise, j'ordonnerais que chaque idiot qui se promène avec ses "joyeux Noël" à la bouche soit mis à bouillir avec son propre pudding et enterré avec une branche de houx plantée à travers le cœur. Ma parole, je le ferais !

— Mon oncle !

— Mon neveu ! fêtez Noël à votre manière et laissez-moi le faire à la mienne.

— Vous ! fêter Noël ! Mais vous vous en gardez bien !

— Alors permettez-moi de ne pas m'en soucier. Grand bien vous fasse ! Pour le bien qu'il vous a fait jusqu'ici !

— Il y a bien des choses dont j'aurais pu profiter, ce que je n'ai pas fait, j'ose dire : Noël entre toutes. Mais ce dont je suis sûr, c'est que j'ai toujours pensé au temps de Noël, chaque fois qu'il est revenu — sans parler de la vénération due à son origine sacrée, si l'on peut toutefois séparer ce qui lui appartient de cela —, j'ai toujours pensé à Noël, dis-je, comme à une période bénie :

---

mandation. Ex. : **you should obey your parents,** *vous devriez obéir à vos parents.*

8. **pudding :** pâtisserie spéciale préparée longtemps à l'avance pour le repas de Noël. Dickens y reviendra en détail dans le fameux passage du déjeuner de Noël chez les Cratchit (3e stance).

9. **stake :** *petite branche* ; allusion au brin de houx que l'on plantait au sommet du pudding comme décoration.

10. **keep Christmas :** celebrate Christmas, *fêter Noël.*

11. **to leave... alone :** not to interfere, *ne pas s'en occuper, laisser de côté.* Cf. leave me alone ! *fichez-moi la paix !*

12. **may it do you :** may est le subjonctif exprimant un souhait.

13. **might** (cond.) **:** exprime l'éventualité.

a kind, forgiving, charitable, pleasant time : the only time I know of[1], in the long calendar of the year, when men and women seem by one[2] consent to open their shut-up hearts freely, and to think of people below them as if they really were fellow-travellers to the grave, and not another race of creatures bound on[3] other journeys. And therefore, uncle, though it has never put a scrap[4] of gold or silver in my pocket, I believe that it *has* done me good, and *will* do me good ; and I say, God bless it !"

The clerk in the tank involuntarily applauded.

"Let me hear another sound from *you*," said Scrooge, "and you'll keep your Christmas by losing your situation[5]. You're quite a powerful speaker, sir," he added, turning to his nephew. "I wonder you don't go into Parliament[6]."

"Don't be angry, uncle. Come ! Dine with us to-morrow."

Scrooge said that he would see him[7] — yes, indeed he did. He went the whole length of the expression, and said that he would see him in that extremity first.

"But why ?" cried Scrooge's nephew. "Why ?"

"Why did you get married ?"

"Because I fell in love."

"Because you fell in love !" growled Scrooge, as if that were[8] the only one thing[9] in the world more ridiculous than a merry Christmas. "Good afternoon[10] !"

"Nay[11], uncle, but you never came to see me before that happened. Why give it as a reason for not coming now ?"

---

1. **the only time I know of** = the only time that I know of. That est le relatif obligatoire après only. To know of = to be aware of : *être informé de.* Ex. : I don't know the man you mention, but of course, I know of him, *je ne connais pas l'homme dont vous parlez, mais, évidemment, je sais qu'il existe.*
2. **one :** insiste ici sur le caractère absolu, total de l'accord : *d'une* seule *voix.*
3. **bound on :** équivalent rare de bound for (terme de marine) : a ship bound for Africa, *navire en partance pour l'Afrique.*
4. **a scrap :** a very small piece or amount : *une miette.*
5. **keep your... situation :** Scrooge reprend l'expression de son neveu et en fait un jeu de mots avec l'opposition de to keep, *maintenir, garder,* et to lose, *perdre.* Expression sarcastique de colère contenue.
6. **to go into Parliament** [pa:ləmənt] **:** to become a Member of Parliament. Pour Scrooge, les députés sont avant tout des gens qui ont du bagou. N'oublions pas que Dickens refusa toujours de se porter candidat aux élections législatives.

un moment de joie, de bonté, de pardon des offenses, de charité, le seul moment, à ma connaissance, dans le long déroulement de l'année, où hommes et femmes semblent, d'un commun accord, ouvrir librement leur cœur fermé à toute pitié, et penser à ceux qui leur sont inférieurs comme à des compagnons cheminant avec eux jusqu'au tombeau, et non comme à des êtres d'une autre race en route pour d'autres destinations. Par conséquent, mon oncle, bien que Noël n'ait jamais mis un gramme d'or ou d'argent dans ma poche, je crois qu'il m'a vraiment fait beaucoup de bien et continuera certainement à le faire ; voilà pourquoi j'affirme : Dieu bénisse Noël. »

Le commis, du fond de sa citerne, applaudit involontairement.

« Encore le moindre bruit venant de votre part, dit Scrooge, et vous célébrerez votre Noël en perdant votre situation ! Quant à vous, monsieur, ajouta-t-il en se tournant vers son neveu, quel puissant orateur que voici ! Je m'étonne que vous ne vous fassiez pas élire au Parlement.

— Ne vous fâchez pas mon oncle ! Allons, venez dîner avec nous demain ! »

Scrooge affirma qu'il aimerait cent fois mieux le voir au D... ; oui vraiment c'est ce qu'il assura et il employa cette expression sans aucune retenue, jurant qu'il préférerait voir son neveu en cette extrémité, avant d'accepter son invitation.

« Mais pourquoi ? s'écria le neveu de Scrooge, pourquoi donc ?

— Pourquoi vous êtes-vous marié ?

— Parce que je suis tombé amoureux.

— Parce que vous êtes tombé amoureux ! grogna Scrooge ; bah ! voilà bien la seule et unique chose au monde encore plus ridicule qu'un Joyeux Noël. Bien le bonsoir !

— Mais mon oncle, vous ne m'avez jamais rendu visite avant cet événement. Pourquoi alors invoquer cette raison pour ne pas venir maintenant ?

---

7. **he would see him :** 1) **would** : exprime le désir, l'intention arrêtée = **he would rather see him** ; 2) remplace ce que Dickens, en bon victorien, n'ose pas écrire : **in Hell**, *en enfer, au diable.*
8. **were :** prétérit du subj. de **to be** ; forme litt. employée après **if.**
9. **only one thing :** forme d'insistance : *une seule et unique.*
10. **good afternoon :** formule employée pour prendre congé lorsqu'on se quitte assez tôt dans l'après-midi ; à une heure plus tardive on dit : **good evening** ; plus tard encore, au moment d'aller se coucher : **good night.**
11. **nay** [neɪ] **:** forme arch. et litt. de **no.**

"Good afternoon."

"I want nothing from you; I ask nothing of you; why cannot we be friends?"

"Good afternoon."

"I am sorry, with all my heart, to find you so resolute. We have never had any quarrel, to which I have been a party[1]. But I have made the trial in homage to Christmas, and I'll keep my Christmas humour to the last. So A Merry Christmas, uncle!"

"Good afternoon!"

"And A Happy New Year!"

"Good afternoon!"

His nephew left the room without an angry word, notwithstanding[2]. The clerk, in letting Scrooge's nephew out, had let two other people in. They were portly gentlemen, pleasant to behold, and now stood, with their hats off, in Scrooge's office. They had books and papers in their hands, and bowed to him.

"Scrooge and Marley's I believe," said one of the gentlemen, referring[3] to his list. "Have I the pleasure of addressing[4] Mr. Scrooge, or Mr. Marley?"

"Mr. Marley has been dead these seven years. He died seven years ago[5], this very night[6]."

"At this festive season of the year, Mr. Scrooge," said the gentleman, taking up a pen, "it is more than usually desirable that we should[7] make some slight provision for the Poor[8] and destitute, who suffer greatly at the present time. Many thousands are in want of common necessaries; hundreds of thousands are in want of common comforts[9], sir."

---

1. **a party** : terme juridique indiquant l'une des personnes impliquées dans une dispute : *la partie*. Cf. *entendre les parties*.
2. **notwithstanding** (adv.) : **nevertheless** : *néanmoins*; équivalent mot pour mot du terme français *nonobstant, cependant*.
3. **referring** [rɪ'fɜːrɪŋ] : étant donné que le verbe **to refer** est phonétiquement accentué sur la dernière syllabe, le **r** est redoublé lorsqu'on ajoute une terminaison quelconque. Cf. **to prefer** [prɪ'fɜː*] : **preferred**; mais **to differ** ['dɪfə*], **differing**.
4. **addressing :** remarquer l'orthographe avec deux **d**.
5. **Mr. Marley... years ago :** dans la première phrase, nous avons une durée : voilà sept ans que Mr. Marley est « sous la terre », d'où l'emploi du present perfect : **has been**. Dans la seconde, on envisage l'instant précis de sa mort, qui s'est

— Bien le bonsoir !

— Je n'attends rien de vous, je ne vous demande rien ; pourquoi ne pouvons-nous être en bons termes ?

— Bien le bonsoir.

— Je suis profondément navré de vous trouver aussi entêté. Il n'y a jamais eu entre nous la moindre querelle à laquelle j'aie pris part. Mais j'ai fait cette tentative pour honorer Noël et je garderai jusqu'au bout la joie qu'il m'inspire ; par conséquent, joyeux Noël, mon oncle !

— Bien le bonsoir.

— Et bonne et heureuse année.

— Bien le bonsoir ! »

Malgré l'attitude de son oncle, le neveu quitta la pièce sans un mot de colère. Le commis, en reconduisant le neveu de Scrooge, avait introduit deux autres personnes, deux messieurs corpulents à la mine agréable, qui étaient là maintenant, debout, le chapeau à la main, dans le bureau de Scrooge. Ils tenaient des registres et des papiers et saluèrent Scrooge.

« La maison Scrooge et Marley, je présume, dit l'un d'eux, après un coup d'œil sur sa liste. Ai-je l'honneur de m'adresser à M. Scrooge ou à M. Marley ?

— Voilà sept ans que M. Marley est mort. Il y a sept ans ce soir même.

— En cette période de joyeuses festivités, M. Scrooge, dit le gentleman, en prenant une plume, il est plus que jamais souhaitable de collecter quelque modeste contribution au profit des pauvres et des miséreux qui, en cette saison, connaissent de grandes souffrances. Des milliers d'entre eux manquent du strict nécessaire, Monsieur, et des centaines de mille sont privés des douceurs de la vie.

---

produite il y a sept ans ; d'où le prétérit : **died.**

6. **this very night :** ce soir même ; cette précision annonce la visite du fantôme de Marley, quelques heures plus tard, à la date anniversaire de sa mort.

7. **should :** auxiliaire du subj. introduit par l'idée de souhait : **desirable.**

8. **the Poor :** l'adj. précédé de l'art. déf. a le sens d'un nom collectif au pl. Ex. : **are the blind happy ?** *les aveugles sont-ils heureux ?* Cette règle s'applique aussi à certains adj. de nationalité : **The Welsh, the Dutch,** *les Gallois, les Hollandais.*

9. **necessaries... comforts :** remarquer la gradation, **necessaries** : les choses dont on ne peut pas se passer pour vivre, principalement la nourriture ; **comforts** : ce qui rend la vie agréable, un bon toit, le chauffage, etc.

"Are there no prisons ?"

"Plenty of prisons. But under the impression that they scarcely[1] furnish Christian cheer of mind or body to the unoffending multitude, a few of us are endeavouring to raise[2] a fund to buy the Poor some meat and drink, and means of warmth. We choose this time, because it is a time, of all others, when Want[3] is keenly felt, and Abundance[3] rejoices. What shall I put you down for ?"

"Nothing !"

"You wish to be anonymous ?"

"I wish to be left alone. Since you ask me what I wish, gentlemen, that is my answer. I don't make merry myself at Christmas and I can't afford to make idle[4] people merry. I help to support the prisons and the workhouses[5] — they cost enough — and those who are badly off[6] must go there."

"Many can't go there ; and many would rather die[7]."

"If they would rather die, they had better do it[8], and decrease the surplus population[9]."

At length the hour of shutting up the counting-house arrived. With an ill-will Scrooge, dismounting from his stool, tacitly admitted the fact to the expectant[10] clerk in the Tank, who instantly snuffed his candle out, and put on his hat.

"You'll want all day to-morrow, I suppose ?"

"If quite convenient, Sir."

"It's not convenient, and it's not fair. If I was to stop half-a-crown for it, you'd think yourself mightily ill used, I'll be bound[11] ?"

---

1. **scarcely** (adv. négatif) **: hardly, barely.** Ex. : **I can hardly see,** *je n'y vois guère.*
2. **to raise** (v. tr. régul.) **:** *lever, dresser, faire naître.* ▲ **to rise, rose, risen** (intr.), *se lever* et **to rouse, roused, roused,** *faire se lever, susciter, (faire) lever du gibier.*
3. **Want... Abundance :** c'est lorsqu'ils voient les gens aisés acheter beaucoup de choses pour les fêtes de Noël (Abundance), que les pauvres ressentent le plus douloureusement leurs privations (Want).
4. **idle** [aɪdl] **people :** *les oisifs.*
5. **workhouses :** institutions publiques destinées aux indigents sans abri, placées sous la responsabilité de la paroisse, et entretenues par des fonds publics.
6. **to be badly off :** *être pauvre* ≠ **to be well off,** *être à l'aise.*

— N'y a-t-il pas de prisons ?

— Les prisons ne manquent pas ; mais, un certain nombre d'entre nous, n'ayant pas l'impression qu'elles offrent aux multitudes innocentes un réconfort moral ou physique digne d'un chrétien, s'efforcent de réunir des fonds destinés à offrir aux pauvres nourriture, boissons et moyens de chauffage. Nous choisissons cette période parce que, plus qu'à aucun autre moment, les privations sont durement ressenties, alors que l'abondance règne partout. Pour quelle somme dois-je vous inscrire ?

— Pour aucune.

— Vous préférez rester dans l'anonymat ?

— Je veux surtout qu'on me fiche la paix. Et puisque vous me demandez, Monsieur, ce que je désire, voici ma réponse. Je ne fête pas Noël moi-même, et je ne suis pas assez riche pour offrir des réjouissances à ceux qui ne travaillent pas. Je contribue à l'entretien des prisons et des hospices — lesquels sont assez coûteux comme ça ; que ceux qui sont dans le besoin y cherchent refuge.

— Nombreux sont ceux qui ne peuvent y trouver asile ; et bien des malheureux préféreraient mourir.

— S'ils préfèrent mourir, eh bien, qu'ils ne se gênent pas ; ils diminueront ainsi notre excédent de population. »

Enfin vint l'heure de la fermeture du bureau ; et c'est à regret que Scrooge descendit de son haut tabouret, montrant tacitement par là même l'exemple à son commis qui, dans la citerne, attendait cet instant avec impatience, et qui mouchant sa chandelle immédiatement mit son chapeau.

« Je présume que vous avez l'intention de prendre votre journée tout entière demain ?

— Si cela vous convient, monsieur.

— Cela ne me convient pas du tout, et ce n'est pas normal. S'il me venait à l'idée de vous retenir une demi-couronne pour votre absence, vous penseriez, j'en suis sûr, que j'en use fort mal avec vous ?

---

7. **would rather die** = had rather die, had sooner die : expressions défectives, qui n'existent qu'au prétérit à sens de conditionnel présent ; elles expriment le choix, la préférence.
8. **they had better do it :** exprime ce qui conviendrait mieux même si ce n'est pas une solution agréable. (Comme précédemment.)
9. **the surplus population :** pour Scrooge, les pauvres, les malades, les sans-travail feraient mieux de disparaître.
10. **expectant** (adj.) **:** le commis, ce soir de veille de Noël, était plus impatient que d'habitude de quitter son bureau.
11. **I'll be bound** = I'll be sure, *j'en suis certain.*

"Yes, Sir."

"And yet you don't think *me* ill-used[1], when I pay a day's wages[2] for no work."

"It's only once[3] a year, Sir."

"A poor excuse for picking a man's pocket[4] every twenty-fifth of December ! But I suppose you must have the whole day. Be here all the earlier[5] next morning !"

The clerk promised that he would ; and Scrooge walked out with a growl. The office was closed in a twinkling, and the clerk, with the long ends of his white comforter dangling below his waist (for he boasted[6] no great-coat), went down a slide, at the end of a lane of boys[7], twenty times, in honour of its being Christmas-eve, and then ran home as hard as he could pelt[8], to play at blindman's-buff.

Scrooge took his melancholy dinner in his usual melancholy tavern ; and having read all the newspapers, and beguiled the rest of the evening with his banker's-book, went home to bed. He lived in chambers which had once belonged to his deceased partner. They were a gloomy suite of rooms, in a lowering pile[9] of building up a yard. The building was old enough now, and dreary enough, for nobody lived in it but Scrooge, the other rooms being all let out as offices.

Now, it is a fact, that there was nothing at all particular about the knocker on the door of this house, except that it was very large. Also, that Scrooge had seen it night and morning during his whole residence in that place ; also that Scrooge had as little[10] of what is called fancy about him as any man in the City of London.

---

1. **ill-used** (adj. composé) : *on agit mal envers moi ;* ill (adv.) = badly.
2. **a day's wages** : on emploie le cas possessif dans les expressions de durée : **a ten minutes' break**, *un arrêt de dix minutes.*
3. **once** (adv.) : *une fois. Deux fois :* twice ; *trois fois :* three times ; *une ou deux fois :* once or twice ; *deux ou trois fois :* two or three times.
4. **picking a man's pocket** = stealing money from someone, *voler de l'argent à qqn* ; d'où le français *un pickpocket, un voleur à la tire.*
5. **all the earlier** : traduction de **d'autant plus... que** : le comparatif earlier est précédé de l'art. **the** et, facultativement de all. S'il y a une seconde proposition, elle peut être introduite par as, since ou **because**. Pour les adj. longs on emploie more :

— Oui, monsieur.

— Et pourtant vous ne pensez pas que lorsque je vous paie une journée de salaire à ne rien faire, c'est moi qui suis frustré.

— Ceci n'arrive qu'une fois l'an, monsieur.

— Piètre excuse pour faire les poches des gens tous les vingt-cinq décembre. Mais je suppose qu'il me faut vous donner la journée entière. Arrivez d'autant plus tôt le matin suivant. »

Le commis jura qu'il n'y manquerait pas ; et Scrooge sortit en pestant. Le bureau fut fermé en un clin d'œil et le commis, les deux extrémités de son cache-nez blanc pendant plus bas que la taille (car il se vantait de pouvoir se passer de pardessus), s'en alla faire une glissade après une file de gamins, ce qu'il répéta vingt fois en l'honneur de cette veille de Noël pour filer ensuite au grand galop jusque chez lui jouer à colin-maillard.

Scrooge dîna tristement à la triste taverne qu'il fréquentait d'ordinaire ; et après avoir lu tous les journaux et trompé son ennui le reste de la soirée en compagnie de son livre de comptes, rentra se mettre au lit. Il habitait un logement qui avait, jadis, appartenu à son associé défunt. C'était un ensemble de pièces lugubres dans un immeuble sombre, au fond d'une cour. A présent le bâtiment était fort vétuste et sinistre, car personne n'y habitait, à l'exception de Scrooge, toutes les autres pièces étant louées à usage de bureaux.

Le heurtoir de cette maison n'avait en fait absolument rien de spécial, sauf sa taille démesurée. C'était également un fait que Scrooge le voyait matin et soir depuis qu'il habitait ces lieux ; et qu'il y avait en lui aussi peu d'imagination que chez n'importe quel autre habitant de la City de Londres ;

---

it is all the more comfortable, *c'est d'autant plus confortable.*

6. **he boasted** ['bəʊstɪd] : no great-coat : he was proud of wearing no great-coat, *il était fier de ne pas porter de pardessus.* En fait, Bob Cratchit est trop pauvre pour s'en acheter un.

7. **a lane of boys :** m. à m. : *une double rangée de garçons.*

8. **to pelt :** to run fast. Cf. l'expression : at full pelt : running as fast as possible, *courir ventre à terre.*

9. **pile** [paɪl] **:** en langue classique, un haut bâtiment ou groupe de bâtiments ; allusion aux étages empilés les uns au-dessus des autres. Cf. a pile of books : *une pile, un tas de livres.*

10. **as little... as :** comparatif d'égalité, *aussi peu que.* A la forme négative (souvent employée à la place du comp. d'infériorité), on peut dire : he is not so tall as his brother ou he is not as tall as his brother, *il n'est pas aussi (il est moins) grand que son frère.*

And yet Scrooge, having his key in the lock of the door, saw in the knocker, without its undergoing[1] any intermediate process of change : not a knocker, but Marley's face.

Marley's face. With a dismal light about it, like a bad lobster[2] in a dark cellar. It was not angry or ferocious, but it looked at Scrooge as Marley used to look[3] : with ghostly spectacles turned up upon its ghostly forehead.

As Scrooge looked fixedly at this phenomenon[4], it was a knocker again. He said "Pooh, pooh[5] !" and closed the door with a bang.

The sound resounded through the house like thunder. Every room above, and every cask in the wine-merchant's cellars below, appeared to have a separate peal of echoes of its own. Scrooge was not a man to be frightened by echoes. He fastened the door, and walked across the hall, and up the stairs. Slowly too : trimming his candle as he went.

Up Scrooge went[6], not caring a button[7] for its being very dark : darkness is cheap, and Scrooge liked it. But before he shut his heavy door, he walked through his rooms to see that all was right. He had just enough recollection of the face to desire to do that.

Sitting-room, bed-room, lumber-room. All as they should be. Nobody under the table, nobody under the sofa ; a small fire in the grate ; spoon and basin ready ; and the little saucepan of gruel[8] (Scrooge had a cold in his head) upon the hob[9].

---

1. **without its undergoing :** après une préposition, le gérondif ou nom verbal est la forme normale employée = **without it underwent,** *sans qu'il subisse, sans subir.*
2. **a bad lobster :** image inattendue et originale de la part de Dickens ; *un homard avarié* émettait peut-être une lueur verdâtre et phosphorescente comme le visage du fantôme de Marley.
3. **used to look :** forme fréquentative au passé ; on peut aussi employer **would,** mais **would** est plus littéraire. Aux formes interrog. et nég., **used** peut se conjuguer comme un verbe ordinaire : **did he use to have lunch at home ?** *prenait-il son déjeuner à la maison ?* **they used to take their holidays in winter, didn't they ?** *ils prenaient leurs vacances l'hiver, n'est-ce pas ?*
4. **phenomenon** (n. d'origine grecque) **:** pluriel : **phenomena.** Autre ex. : **a criterion,** *un critère,* plur. **criteria.**

et pourtant, Scrooge, ayant introduit sa clé dans la serrure de la porte, vit que ce heurtoir, sans avoir en rien changé progressivement de forme, n'était plus un simple marteau, mais le visage de Marley.

Le visage de Marley ! Baigné d'une lumière sinistre, il ressemblait à un homard avarié au fond d'une cave sombre. Il n'exprimait ni colère ni dureté, mais regardait Scrooge comme Marley lui-même avait l'habitude de le faire, ses lunettes de spectre relevées sur son front de fantôme.

Tandis que Scrooge observait ce phénomène avec fixité, le heurtoir reprit son apparence ancienne. Et Scrooge de s'exclamer : « Bof, bof ! » en faisant claquer la porte derrière lui.

Le fracas résonna comme un coup de tonnerre de la cave au grenier. Chaque pièce au-dessus, chaque tonneau dans les caves du marchand de vins au-dessous, sembla émettre une succession d'échos propres à chacun. Scrooge n'était pas homme à avoir peur d'un écho. D'un tour de clé il ferma la porte, puis traversa le vestibule et gravit l'escalier. Sans se presser, ma foi, car il mouchait sa chandelle tout en montant, se moquant comme d'une guigne de la profonde obscurité, car l'obscurité ne coûte rien, et Scrooge n'aimait pas la dépense. Toutefois, avant de refermer la lourde porte, il fit le tour de son appartement pour voir si tout était en ordre, poussé en cela par le vague souvenir du visage sur le heurtoir.

Salon, chambre, débarras. Rien d'anormal. Personne sous la table, personne sous le divan ; un maigre feu dans la cheminée ; cuillère et bol prêts à servir, et la petite casserole de gruau (Scrooge avait un rhume de cerveau) au chaud sur la grille du foyer.

---

5. **« Pooh, pooh ! »** [pu:] **:** interj. exprimant le mépris, l'indifférence : *bah ! peuh !*; a donné un verbe : **to pooh-pooh,** *se moquer de, repousser avec mépris.*
6. **up Scrooge went :** cette inversion de l'adv. et du verbe en début de phrase donne un ton de vivacité au passage. Scrooge ne se laisse pas abattre, quoi qu'il arrive.
7. **not caring a button : not caring a damn, a fig,** *s'en soucier comme d'une guigne, comme de l'an quarante, comme de sa première chemise.*
8. **gruel** [grʊəl] **:** *bouillie d'avoine* cuite au lait ou à l'eau. Il y avait un certain temps que Scrooge avait dîné. C'était donc un petit plaisir qu'il s'accordait avant de se coucher.
9. **hob :** sorte d'étagère de fer sur le côté de l'âtre où l'on peut garder au chaud le contenu de casseroles ou bouilloires.

Nobody under the bed ; nobody in the closet[1] ; nobody in his dressing-gown, which was hanging up in a suspicious attitude against the wall.

Quite satisfied, he closed his door, and locked himself in ; double-locked himself in, which[2] was not his custom. Thus secured against surprise, he took off his cravat[3], put on his dressing-gown and slippers, and his night-cap ; and sat down before the very low fire to take his gruel.

As he threw his head back in the chair, his glance[4] happened to rest upon a bell, a disused bell, that hung in the room, and communicated for some purpose now forgotten with a chamber in the highest story[5] of the building. It was with great astonishment, and with a strange, inexplicable dread[6], that as he looked, he saw this bell begin to swing. Soon it rang out loudly, and so did[7] every bell in the house. This was succeeded by a clanking[8] noise, deep down below ; as if some person were[9] dragging a heavy chain over the casks in the wine-merchant's cellar. Then he heard the noise much louder, on the floors below ; then coming up the stairs ; then coming straight towards his door. It came on through the heavy door, and a spectre passed into the room before his eyes. And upon its coming in, the dying flame leaped up, as though it cried *"I know him*[10] *! Marley's ghost !"*

The same face : the very same. Marley in his pig-tail[11], usual waistcoat, tights, and boots. His body was transparent : so that Scrooge, observing him, and looking through his waistcoat, could see the two buttons on his coat behind.

---

1. **closet :** *placard ou penderie* = **cupboard or wardrobe.**
2. **which :** lorsque ce relatif est précédé d'une virgule, il a pour antécédent tout le membre de phrase précédent et signifie, *ce qui, ce que, chose qui* ou *chose que.*
3. **cravat** [krə'væt] **:** *étoffe de soie ou de laine*, légère, pour tenir chaud au cou. ▲ *une cravate,* **a tie.**
4. **a glance** = **a quick look,** *un regard rapide* ; synonyme : **a glimpse,** *un coup d'œil.*
5. **story :** *étage.* En anglais on écrit plutôt ce mot **storey.** ▲ **a story** : *une histoire.*
6. **dread** (n.) **: great fear or anxiety** ; terme plus fort que **fear** ou **fright,** *terreur, épouvante.*
7. **and so did :** l'aux. reprend le verbe **rang.**

Personne sous le lit, personne dans la penderie, personne dans sa robe de chambre qui pendait de manière louche contre le mur.

Pleinement satisfait de son inspection, il ferma la porte et se verrouilla à l'intérieur, à double tour, ce qui n'était pas son habitude. A l'abri de toute surprise, il enleva son foulard, enfila sa robe de chambre et ses pantoufles, mit son bonnet de nuit, et s'assit devant le feu très bas, pour prendre son gruau.

Comme il appuyait la tête sur le dossier de son fauteuil, son regard tomba par hasard sur une cloche dont on ne se servait plus, pendue dans sa chambre et reliée, dans un but maintenant oublié, à une pièce du dernier étage de l'immeuble. Ce fut à son grand étonnement, et avec une étrange et inexplicable épouvante, qu'il vit cette cloche commencer à se balancer. Bientôt, elle sonna à toute volée, imitée en cela par toutes les cloches de la maison. Puis vint un bruit métallique, montant des profondeurs du bâtiment, comme si quelqu'un, dans la cave, tirait une lourde chaîne, sur les tonneaux du marchand de vins. Ensuite il perçut ce même bruit, beaucoup plus fort encore, aux étages inférieurs ; ensuite cela monta l'escalier et se dirigea droit vers sa lourde porte que le bruit traversa, en même temps que, sous les yeux de Scrooge, un fantôme pénétrait dans la pièce. Et tandis qu'il entrait, la flamme mourante s'éleva d'un bond, comme pour s'écrier : « Je le reconnais, c'est le spectre de Marley. »

Le même visage, absolument le même. Marley avec son cadogan et le gilet, la culotte collante et les bottes qu'il portait d'ordinaire. Son corps était transparent, si bien que Scrooge, qui l'observait et voyait à travers son gilet, pouvait apercevoir les deux boutons qui ornaient son habit par-derrière.

---

8. **clanking noise :** *bruit métallique* de chaînes, d'armures, d'épées s'entrechoquant ; moins fort que **clang,** *bruit strident, retentissant.*
9. **were :** subjonctif archaïque.
10. **I know him :** ici, to **know** = **to recognize,** *reconnaître.*
11. **pig-tail :** tresse retombant sur le cou et les épaules. Cette coiffure fut mise à la mode par le général anglais Cadogan (1780), d'où son nom.

Scrooge had often heard it said that Marley had no bowels[1], but he had never believed it until now.

No, nor did he believe it even now[2]. Though he looked the phantom through[3] and through, and saw it standing before him ; though he felt the chilling influence of its death-cold eyes[4] ; and noticed the very texture of the folded kerchief[5] bound about its head and chin ; he was still incredulous.

"How now !" said Scrooge, caustic and cold as ever[6]. "What do you want with me[7] ?"

"Much !" — Marley's voice, no doubt about it.

"Who are you ?"

"Ask me who I *was.*"

"Who *were* you then ?"

"In life I was your partner, Jacob Marley."

"Can you — can you sit down ?"

"I can."

"Do it then."

Scrooge asked the question, because he didn't know whether[8] a ghost so transparent[9] might[10] find himself in a condition to take a chair. But the ghost sat down on the opposite side of the fireplace, as if he were quite used to it.

"You don't believe in me."

"I don't."

"What evidence would you have of my reality beyond that of your senses ?"

"I don't know."

"Why do you doubt your senses ?"

"Because a little thing affects them. A slight disorder of the stomach makes them cheats[11].

---

1. **no bowels** ['baʊəlz] **:** *pas d'entrailles* ; plaisanterie sur les deux sens du mot bowels ; le fantôme n'avait pas d'entrailles, c.-à-d. était aussi insensible et impitoyable que Marley lorsqu'il était vivant.
2. **nor did he believe it even now :** nor en tête de phrase = and not ; and he did not believe it... La position de nor en tête de phrase entraîne l'inversion de l'aux. et du sujet.
3. **he looked the phantom through :** ici through est un adv. Par sa place, il donne plus de force à la phrase que through prép. : he looked through the phantom.
4. **death-cold eyes :** death-cold, adj. composé formé d'un adj., cold, qualifié par un nom, death = un comp. d'égalité, eyes as cold as death, *des yeux aussi froids que la mort.*

Scrooge avait souvent entendu dire que Marley n'avait pas d'entrailles, mais il ne l'avait jamais cru jusqu'à ce jour. Pas plus qu'il ne le croyait même maintenant. Bien que son regard passât et repassât à travers le fantôme qui était debout devant lui, bien qu'il sentît l'influence glaciale de ses yeux morts et qu'il distinguât jusqu'à la texture du mouchoir plié et noué autour de sa tête et de son menton, malgré tout, il restait incrédule.

« Et alors ! s'écria Scrooge, aussi acerbe et froid qu'à l'accoutumée, que me voulez-vous ?

— Beaucoup de choses ! »

C'était, à n'en pas douter, la voix de Marley.

« Qui êtes-vous ?

— Demandez-moi qui j'étais !

— Qui étiez-vous donc ?

— De mon vivant, j'étais votre associé, Jacob Marley.

— Pouvez-vous — pouvez-vous vous asseoir ?

— Je le puis.

— Alors, asseyez-vous. »

Scrooge avait posé la question, parce qu'il ne savait pas si un fantôme aussi transparent pouvait être à même de prendre un siège. Mais le spectre s'assit en face de lui devant la cheminée, comme s'il avait parfaitement coutume de le faire.

« Vous ne croyez pas en moi.

— Pas du tout.

— Quelle preuve de la réalité de ma présence faut-il vous donner en plus de celle apportée par vos sens ?

— Je n'en sais rien.

— Pourquoi doutez-vous de vos sens ?

— Parce qu'il faut peu de choses pour les affecter. Un léger trouble de l'estomac en fait des trompeurs.

---

5. **kerchief :** *petite pièce d'étoffe, foulard,* d'où **handkerchief** : pièce d'étoffe tenue à la main, pour se moucher, *mouchoir.*
6. **caustic and cold as ever** = as (sous-entendu) **caustic and cold as ever.**
7. **want with me** = **expect from me,** *qu'attendez-vous de moi ?*
8. **whether** (conj.) = **if** ; lorsque la question indirecte introduit une alternative, **whether** est préférable.
9. **a ghost so transparent :** adj. attribut, ce qui explique sa place après le nom = **so transparent a ghost.**
10. **might :** défectif exprimant l'éventualité, l'incertitude.
11. **cheats** (nom pl.) = **tricks,** *supercheries, ruses trompeuses.*

You may be an undigested bit of beef, a blot of mustard, a crumb of cheese, a fragment of an underdone potato. There's more of gravy than of grave[1] about you, whatever[2] you are !"

Scrooge was not much in the habit of cracking jokes, nor did he feel, in his heart, by any means waggish[3] then. The truth is, that he tried to be smart, as a means of distracting his own attention, and keeping down his horror.

But how much greater was his horror, when the phantom taking off the bandage round its head, as if it were too warm to wear in-doors, its lower jaw[4] dropped down upon its breast !

"Mercy ! Dreadful apparition, why dou you trouble me ? Why do spirits walk the earth[5], and why do they come to me ?"

"It is required of every man that the spirit within him should walk abroad[6] among his fellow-men, and travel far and wide ; and if that spirit goes not forth[7] in life, it is condemned to do so after death. I cannot tell you all I would[8]. A very little more, is permitted to me. I cannot rest, I cannot stay, I cannot linger anywhere. My spirit never walked beyond our counting house — mark me[9] ! — in life my spirit never roved beyond the narrow limits of our money-changing hole ; and weary journeys lie before me !"

"Seven years dead. And travelling all the time ? You travel fast ?"

"On the wings of the wind."

"You might have got over a great quantity of ground in seven years."

---

1. **of gravy than of grave :** jeu de mots sur gravy, *la sauce*, et grave, *la tombe*.
2. **whatever** (pron.) **:** *quoi que*. Scrooge considère le fantôme comme une chose, sinon il aurait dit : « **whoever you are** », *qui que vous soyez*.
3. **waggish :** *d'humeur à plaisanter* ; origine : **a wag**, *un farceur, un plaisantin*.
4. **lower jaw :** le fantôme a une tête de squelette dont *la mâchoire inférieure* est retenue par une sorte de foulard plié (**folded kerchief**, p. 136, ligne 7) noué au-dessus du crâne.
5. **why do spirits walk the earth ? :** le fantôme, au paragraphe suivant va répondre à la question posée par Scrooge par un long développement.

Vous êtes peut-être un petit bout de bœuf mal digéré, une trace de moutarde, une miette de fromage, une parcelle de pomme de terre mal cuite. Quoi que vous soyez, vous tenez bien plus du cerfeuil que du cercueil ! »

Scrooge n'avait guère l'habitude de faire des plaisanteries, et, au fond de lui-même, il ne se sentait pas non plus à ce moment-là d'humeur badine. En vérité, s'il essayait de faire le malin, c'était afin de détourner sa propre attention et de maîtriser son horreur.

Mais combien son horreur s'accrut-elle lorsque le fantôme, en enlevant le bandeau qui lui entourait la tête, comme s'il eût fait trop chaud pour le porter à l'intérieur, laissa sa mâchoire inférieure tomber sur sa poitrine !

« Pitié ! O terrifiante apparition ! pourquoi venez-vous me harceler ainsi ? Pourquoi les esprits errent-ils sur la terre, et pourquoi est-ce vers moi qu'ils accourent ?

— Il est requis de chaque individu que l'esprit qui l'habite aille à la rencontre de ses semblables, en quelque coin qu'ils se trouvent, et si cet esprit ne s'acquitte pas de cette obligation durant sa vie, il est condamné à le faire après sa mort. Je ne suis pas maître de vous en dire davantage. Je ne puis vous révéler que peu de choses encore. Je ne puis me reposer, ni demeurer, ni m'attarder nulle part. Durant ma vie mon esprit n'est jamais sorti de notre bureau de comptabilité, et, écoutez-moi bien, n'est jamais allé vagabonder au-delà des étroites limites de ce trou où nous n'avons fait que remuer de l'or ; aussi me reste-t-il à entreprendre une infinité d'accablants voyages !

— Mort depuis sept ans ! Et tout ce temps passé à voyager ! Voyagez-vous vite ?

— Sur les ailes du vent.

— Vous avez sans doute parcouru des distances infinies en sept ans.

---

6. **abroad** [əˈbrɔːd] = far and wide, everywhere, *partout.* ⚠ abroad : *à l'étranger.*
7. **forth** [fɔːθ] = forward, out ; to go forth *sortir, se mettre en route ;* **goes not forth** = does not go forth ; Dickens met dans la bouche de son fantôme un langage intemporel, comme lui.
8. **I cannot tell you all I would :** ceci nous rappelle un autre fantôme célèbre, celui du père de Hamlet (Shakespeare) lorsqu'il dit à son fils : « **I am forbid to tell the secrets of my prison-house** », *on m'interdit de révéler les secrets du monde où je suis prisonnier.*
9. **mark me ! :** le spectre insiste pour que Scrooge l'écoute avec la plus grande attention.

"Oh ! blind man, blind man[1], not to know[2], that ages of incessant labour by immortal creatures, for this earth must pass into eternity before the good of which it is susceptible is all developed. Not to know that any Christian spirit working kindly in its little sphere, *whatever it may be,* will find its mortal life too short for its vast means of usefulness. Not to know that no space of regret can make amends for one life's opportunities misused ! Yet I was like this man ! I once was like this man !"

"But you were always a good man of business, Jacob," faltered Scrooge, who now began to apply this to himself[3].

"Business ! Mankind was my business. The common welfare[4] was my business ; charity, mercy, forbearance, benevolence, were, all, my business. The dealings of my trade were but a drop of water in the comprehensive[5] Ocean of my business !"

It held up its chain at arm's length[6], as if that were the cause of its unavailing[7] grief, and flung it heavily upon the ground again.

"At this time[8] of the rolling year, I suffer most. Why did I walk through crowds of fellow-beings with my eyes turned down, and never raise them to that blessed Star which led the Wise Men[9] to a poor abode[10] ? Were there no poor homes to which its light would have conducted *me* ?"

Scrooge was very much dismayed to hear the spectre going on at this rate, and began to quake exceedingly.

"Hear me ! My time is nearly gone."

"I will. But don't be hard upon me ! Don't be flowery[11], Jacob ! Pray !"

---

1. **oh ! blind man, blind man :** tout le paragraphe est écrit dans un style fort sophistiqué ; le fantôme ne parle ni ne raisonne comme un être humain.
2. **not to know :** forme négative de l'infinitif ; se rappeler le célèbre : « to be or not to be » (Hamlet - Shakespeare).
3. *« qui maintenant commença à appliquer ce discours à lui-même. »*
4. **welfare** ['welfeə*] : les bonnes conditions de santé, de confort matériel et d'emploi qui rendent un homme heureux, *le bien-être.* Cf. The Welfare State : *l'État Providence* qui assure ce bien-être par l'Assistance sociale.
5. **comprehensive** [kɒmprɪ'hensɪv] : *qui embrasse, recouvre toutes choses.*

— Oh ! Êtes-vous assez aveugle pour ignorer que des siècles de labeur ininterrompu devront être accomplis par des créatures immortelles, car cette terre s'enfoncera dans l'éternité avant que le bien qu'elle est susceptible de faire soit complètement réalisé ? assez aveugle pour ignorer que tout esprit chrétien travaillant à répandre le bien dans sa petite sphère, quelle qu'elle puisse être, s'apercevra que sa vie sur terre est bien trop brève pour qu'il puisse mettre en œuvre les importants moyens dont il dispose pour se rendre utile ? assez aveugle pour ignorer que nulle éternité de regrets ne rachètera les occasions manquées au cours d'une seule vie ? Dire que j'étais comme cet homme ! que jadis j'ai été comme cet homme !

— Mais vous avez toujours été un excellent homme d'affaires, Jacob, bredouilla Scrooge, qui commençait alors à se sentir visé.

— Mes affaires ! Mes affaires, c'était l'humanité ; le bien commun, la charité, l'indulgence, la tolérance, la générosité, voilà ce qu'auraient dû être mes affaires. Mon activité commerciale n'était qu'une goutte d'eau dans l'océan infini de mes affaires. »

Le spectre souleva sa chaîne à bout de bras, comme si c'était là la cause de ce vain chagrin, puis la lança de nouveau lourdement sur le sol.

« Au cours de l'année, c'est à cette époque-ci que je souffre le plus. Pourquoi ai-je cheminé à travers la foule de mes semblables les yeux rivés au sol, sans jamais les lever vers cette étoile bénie qui guida les trois Rois Mages jusqu'à une humble demeure ? N'y avait-il pas de pauvres foyers où sa lumière m'aurait mené ? »

Scrooge fut fort accablé d'entendre le spectre s'emballer ainsi et se mit à trembler comme une feuille.

« Écoutez-moi, le temps qui m'est imparti est presque écoulé.

— Je vous entends. Mais ne m'accablez pas, Jacob ! Soyez bref, je vous en supplie !

---

6. **at arm's length :** l'une des expressions d'usage courant pour lesquelles on emploie le cas possessif. Ex. : **to his heart's content**, *à cœur joie* ; **the water's edge**, *le bord de l'eau.*
7. **unavailing :** *vain, inutile*, de **to avail**, *être utile, servir.*
8. **at this time :** at Christmas, *à Noël.*
9. **the Wise Men :** les hommes sages = *les 3 Rois Mages :* Gaspar, Melchior et Balthasar qui vinrent, guidés par une étoile (**that blessed Star**), adorer Jésus à Bethléem.
10. **a poor abode :** abode (litt.), pour **dwelling**, *demeure* ; il s'agit de l'étable où Jésus est né.
11. **flowery :** a flowery language : *une langue pleine de « fleurs », de rhétorique, fleurie.*

"I am here to-night to warn you, that you have yet[1] a chance and hope of escaping my fate. A chance and hope of my procuring[2], Ebenezer."

"You were always a good friend to me. Thank'ee !"

"You will be haunted by Three Spirits."

"Is that the chance and hope you mentioned, Jacob ? I — I think I'd rather not[3]."

"Without their visits, you cannot hope to shun the path[4] I tread. Expect the first to-morrow night, when the bell tolls One. Expect the second on the next night at the same hour. The third upon the next night when the last stroke of Twelve has ceased to vibrate. Look to see me no more[5] ; and look that, for your own sake, your remember[6] what has passed between us !"

It walked[7] backward from him ; and at every step it took, the window raised itself[8] a little, so that when the Apparition reached it, it was wide open : and [it] floated out through the self-opened[9] window into the bleak dark night.

Scrooge closed the window, and examined the door by which the Ghost had entered. It was double-locked, as he had locked it with his own hands, and the bolts were undisturbed. Scrooge tried to say "Humbug !" but stopped[10] at the first syllable. And being — from the emotion he had undergone, or the fatigues[11] of the day, or his glimpse of the Invisible World, or the dull conversation of the Ghost, or the lateness of the hour — much in need of repose[12] ; he went straight to bed, without undressing, and fell asleep on the instant.

---

1. **yet :** ici = still, vous avez *encore* une chance.
2. **of my procuring :** to procure, *obtenir ; obtenue par mon entremise, grâce à moi.*
3. **I think I'd rather not** = I think I'd rather not be haunted by them, *je crois que je préférerais qu'ils ne me rendent pas visite.*
4. **to shun the path** = to keep away from the path, *éviter le sentier, le chemin.* To shun temptation, *éviter la tentation ;* to shun society, *fuir la compagnie (des gens).*
5. **look to see me no more :** *soyez avisé, comptez bien que vous ne me verrez plus ;* c'est un autre exemple de cette langue particulière signalée plus haut.
6. **look that you remember** = take care that, *prenez soin de..., veillez à ce que...*

— Je suis ici ce soir pour vous avertir, pour vous dire que vous avez encore une chance, un espoir d'échapper au destin qui est le mien. Une chance, un espoir, grâce à moi, Ebenezer.

— Vous avez toujours été pour moi un bon ami, et je vous remercie !

— Vous allez recevoir la visite de Trois Esprits.

— Est-ce là la chance et l'espoir dont vous venez de me parler, Jacob ? Je préférerais ne pas les voir.

— Sans leur visite, vous ne pouvez espérer éviter la route que je poursuis. Attendez-vous à voir le premier la nuit prochaine lorsque l'horloge sonnera une heure ; le second viendra la nuit suivante à la même heure. Quant au troisième, ce sera la nuit d'après, lorsque s'éteindra le dernier coup de minuit. Sachez bien que vous ne me reverrez plus ; mais veillez, dans votre propre intérêt, à vous souvenir de ce qui s'est passé entre nous. »

Le spectre s'en alla à reculons, et chaque fois qu'il faisait un pas, le cadre de la fenêtre se soulevait un peu, si bien que lorsque l'Apparition l'eut atteinte, elle était grande ouverte ; et le Fantôme s'envola par cette fenêtre qui s'était ouverte d'elle-même, pour aller se perdre dans la nuit obscure et glaciale.

Scrooge referma la fenêtre et alla examiner la porte par laquelle le spectre était entré. Elle était fermée à double tour, comme lui-même l'avait fermée, de sa propre main, et les verrous étaient intacts. Scrooge tenta de dire : « Sornettes ! », mais s'arrêta dès la première syllabe. Et, par suite de l'émotion qu'il avait éprouvée ou des fatigues de la journée, ou de la vision fugitive qu'il avait eue du Monde Invisible, ou de la lassante conversation avec le Spectre, ou de l'heure tardive, il sentit un terrible besoin de repos ; il alla tout droit se mettre au lit, sans se déshabiller, et s'endormit sur-le-champ.

---

7. **it walked :** remarquer le pronom neutre employé par Dickens pour caractériser le fantôme.
8. **raised itself :** il s'agit d'une fenêtre anglaise, à guillotine, dont la partie inférieure monte lorsque la fenêtre s'ouvre.
9. **self-opened :** la fenêtre, comme par magie, s'était *ouverte d'elle-même* ; alors que la porte, au contraire, ne s'était pas ouverte quand le spectre était entré.
10. **but stopped :** c'est là le tout premier signe de la rédemption de Scrooge, de sa transformation dans le bon sens.
11. **the fatigues** (litt.) : *les fatigues* ; en anglais moderne on emploierait plutôt : **the tiredness, weariness.**
12. **repose** (litt.) : pour **rest**, *repos.*

When Scrooge awoke[1], it was so dark, that looking out of bed, he could scarcely distinguish the transparent window from the opaque walls of his chamber[2] until suddenly the church-clock tolled a deep dull hollow melancholy *One*. Light flashed up in the room upon the instant, and the curtains of his bed were drawn.

By a strange figure[3] — like a child : yet not so like a child as like an old man, viewed through some supernatural medium, which gave him the appearance of having receded from the view, and being diminished to a child's proportions. Its hair, which hung about its neck and down its back, was[4] white as if with age ; and yet the face had not a wrinkle in it, and the tenderest bloom was on the skin. It held a branch of fresh[5] green holly in its hand ; and, in singular contradiction of that wintry emblem, had its dress trimmed with summer flowers. But the strangest thing about it was, that from the crown[6] of its head there sprung a bright clear jet of light, by which all this was visible ; and which was doubtless the occasion of its using[7], in its duller moments, a great extinguisher for a cap, which it now held under its arm.

"Are you the Spirit, sir, whose coming was foretold[8] to me ?"

"I am !"

"Who, and what[9] are you ?"

"I am the Ghost of Christmas Past."

"Long past[10] ?"

"No. Your past. The things that you will see with me, are Shadows of the things that have been ; they will have no consciousness of us[11]. Rise ! And walk with me !"

---

1. **awake :** to awake, awoke, awoke ou awaked = to wake up, *se réveiller* ; awake est plus classique que wake ; on le préfère pour des sens figurés : he awoke to find himself famous, *il se réveilla célèbre.*
2. **chamber :** arch. pour bedroom, *chambre.*
3. **by a strange figure :** ce début de phrase et paragraphe dépend de la fin de la phrase précédente : the curtains were drawn. Dickens veut accroître l'effet de surprise causée par l'apparition.
4. **was :** le sujet hair *(cheveux)* est un collectif sing.
5. **fresh :** newly grown and picked, *du houx fraîchement cueilli.*
6. **crown :** the crown of the head, *le haut de la tête,* d'où : from crown to toe, *de la tête aux pieds.*

Lorsque Scrooge se réveilla, il faisait si sombre que, depuis son lit, il pouvait à peine faire la différence entre la fenêtre transparente et les murs opaques de sa chambre ; et tout à coup l'horloge de l'église sonna une heure du matin d'un ton grave, sourd, caverneux et mélancolique. A l'instant même une lueur vive illumina la pièce et les rideaux de son lit furent tirés.

Tirés par un être étrange, semblable à un enfant, et pourtant ressemblant plus encore à un vieillard, vu à travers quelque élément surnaturel qui lui donnait l'air de s'être éloigné et rapetissé, jusqu'à paraître sous les proportions d'un enfant. Ses cheveux, qui lui pendaient sur le cou et même jusque dans le dos, étaient comme blanchis par les ans ; et pourtant son visage ne portait pas trace de rides et sa peau avait l'éclat de la jeunesse. Il tenait à la main une branche de houx vert fraîchement cueillie, et par un contraste singulier avec cet emblème de l'hiver, sa robe était ornée de fleurs d'été. Mais ce qu'il y avait en lui de plus étrange, c'était que du haut de sa tête jaillissait un faisceau de lumière brillant et clair qui rendait visible tout ce qui vient d'être décrit ; cette lumière justifiait sans doute le grand éteignoir qu'il portait à ce moment-là sous le bras, et qui lui servait de chapeau dans ses moments de mélancolie.

« Êtes-vous, monsieur, l'Esprit dont on m'a annoncé la visite ?

— C'est bien moi.

— Qui êtes-vous, et que représentez-vous ?

— Je suis le Fantôme des Noëls passés.

— Passés depuis longtemps ?

— Non, ceux de votre passé. Les choses que vous allez voir en ma compagnie sont les ombres des choses qui ont existé ; elles n'auront pas conscience de notre présence. Levez-vous ! et accompagnez-moi. »

---

7. **of its using :** le gérondif **using** peut être précédé d'un adj. possessif. Ici, le gérondif a une double fonction : verbe et nom. La forme équivalente serait plus lourde : **it was the occasion why it should use...**

8. **foretold :** to foretell, foretold, foretold = *dire, annoncer à l'avance, prédire* (to tell before).

9. **who and what :** Scrooge pose une double question. Quelle est l'identité : **who**, *qui*, et la nature : **what**, *que*, de l'esprit.

10. **long past :** ici, long est un adv. = *longtemps, passés depuis longtemps.*

11. **they will have no consciousness of us :** la magie de l'esprit fera en sorte que les gens que Scrooge et lui observeront ne sauront pas qu'ils sont observés.

STAVE TWO

The First of the Three Spirits

DEUXIÈME STANCE

Le Premier des Trois Esprits

It would have been in vain for Scrooge to plead that the weather and the hour were not adapted to pedestrian purposes ; that bed[1] was warm, and the thermometer a long way below freezing ; that he was clad[2] but[3] lightly in his slippers, dressing-gown, and nightcap ; and that he had a cold upon him at that time. The grasp, though gentle as a woman's hand, was not to be resisted. He rose : but finding that the Spirit made towards[4] the window, clasped its robe in supplication.

"I am a mortal, and liable to fall."

"Bear but a touch of my hand *there,*" said the Spirit, laying it upon his heart, "and you shall be upheld in more than this !"

As the words were spoken, they passed through the wall, and stood in the busy thoroughfares of a city. It was made plain enough[5] by the dressing[6] of the shops, that here too it was Christmas-Time.

The Ghost stopped at a certain warehouse door, and asked Scrooge if he knew it.

"Know it ! Was I apprenticed[7] here !"

They went in. At sight of an old gentleman in a Welch wig[8], sitting behind such a high desk[9], that if he had been two inches taller he must have knocked his head against the ceiling, Scrooge cried in great excitement :

"Why, it's old Fezziwig ! Bless his heart ; it's Fezziwig alive again !"

Old Fezziwig laid down his pen, and looked up at the clock, which pointed to the hour of seven. He rubbed his hands ; adjusted his capacious waistcoat ; laughed all over himself, from his shoes to his organ of benevolence[10] ; and called out in a comfortable, oily, rich, fat, jovial voice :

---

1. **that bed :** forme concise pour that *his* bed was warm.
2. **clad :** p. pas. arch. de to clothe = to dress, *être habillé.*
3. **but :** ici, only, *ne... que, seulement.*
4. **made towards** = went towards. Exp. d'origine marine : to make for : *mettre le cap sur.*
5. **plain enough :** enough se place obligatoirement après un adj., un adv. ou un p. pas. Ex. : warm enough, *assez chaud* ; well enough, *assez bien* ; punished enough, *assez puni.* Avec un nom, enough peut être placé avant ou après ce nom : there's food enough, ou enough food, for everybody, *il y a assez à manger pour tous.*
6. **the dressing :** *l'habillage,* c.-à-d. la façon de disposer les

C'eût été pour Scrooge peine perdue d'alléguer que ni le temps ni l'heure n'étaient propices à la promenade, que son lit était bien chaud, et le thermomètre bien au-dessous de zéro ; qu'il n'était que légèrement vêtu, avec ses pantoufles, sa robe de chambre et son bonnet de nuit et que pour l'heure, il était enrhumé. Pas question de résister à la main qui l'étreignait bien qu'elle fût aussi légère que celle d'une femme. Il se leva, mais s'apercevant que l'Esprit se dirigeait vers la fenêtre, il saisit la robe du fantôme en un geste de supplication :

« Je ne suis qu'un mortel et susceptible de tomber.

— Je n'ai qu'à vous toucher, là, dit l'Esprit, posant sa main sur le cœur de Scrooge, et vous serez soutenu quoi qu'il arrive. »

Tandis qu'il proférait ces mots, ils passèrent à travers le mur et se retrouvèrent dans les rues affairées d'une ville. De toute évidence, à voir les vitrines des magasins, ici aussi c'était Noël.

Le Fantôme s'arrêta devant la porte d'un certain magasin et demanda à Scrooge s'il le connaissait.

« Le connaître ! mais j'ai été apprenti ici ! »

Ils entrèrent. A la vue d'un vieux monsieur portant calotte, assis derrière un pupitre si haut que si ce gentleman avait eu seulement cinq centimètres de plus, sa tête n'aurait pas manqué de heurter le plafond, Scrooge, au comble de l'excitation, s'écria :

« Ma parole, mais c'est le vieux Fezziwig ! Dieu le bénisse ! C'est Fezziwig, ressuscité ! »

Le vieux Fezziwig posa sa plume, et leva les yeux vers la pendule qui marquait sept heures. Il se frotta les mains ; rajusta son ample gilet ; toute sa personne fut parcourue d'un rire qui montait du bout de ses chaussures jusqu'à son bienveillant visage ; puis il appela d'une voix chaleureuse, grasse, chaude, généreuse et joviale :

---

marchandises dans les vitrines.

7. **was I apprenticed :** ce n'est pas une question, mais une sorte d'exclamation interro-négative : **Wasn't I apprenticed here ?** *N'ai-je pas été en apprentissage ici ?*

8. **a Welch wig** (**Welch**, orth. arch. pour **Welsh**) **:** *une perruque galloise.* Ici, il s'agit de **a skull cap**, une sorte de calotte servant à protéger la tête et à la tenir au chaud.

9. **such a high desk :** l'exclamation indirecte peut s'exprimer soit avec **such** et, au singulier, la construction : **such** + art. indéf. + adj. + nom, soit avec **so** : **so** + adj. + art. indéf. + nom ; **so high a desk,** *un si haut pupitre.*

10. **organ** [ɔːgən] **of benevolence** [bɪˈnevləns] **:** effet de rhétorique à tendance comique, probablement parodié de l'expression (renversée) **from head to foot,** *des pieds à la tête.*

"You ho, there ! Ebenezer ! Dick !"

A living and moving Picture of Scrooge's former[1] self, a young man, came briskly in, accompanied by his fellow-'prentice[2].

"Dick Wilkins, to be sure !" said Scrooge to the Ghost. "My old fellow 'Prentice ! Bless me, yes. There he is. He was very much attached to me, was Dick. Poor Dick ! Dear, dear !"

"Yo ho, my boys !" said Fezziwig. "No more work tonight. Christmas Eve, Dick. Christmas, Ebenezer ! Let's have the shutters[3] up, before[4] a man can say, Jack Robinson[4] ! Clear away, my lads[5], and let's have lots of room here !"

Clear away ! There was nothing they wouldn't have cleared away, or couldn't have cleared away, with old Fezziwig looking on. It was done in a minute. Every movable was packed off, as if it were dismissed from public life for evermore ; the floor was swept and watered, the lamps were trimmed, fuel[6] was heaped upon the fire ; and the warehouse was as snug, and warm, and dry[7], and bright a ball-room, as you would desire to see upon a winter's night.

In came a fiddler[8] with a music-book, and went up to the lofty[9] desk, and made an orchestra of it, and tuned like fifty stomach-aches[10]. In came Mrs. Fezziwig, one vast substantial[11] smile. In came the three Miss Fezziwigs, beaming and lovable. In came the six young followers whose hearts they broke. In came all the young men and women employed in the business. In came the housemaid, with her cousin, the baker. In came the cook, with her brother's particular friend, the milkman.

---

1. **former :** comp. de sup. de l'adj. arch. **fore,** *placé devant, à l'avant.* Ici = **of an earlier time,** *d'un temps plus ancien.* Noter que le superlatif de **fore** est **first.**
2. **'prentice :** forme abrégée populaire de **apprentice.**
3. **shutters :** au temps de Dickens, les vitrines et portes des magasins se fermaient à l'aide de grands volets **(shutters)** pleins, en bois, que l'on accrochait **(up).**
4. **before... Robinson :** expression populaire donnant une idée de grande rapidité ; l'équivalent français serait : *avant de dire ouf.*
5. **my lads :** mot familier pour **boys,** *mes gars* ; l'équivalent féminin est **lass.**
6. **fuel** [fjʊəl] **:** tout ce qui brûle, sert à faire du feu et à produire

« Eh ! holà ! Ebenezer ! Dick ! »

Image vivante et animée du Scrooge d'antan, un jeune homme entra d'un pas vif, accompagné de son camarade d'apprentissage.

« Dick Wilkins, à n'en pas douter ! dit Scrooge au Fantôme. Mon ancien compagnon d'apprentissage ! Seigneur, c'est bien lui ! Il avait beaucoup d'attachement pour moi, vraiment, ce pauvre Dick ! Mon Dieu, mon Dieu !

— Alors, les gars ! dit Fezziwig. Fini le travail ce soir ! C'est la veille de Noël, Dick. Noël, Ebenezer ! Accrochez les volets en un clin d'œil, débarrassez la pièce, mes garçons, et faites-moi de la place ici ! »

Débarrasser ! Ils étaient prêts à tout débarrasser, et rien ne leur aurait résisté, sous l'œil vigilant du vieux Fezziwig. Aussitôt dit, aussitôt fait. Tout objet susceptible d'être déménagé fut emporté, comme banni à tout jamais ; on arrosa et balaya le parquet, on moucha les lampes, on entassa du charbon sur le feu, et le magasin se transforma en salle de bal aussi douillette et chaude, sèche et illuminée que vous eussiez souhaité en voir par une nuit d'hiver.

Entra un violoneux avec ses partitions, il grimpa sur le haut pupitre dont il fit son plateau d'orchestre, et se mit à accorder son crincrin, tant et si bien qu'on eût dit cinquante chats en colère. Entra Mme Fezziwig dont le large sourire éclairait l'embonpoint. Entrèrent les trois demoiselles Fezziwig, épanouies et adorables. Entrèrent les six jeunes prétendants dont elles avaient brisé le cœur. Vinrent les jeunes gens et les jeunes femmes qui travaillaient dans la maison. Suivit la petite bonne et son cousin le boulanger ; puis la cuisinière accompagnée du laitier, ami intime de son frère.

---

de la chaleur : *combustible* (bois ou charbon). Dans « la Tempête » de Shakespeare, Prospero dit à son serviteur Caliban : **go and fetch me fuel,** *va me chercher du bois.*

7. **dry :** Dickens insiste souvent sur cette qualité car, à cette époque, et plus particulièrement à Londres, l'humidité était l'inconvénient principal en hiver.

8. **fiddler :** violoniste de village qui, d'ordinaire, égaye les noces, et fait danser les paysans : *violoneux.*

9. **lofty :** équivalent poétique de **high**. Ne s'emploie pas pour les personnes.

10. **tuned like fifty stomach-aches** [ˈstʌməkeɪks] **: to tune a violin,** *accorder un violon.* **A stomach-ache :** *un mal d'estomac* qui vous fait grimacer de douleur. Le son du crincrin qu'on accorde vous fait le même effet.

11. **substantial** [səbˈstænʃl] **:** cet adj. convient bien à Mme Fezziwig, qui est loin d'être maigre.

In they all came, one after another; some shyly, some boldly, some gracefully, some awkwardly, some pushing, some pulling; in they all came, anyhow and everyhow.

Away they all went, twenty couple[1] at once, hands half round and back again the other way; down the middle and up again; round and round in various stages of affectionate grouping; old top couple always turning up in the wrong place; new top couple starting off again, as soon as they got there; all top couples at last, and not a bottom one to help them. When this result was brought about, old Fezziwig, clapping his hands to stop the dance, cried out, "Well done!" and the fiddler plunged his hot face into a pot of porter[2], especially provided for that purpose.

There were more dances, and there were forfeits[3], and more dances, and there was cake, and there was negus[4], and there was a great piece of Cold Roast[5], and there was a great piece of Cold Boiled[5], and there were mince-pies[6], and plenty of beer. But the great effect of the evening came after the Roast and Boiled, when the fiddler struck up "Sir Roger de Coverley[7]". Then old Fezziwig stood out to dance with Mrs. Fezziwig. Top couple too; with a good stiff[8] piece of work cut out for them; three or four and twenty[9] pair of partners; people who were not to be trifled with; people who *would*[10] dance, and had no notion of walking.

But if they had been twice as many — four times — old Fezziwig would have been a match for them, and so would Mrs. Fezziwig.

---

1. **twenty couple :** expression adj. équivalant à : a twenty couple figure. Tout ce passage est une description fort exacte de cette danse.
2. **porter :** bière brune forte et amère.
3. **forfeits** [ˈfɔːfɪts] : au pluriel dans ce sens = *des gages*, c'est-à-dire des objets personnels que le joueur abandonne chaque fois qu'il se trompe, et qu'il ne peut retirer à la fin du jeu, qu'après avoir subi une pénitence.
4. **negus** [niːgəs] : vin chaud sucré et parfumé avec du citron et de la noix muscade.
5. **cold Roast, cold Boiled :** il s'agit de *bœuf, rôti ou bouilli*, — servi *froid*.
6. **mince-pies :** petites tartes recouvertes de fruits secs (les seuls qu'on pouvait trouver à Noël à cette époque) : raisins, pommes, écorces d'orange.

Et tous de pénétrer l'un derrière l'autre, certains timidement, d'autres hardiment, les uns avec grâce, les autres avec maladresse, certains poussant, d'autres tirant ; mais chacun d'entrer à sa façon pourvu qu'il entre.

Ils entrèrent dans la danse, vingt couples en même temps, chassé-croisé et virevolte, retour par le milieu et promenade ; ils tourbillonnèrent en différentes figures pour se retrouver par affinité ; l'ancien couple de tête arrivait toujours au mauvais endroit ; le nouveau couple de tête repartait dès l'arrivée des autres ; et finalement tous les couples se trouvaient en tête, sans danseurs derrière eux pour leur emboîter le pas. Quand on en fut venu à ce résultat, le vieux Fezziwig, frappant dans ses mains pour arrêter la danse, s'écria : « Bravo ! » et le violoneux plongea son visage en feu dans un pot de bière brune, spécialement préparé à cette intention.

On dansa à nouveau, puis l'on joua aux gages, on dansa encore, puis l'on mangea des gâteaux et l'on but du punch ; on présenta un énorme rôti froid et une grosse pièce de bouilli froid, suivis de petites tartes aux fruits confits, et la bière coula à flots. Mais le grand événement de la soirée fut le moment où, après le rôti et le bouilli, le violoneux attaqua *Sir Roger de Coverley*. Alors le vieux Fezziwig se leva pour danser avec Mme Fezziwig. Couple de tête, évidemment ; et c'était un sacré boulot à mener à bien, avec vingt-trois ou vingt-quatre couples de danseurs ; des gens à qui il ne fallait pas en promettre ; des gens qui étaient bien déterminés à danser, et n'avaient pas l'intention de marcher.

Mais s'ils avaient été deux fois, et même quatre fois plus nombreux, le vieux Fezziwig ne leur aurait cédé en rien ; pas plus que son épouse.

---

7. **« Sir Roger de Coverley »** [səːrɔdʒədiːˈkʌvəlɪ] **:** air célèbre de contredanse composé sur un personnage du « Spectator » d'Addison (1672-1719) qui incarne le bon et paternel gentilhomme campagnard.
8. **stiff** (adj.) **:** premier sens : *dur, peu malléable.* D'où, deuxième sens, *difficile.* Ex. : **a stiff exam.**, *un examen difficile.*
9. **three or four and twenty :** twenty-three or twenty-four ; manière victorienne de compter.
10. **would :** forme emphatique au passé, *vouloir absolument, avoir la ferme intention de.*

As to *her*, she was worthy to be his partner in every sense of the term. A positive light appeared to issue from Fezziwig's calves. They shone in every part of the dance. You couldn't have predicted, at any given time, what would become of'em next. And when old Fezziwig and Mrs. Fezziwig had gone all through the dance ; advance and retire[1], turn your partner ; bow and curtsey ; corkscrew ; thread-the-needle, and back again to your place ; Fezziwig "cut" — cut so deftly[2], that he appeared to wink with his legs.

When the clock struck eleven, this domestic[3] ball broke up. Mr. and Mrs. Fezziwig took their stations[4], one on either side[5] the door, and shaking hands with every person individually as he or she went out, wished him or her a Merry Christmas. When everybody had retired but[6] the two 'prentices, they did the same to them ; and thus the cheerful voices died away, and the lads were left to their beds ; which were under a counter in the back-shop.

"A small matter," said the Ghost, "to make these silly folks[7] so full of gratitude. He has spent but a few pounds[8] of your mortal money : three or four, perhaps. Is that so much that he deserves this praise ?"

"It isn't that," said Scrooge, heated[9] by the remark, and speaking unconsciously like his former, not his latter, self. "It isn't that, Spirit. He has the power to render us happy or unhappy ; to make our service light or burdensome[10] ; a pleasure or a toil[11]. Say that his power lies in words and looks ; in things so slight and insignificant that it is impossible to add and count 'em up :

---

1. **advance and retire... :** succession de six figures du quadrille dansé par les Fezziwig et leurs invités.
2. **deftly :** adv. de manière à la fois rapide et habile (s'emploie en général en matière d'habileté *manuelle*, ce qui n'est pas le cas ici.
3. **domestic :** qui intéresse à la fois la famille, les serviteurs et les employés ; tous appartiennent à la « maison » (domus).
4. **took their stations :** expression militaire qui recouvre une sorte de revue du personnel, afin de saluer chacun en particulier et de s'assurer que tous sont satisfaits de leur soirée.
5. **on either side :** either, adj. indéfini ; exprime un choix, *l'un ou l'autre :* you can take either train, *vous pouvez prendre l'un ou l'autre de ces deux trains.* Mais either a aussi le sens de both : on either side = on both sides, *des deux côtés.*
6. **but** = except, *à l'exception de.*

Car elle était digne d'être sa partenaire dans tous les sens du terme. Une véritable lumière semblait émaner des mollets de Fezziwig. Ils lançaient mille feux à chaque figure de la contre-danse. Vous n'auriez pu à aucun moment prévoir ce qu'il adviendrait d'eux à la minute suivante. Et lorsque le vieux Fezziwig et son épouse eurent exécuté toutes les figures de la danse : les tiroirs, les moulinets, le grand salut, les chevaux de bois, la grande chaîne et le retour à sa place, Fezziwig battit des entrechats si prestement et adroitement qu'on eût dit qu'il clignait de l'œil avec ses jambes.

Lorsque la pendule sonna onze heures, ce bal de famille toucha à sa fin. M. et Mme Fezziwig prirent place de chaque côté de la porte, et serrant personnellement la main de chaque invité alors qu'il sortait, lui souhaitèrent un Joyeux Noël. Lorsque tout le monde fut parti à l'exception des deux apprentis, ils firent de même pour eux ; et une fois que le bruit joyeux des voix se fut éteint au loin, les garçons n'eurent plus qu'à regagner leur lit, sous un comptoir dans l'arrière-boutique.

« Ce n'était pas payer grand prix, dit le Fantôme, pour inspirer tant de reconnaissance à ces gens stupides. Il n'a dépensé que quelques livres de votre argent de mortels : trois ou quatre, peut-être. Est-ce là prix si élevé qu'il méritât tant de louanges ?

— Il ne s'agit pas de cela," dit Scrooge, irrité par cette remarque, et parlant inconsciemment comme le Scrooge de jadis et non comme celui des jours présents. « Il ne s'agit pas de cela, Esprit. Il a le pouvoir de nous rendre heureux ou malheureux, de faire que notre travail soit léger ou accablant, qu'il devienne plaisir ou pénible corvée. Disons que son pouvoir réside dans sa parole et dans son regard ; dans des choses si infimes, insignifiantes même, qu'il est impossible de les additionner pour en faire le compte :

---

7. **folks :** le mot **folk** est un nom collectif employé avec un verbe au pluriel. Ex. : **some folk are never satisfied.** Au pluriel, *les gens, la famille.*
8. **a few pounds :** **few** et **a few** s'emploient avec des noms pluriels ; **few,** *peu de* ; **he has few friends,** *il a peu d'amis* ; **a few,** *quelques* ; **I gave him a few oranges,** *je lui ai donné quelques oranges.*
9. **heated :** de **heat** (n.), *la chaleur.* **Heated,** *échauffé, excité.*
10. **burdensome :** de **burden,** *fardeau* et **some,** suffixe familier ou poétique = *de nature : de nature pesante, accablante* (comme un fardeau). Cf. **quarrelsome,** *querelleur.*
11. **toil** = **long and hard work,** *corvée, dur labeur.*

what then ? The happiness he gives, is quite as great as if it cost a fortune."

He felt the Spirit's glance[1], and stopped.

"What is the matter ?"

"Nothing particular."

"Something, I think ?"

"No. No. I should like to be able to say a word or two to my clerk just now[2] ! That's all."

"My time grows short," observed the Spirit. "Quick !"

This was not addressed to Scrooge, or to any one whom[3] he could see, but it produced an immediate effect. For again he saw himself. He was older now ; a man in the prime of life[4].

He was not alone, but sat by the side of a fair[5] young girl in a black dress : in whose eyes there were tears.

"It matters little[6]," she said, softly, to Scrooge's former self. "To you, very little. Another idol has displaced *me* ; and if it can comfort you in time to come, as I would have tried to do, I have no just cause to grieve."

"What Idol has displaced you ?"

"A golden one. I have seen your nobler[7] aspirations fall off one by one, until the master-passion, Gain, engrosses you. Have I not ?"

"What then ? Even if I have grown so much wiser, what then ? I am not changed towards you. Have I ever sought release from our engagement[8] ?"

"In words. No. Never."

---

1. **glance :** *regard rapide, furtif coup d'œil,* synonyme : a glimpse.
2. **to say a word... just now ! :** c'est la seconde fois que l'on voit Scrooge commencer à être ébranlé dans ses convictions égoïstes et déplaisantes.
3. **whom :** pron. rel. compl. ; en anglais moderne, il serait sous-entendu : or to anyone he could see.
4. **the prime of life :** Scrooge a grandi depuis le temps de son apprentissage.
5. **fair** (adj.) = beautiful ; the fair sex, *le beau sexe.*
6. **it matters little :** little (adv.) = not much, *peu* ; ne pas confondre little et a little, *un peu, quelque peu.* This car is a little too expensive for me, *cette voiture est un peu trop chère pour moi.*

et, après tout, le bonheur qu'il nous fait goûter est bien aussi grand que s'il coûtait une fortune. »

Il sentit sur lui le regard de l'Esprit et s'arrêta.

« Que se passe-t-il ? dit l'Esprit.

— Rien de spécial.

— Si, si, je crois qu'il y a quelque chose.

— Non, non. J'aimerais, en ce moment précis, pouvoir dire un mot ou deux à mon commis ! C'est tout.

— Je n'ai plus beaucoup de temps, fit remarquer l'Esprit. Vite ! »

Cette phrase n'était pas adressée à Scrooge, ni à quiconque que ce dernier pût voir, mais l'effet produit fut immédiat. Car Scrooge eut une nouvelle vision de lui-même, plus âgé cette fois ; c'était un homme dans la fleur de l'âge.

Il n'était pas seul ; une belle jeune fille habillée de noir était assise à son côté : elle avait des larmes dans les yeux.

« Cela a peu d'importance », disait-elle, d'une voix douce, au Scrooge de cette époque. « Très peu d'importance pour vous. Une autre idole a pris ma place, et si elle peut vous soutenir dans les temps à venir, comme j'aurais moi-même essayé de le faire, je n'ai pas de raison valable de me désoler.

— Quelle Idole a pris votre place ?

— La déesse de l'or. J'ai vu ce qu'il y avait de plus noble en vous s'effacer progressivement jusqu'à ce que la passion dominante, celle du Gain, vous absorbe. N'ai-je pas raison ?

— Et puis après ! Même si j'y ai gagné en sagesse, peut-on me le reprocher ? Mes sentiments envers vous n'ont pas changé. Ai-je jamais cherché à me libérer de la promesse que je vous ai faite ?

— En paroles, non, jamais.

---

7. **nobler :** *les plus nobles* ; il y a deux sortes d'aspirations en lui, les plus nobles et les plus basses ; dans ce cas de dualité, on emploie en anglais le comparatif au lieu du superlatif : **Who is the taller of these two children ?** *quel est le plus grand de ces deux enfants ?*

8. **engagement :** n'importe quelle sorte de *promesse*, mais plus particulièrement ici *une promesse de mariage.*

"In what, then ?"

"In a changed nature ; in an altered spirit ; in another atmosphere of life ; another Hope as its great end[1]. If you were free to-day, to-morrow, yesterday, can even I believe that you would choose a dowerless[2] girl : or, choosing her, do I not know that your repentance and regret would surely follow ? I do ; and I release you. With a full heart, for the love of him you once were."

"Spirit ! remove me from this place."

"I told you these were shadows of the things that have been," said the Ghost. "That they are what they are, do not blame me !"

"Remove me !" Scrooge exclaimed. "I cannot bear it ! Leave me ! Take me back. Haunt me no longer"

As he struggled with the Spirit[3] he was conscious of being exhausted, and overcome by an irresistible drowsiness ; and, further[4], of being in his own bedroom. He had barely[5] time to reel to bed[6], before he sank into a heavy sleep.

---

1. **end :** ici = purpose, *le but, la fin.*
2. **dowerless :** dower [dauə], le bien apporté à son mari par une jeune fille riche, *dot* ; + less suf. privatif, *sans.* Ex. : a childless couple, *un ménage sans enfants.*
3. **as he struggled with the Spirit :** il faut dire ici un mot d'une particularité que l'on retrouve souvent dans ces condensés de l'œuvre de Dickens pour ses « Lectures Publiques ». Dickens a dû abréger ses contes et romans, supprimer certains passages moins intéressants ou trop longs. Si bien que, parfois, après une coupure de ce genre, que rien n'indique dans le texte, le récit continue, apportant des éléments difficiles à comprendre. Ici, avant « he struggled with the Spirit », il manque un passage de trois paragraphes au cours desquels Scrooge se bat avec l'esprit et lui enfonce son éteignoir sur la tête.
4. **further :** adv. comparatif irr. de far = *en plus, en outre.*
5. **barely** (adv.) = scarcely, hardly, *à peine, ne... guère.*
6. **to reel to bed :** to bed indique la direction du mouvement, et to reel la manière dont il est exécuté, *aller jusqu'à son lit en titubant.*

— De quelle autre façon, alors ?

— Par un changement dans votre nature ; par une transformation de votre esprit ; par une autre atmosphère dans votre vie, une autre Espérance quant à son but essentiel. Seriez-vous libre aujourd'hui, comme demain ou hier, puis-je croire, moi entre toutes, que vous iriez choisir une fille sans dot, ou, si vous la choisissiez, que repentir et regret ne manqueraient pas de vous accabler ? Je le sais fort bien ; et je vous délie de votre engagement, de tout mon cœur et pour l'amour de celui que vous fûtes jadis.

— Esprit, emmenez-moi loin de ce lieu !

— Je vous ai prévenu que tout ceci n'était que les ombres des choses qui ont été, dit le Fantôme. Ne m'accusez pas de vous les présenter telles qu'elles sont !

— Emmenez-moi ! s'écria Scrooge. Je ne puis en supporter davantage ! Laissez-moi ! Ramenez-moi. Cessez de m'obséder ! »

Tandis qu'il se débattait avec l'Esprit, il eut conscience d'être épuisé, et dominé par une irrésistible torpeur ; et, quelques instants plus tard, de se retrouver dans sa chambre. Il eut à peine le temps d'atteindre son lit en titubant, avant de sombrer dans un profond sommeil.

Révisions

Vous avez rencontré en lisant les deux premières stances de ce conte les expressions anglaises correspondant aux phrases françaises suivantes. Vous en souvenez-vous ?

1. Scrooge n'effaça jamais d'un coup de pinceau le nom du vieux Marley.
2. Tout idiot qui se promène avec ses « Joyeux Noël » à la bouche, devrait être mis à bouillir avec son propre pudding.
3. Le commis, en reconduisant le neveu de Scrooge, avait introduit deux autres personnes.
4. Un certain nombre d'entre nous s'efforcent de réunir des fonds destinés à offrir aux pauvres nourriture, boissons et moyens de chauffage.
5. Mais je suppose qu'il me faut vous donner la journée entière. Arrivez d'autant plus tôt le lendemain matin.
6. Puis, succéda un bruit métallique, dans les profondeurs en dessous, comme si quelqu'un tirait une lourde chaîne par-dessus les tonneaux.
7. Non, il ne le croyait pas non plus, même à ce moment-là.
8. Il souleva sa chaîne à bout de bras, comme si c'était là la cause de son vain chagrin, puis il la lança de nouveau lourdement sur le sol.
9. Attendez-vous à la visite du premier demain soir, lorsque l'horloge sonnera une heure.
10. S'il avait eu seulement cinq centimètres de plus, sa tête n'aurait pas manqué de heurter le plafond.
11. Mais s'ils avaient été deux fois, et même quatre fois plus nombreux, le vieux Fezziwig ne leur aurait cédé en rien, pas plus que Mme Fezziwig d'ailleurs.
12. Le bonheur qu'il nous fait goûter est bien aussi grand que s'il coûtait une fortune.
13. Il n'a dépensé que quelques livres de votre argent de mortels.
14. « Emmenez-moi », s'exclama Scrooge, « je ne puis le supporter ! laissez-moi ! Ramenez-moi ! Cessez de m'obséder ! »

1. Scrooge never plainted out old Marley's name.
2. Every idiot who goes about with « Merry Christmas » on his lips, should be boiled with his own pudding.
3. The clerk, in letting Scrooge's nephew out, had let two other people in.
4. A few of us are endeavouring to raise a fund to buy the Poor some meat and drink and means of warmth.
5. But I suppose you must have the whole day. Be here all the earlier next morning.
6. This was succeeded by a clanking noise deep down below, as if some person was dragging a heavy chain over the casks.
7. No, nor did he believe it even now.
8. It help up the chain at arm's length, as if that were the cause of its unavailing grief, and flung it heavily upon the ground again.
9. Expect the first to-morrow night, when the bell tolls one.
10. If he had been two inches taller, he must have knocked his head against the ceiling.
11. But if they had been twice as many — four times — old Fezziwig would have been a match for them, and so would Mrs. Fezziwig.
12. The happiness he gives is quite as great as if it cost a fortune.
13. He has spent but a few pounds of your mortal money.
14. "Remove me !" Scrooge exclaimed. "I cannot bear it ! Leave me ! Take me back ! Haunt me no longer !"

STAVE THREE

The Second of the Three Spirits

TROISIÈME STANCE

Le Second des Trois Esprits

Scrooge awoke in his own Bedroom. There was no doubt about that. But *it*, and his own adjoining sitting-room into which he shuffled[1] in his slippers — attracted by a great Light there — had undergone a surprising transformation. The walls and ceiling were so hung[2] with living green[3], that it looked a perfect grove. The leaves of holly, mistletoe, and ivy reflected back the light, as if so many little mirrors had been scattered there ; and such a mighty blaze went roaring up the chimney, as that petrifaction of a hearth[4] had never known in Scrooge's time, or Marley's, or for many and many a winter season[5] gone. Heaped upon the floor, to form a kind of throne, were turkeys, geese, game[6], brawn, great joints of meat, sucking-pigs[7], long wreaths of sausages, mince-pies, plum-puddings, barrels[8] of oysters, red-hot chesnuts, cherry-cheeked[9] apples, juicy oranges, luscious pears, immense twelfth-cakes[10], and great bowls of punch. In easy state upon this couch, there sat a Giant, glorious to see ; who bore a glowing torch, in shape not unlike Plenty's horn, and who raised it high, to shed its light on Scrooge, as he came peeping round the door.

"Come in ! Come in ! and know me better, man ! I am the Ghost of Christmas Present. Look upon me[11] ! You have never seen the like of me before !"

"Never."

"Have never walked forth with the *younger* members of my family ; meaning (for I am very young) my elder brothers[12] born in these later years ?" pursued the Phantom.

---

1. **to shuffle :** *avancer en traînant les pieds*, comme un vieillard ou un malade.
2. **hung :** p. pas. de to hang, hung, hung : *suspendre, accrocher, pendre.* Lorsqu'il s'agit d'êtres humains dont le châtiment suprême était, en Angleterre, la pendaison, le v. to hang a une conjugaison régulière : he was hanged at dawn, *il a été pendu à l'aube.*
3. **living green :** green, *feuillage, verdure ;* living, *fraîchement cueilli, vert.*
4. **petrifaction of a hearth :** expression très sophistiquée pour indiquer que la cheminée de Scrooge abritait un feu si misérable qu'il ne réchauffait même pas, d'ordinaire, les pierres qui la composaient.
5. **many a winter season :** la forme many a + sing., au lieu de many + plur., s'emploie surtout dans une prose littéraire ; many a time = many times, *plusieurs fois.*

Scrooge se réveilla dans sa propre chambre. Il ne pouvait en douter. Mais celle-ci, et son propre salon attenant, dans lequel il pénétra en traînant ses pieds chaussés de pantoufles — attiré par une grande lueur qui en émanait — avait subi une étonnante transformation. Les murs et le plafond étaient couverts d'un vert feuillage au point qu'on se serait cru au cœur d'un véritable bosquet. Les feuilles de houx, de gui, et de lierre réfléchissaient la lumière comme autant de petits miroirs éparpillés çà et là ; et un feu d'enfer montait en rugissant dans la cheminée, tel que n'en avaient jamais connu les froides pierres de ce foyer depuis bien des hivers au temps de Scrooge, ou de Marley. Entassés sur le plancher et formant une sorte de trône, on pouvait voir des dindes, des oies, du gibier, des pâtés de tête, d'énormes rôtis, des cochons de lait, de grands chapelets de saucisses, des petites tartes, des puddings de Noël, des bourriches d'huîtres, des marrons grillés à point, des pommes aux joues vermeilles, de juteuses oranges, des poires fondantes, d'énormes gâteaux des Rois, et de grands bols de punch. Commodément installé sur cette couche, trônait un géant de magnifique prestance ; il tenait une torche étincelante, qui rappelait par sa forme une corne d'abondance ; il l'éleva bien haut, pour que sa lumière éclaire Scrooge au moment où il risquait un œil depuis la porte.

« Entrez ! Entrez donc ! et apprenez à me connaître, l'ami ! Je suis le Fantôme du Noël présent. Regardez-moi bien ! Vous n'avez encore jamais vu mon pareil !

— Jamais.

— Vous n'avez jamais frayé avec les derniers membres de ma famille ? je veux dire (car je suis très jeune), avec mes frères aînés, venus au monde ces dernières années ? poursuivit le Fantôme.

---

6. **game :** *le gibier,* produit de la chasse qui est une sorte de sport, *distraction* (game) à l'époque moderne.
7. **sucking-pig :** sucking, *qui tête encore ; cochon de lait.*
8. **barrels :** *des tonneaux* ; les huîtres se vendaient en tonneaux en ce temps-là en Angleterre ; *une bourriche,* a basket.
9. **cherry-cheeked :** adj. composé ; cheeked = *avec des joues* ; cherry = *semblables à des cerises.*
10. **twelfth-cakes :** *gâteaux* destinés à la fête de l'Épiphanie, la fête des Rois (le 6 janvier, c.-à-d. le 12e jour après Noël).
11. **look upon me ! :** to look upon, *regarder avec attention et réflexion, considérer.*
12. **my elder brothers :** elder : comp. irrég. de old, employé lorsqu'il s'agit de membres d'une même famille : *mes frères aînés.*

"I don't think I have. I am afraid I have not. Have you had many brothers, Spirit ?"

"More than eighteen hundred[1]."

"A tremendous family to provide for ! Spirit, conduct me where you will[2]. I went forth last night on compulsion, and I learnt a lesson which is working now. To-night, if you have aught[3] to teach me, let me profit by it."

"Touch my robe !"

Scrooge did as he was told, and held it fast.

The room, and its contents[4], all vanished instantly, and they stood in the city streets upon a snowy Christmas morning.

Scrooge and the Ghost passed on, invisible, straight to Scrooge's clerk's[5] ; and on the threshold of the door the Spirit smiled, and stopped to bless Bob Cratchit's dwelling with the sprinklings of his torch. Think of that ! Bob[6] had but fifteen "Bob[6]" a-week himself ; he pocketed on Saturdays but fifteen copies of his Christian name ; and yet the Ghost of Christmas Present blessed his four-roomed house !

Then up rose Mrs. Cratchit, Cratchit's wife, dressed out but poorly in a twice-turned gown, but brave[7] in ribbons — which are cheap and make a goodly show for sixpence ; and she laid the cloth, assisted by Belinda Cratchit, second of her daughters, also brave in ribbons ; while Master Peter Cratchit plunged a fork into the saucepan of potatoes, and getting the corners of his monstrous shirt-collar (Bob's private property, conferred upon his son and heir in honour of the day) into his mouth, rejoiced to find himself so gallantly[8] attired, and yearned to show his linen in the fashionable Parks.

---

1. **eighteen hundred :** si l'on se rappelle que « A Christmas Carol » a été écrit en 1843, il s'est écoulé 1 843 années depuis la naissance de J.-C. ; donc, l'Esprit des Noëls Présents a eu 1 842 frères aînés.
2. **where you will :** premier sens fort du v. ▲ ne pas confondre le défectif auxiliaire **I will** avec le v., rarement utilisé **to will,** *vouloir très fortement*, qui s'emploie lorsque le sujet (Spirit) impose sa volonté toute puissante à une créature (Scrooge) consentante.
3. **aught** [ɔːt] **:** litt. pour **anything,** *quoi que ce soit.*
4. **contents** (pl. inv.) **:** *ce qui est contenu* dans quelque endroit. Cf. **table of contents,** *table des matières* (dans un livre).

— Je ne crois pas ; vraiment pas, je le crains. Avez-vous eu beaucoup de frères, Esprit ?

— Plus de dix-huit cents.

— Énorme famille à entretenir ! Esprit, conduisez-moi où vous voudrez. Hier soir, je suis sorti sous la contrainte et j'ai reçu une leçon qui maintenant porte ses fruits. Ce soir, si vous avez quoi que ce soit à m'enseigner, je saurai le mettre à profit.

— Tenez-moi par ma robe ! »

Scrooge lui obéit et se cramponna à ce vêtement.

La pièce et tout ce qu'elle contenait disparurent en un clin d'œil, et ils se trouvèrent dans les rues de la ville, par un matin de Noël enneigé.

Scrooge et le Fantôme avancèrent, invisibles, dans la direction de la maison du commis de Scrooge ; et sur le pas de la porte l'Esprit sourit et s'arrêta pour bénir la demeure de Bob Cratchit, avec les étincelles jaillissant de sa torche. Essayez d'imaginer cela ! Bob ne gagnait que quinze « bobs » par semaine, n'empochant tous les samedis que quinze de ces pièces homonymes de son prénom ; et malgré cela le Fantôme du Noël présent bénissait sa petite maison !

Alors, Mme Cratchit, épouse de Bob Cratchit, de se lever, en grande toilette dans sa pauvre robe deux fois retournée, mais riche en rubans (qui ne coûtent pas cher et font bien de l'effet pour quelques sous) ; elle mit la table, aidée en cela par Bélinda Cratchit, sa seconde fille, également parée de rubans ; tandis que maître Peter Cratchit plongeait une fourchette dans la casserole où cuisaient les pommes de terre, et, mordillant les pointes du col gigantesque de sa chemise (propriété personnelle de Bob, prêtée à son fils et héritier en l'honneur de cette journée), exultait de se trouver si élégamment vêtu et mourait d'envie d'aller montrer son beau linge dans les Parcs à la mode.

---

5. **to Scrooge's clerk's :** to the house of the clerk of Scrooge. Clerk's : le cas poss. incomplet s'emploie lorsqu'on sous-entend shop *(magasin)*, house *(maison)*, church *(église)*, school *(école)*, hospital *(hôpital)*. Ex. : to go to the chemist's, *aller chez le pharmacien.*

6. **bob :** terme d'argot pour le mot shilling. Bob Cratchit gagnait 15 bob, c-à-d. 15 exemplaires de son prénom, par semaine ; le mot bob est invariable.

7. **brave** (arch.) : *splendide, riche.* Cf. « Brave New World » le roman de A. Huxley, ce nouveau monde magnifique, traduit « Le Meilleur des Mondes ».

8. **gallantly** (adv.) : *merveilleusement, splendidement* ; a gallant-looking ship, *un navire à fière allure.*

And now two smaller Cratchits[1], boy and girl, came tearing in, screaming that, outside the baker's[2], they had smelt the goose, and known[3] it for their own ; and basking[4] in luxurious thoughts of sage-and-onion, these young Cratchits danced about the table, and exalted Master Peter[5] Cratchit to the skies, while he (not proud, although his collars[6] nearly choked him) blew the fire, until the slow[7] potatoes bubbling up, knocked loudly at the saucepan-lid to be let out and peeled[8].

"What has ever got your precious father, then ?" said Mrs. Cratchit. "And your brother, Tiny Tim[9] ! And Martha warn't[10] as late last Christmas Day by half-an-hour !"

"Here's Martha, mother !" said a girl, appearing as she spoke.

"Here's Martha, mother !" cried the two young Cratchits. "Hurrah ! There's *such* a goose, Martha !"

"Why, bless your heart alive, my dear, how late you are !" said Mrs. Cratchit, kissing her a dozen times, and taking off her shawl and bonnet for her.

"We'd a deal of work[11] to finish up last night," replied the girl, "and had to clear away this morning, mother !"

"Well ! Never mind so long as you are come," said Mrs. Cratchit. "Sit ye[12] down before the fire, my dear, and have a warm[13], Lord bless ye !"

"No no ! There's father coming," cried the two young Cratchits, who were everywhere at once. "Hide, Martha, hide !"

So Martha hid herself, and in came little Bob, the father, with at least three feet[14] of comforter exclusive of the fringe, hanging down before him ;

---

1. **two smaller Cratchits :** en anglais, les noms de famille au pl. prennent un s ; en français : *deux Cratchit.*
2. **outside the baker's :** s.-ent. **shop** ; cf. note 6, p. précédente.
3. **known :** to know est employé ici dans le sens de *reconnaître.*
4. **basking :** *se chauffer, paresser au soleil.* Ici, les enfants prennent un plaisir sensuel à évoquer l'excellente sauce à la sauge.
5. **Master Peter :** titre autrefois donné à un adolescent jusqu'à 15 ans dans la bourgeoisie. Ici, évidemment emphatique.
6. **his collars :** au pl. pour indiquer *les deux pointes de son col droit.*
7. **slow :** *lentes* à bouillir ; marque l'impatience des enfants.
8. **knocked loudly... and peeled :** il est caractéristique de

Et voilà que deux Cratchit plus jeunes, garçon et fille, entrèrent en trombe, hurlant que devant la boulangerie, ils avaient senti un fumet d'oie, qui, ils en étaient sûrs, provenait de la leur ; et se délectant à la pensée bien agréable de la sauce à la sauge et à l'oignon, ces jeunes Cratchit se mirent à danser autour de la table tout en chantant les louanges de maître Peter Cratchit, lequel (sans montrer trop de fierté bien que son col l'étouffât à moitié) attisa le feu jusqu'à ce que les paresseuses pommes de terre, se mettant à bouillir, viennent cogner bruyamment contre le couvercle de la casserole pour qu'on les délivre et qu'on les pèle.

« Que peut donc bien faire votre cher père ? demanda Mme Cratchit. Et votre frère, le P'tit Tim ! Et la Marthe, ça faisait déjà une demi-heure qu'elle était là à Noël l'an dernier !

— Marthe est là, maman ! dit une jeune fille en entrant.

— Marthe est arrivée, maman ! s'écrièrent les deux jeunes Cratchit. Hourah ! nous avons une fameuse oie, Marthe !

— Dieu te bénisse, Marthe chérie ; comme tu es en retard ! dit Mme Cratchit en l'embrassant une douzaine de fois et la débarrassant de ses châles et de son bonnet.

— Il nous a fallu finir une montagne de travail hier soir, répondit la jeune fille, et ce matin il a bien fallu remettre tout en ordre, maman !

— Ma foi, ça n'a pas d'importance puisque tu es là, dit Mme Cratchit. Assieds-toi devant le feu, ma chérie, et réchauffe-toi, pour l'amour de Dieu !

— Non, non ! Voilà papa qui arrive, crièrent les deux jeunes Cratchit qui étaient partout à la fois. Cache-toi, Marthe ! Cache-toi ! »

Marthe se cacha donc, tandis que le petit Bob, leur père, faisait son entrée, avec au moins trois pieds de cache-nez (sans compter la frange) qui pendaient devant lui,

---

Dickens de donner souvent vie aux objets inanimés.

9. **Tiny** [taɪnɪ] **Tim : tiny** = *très petit, minuscule* ; Tim est le cadet de la famille, infirme et de santé fragile.

10. **warn't :** populaire pour **wasn't.**

11. **a deal of work :** à la forme affirm. **much** et **many** (beaucoup, plusieurs) sont souvent remplacés par **a lot of : plenty of,** (+ sing. ou pl.), **a deal of, a great deal of** (+ sing.), **a great many** (+ pl.).

12. **ye** [ji:] (pron.) : ancienne forme arch. ou populaire de **you.**

13. **a warm** (n.) : action de chauffer ou de se chauffer ; terme populaire assez rare.

14. **three feet : a foot** (30,48 cm) = **12 inches ; 3 feet = 1 yard.** = 1 mètre env.

and his thread-bare clothes darned up[1] and brushed, to look seasonable[2]; and Tiny Tim upon his shoulder. Alas for Tiny Tim, he bore a little crutch, and had his limbs[3] supported by an iron frame !

"Why[4], where's our Martha ?" cried Bob Cratchit, looking round.

"Not coming," said Mrs. Cratchit.

"Not coming !" said Bob, with a sudden declension[5] in his high spirits ; for he had been Tim's blood horse[6] all the way from church, and had come home rampant[7]. "Not coming upon Christmas Day !"

Martha didn't like to see him disappointed, if it were only in joke ; so she came out prematurely from behind the closet door, and ran into his arms, while the two young Cratchits hustled Tiny Tim, and bore him off into the wash-house, that he might[8] hear the pudding singing in the copper[9].

"And how did little Tim behave[10] ?" asked Mrs. Cratchit, when she had rallied[11] Bob on his credulity and Bob had hugged his daughter to his heart's content[12].

"As good as gold[13]," said Bob, "and better. Somehow he gets thoughtful, sitting by himself so much, and thinks the strangest things you ever heard. He told me, coming home, that he hoped the people saw him in the church, because he was a cripple, and it might be pleasant to them to remember upon Christmas Day, who made lame beggars walk and blind men see."

Bob's voice was tremulous[14] when he told them this, and trembled more when he said that Tiny Tim was growing strong and hearty.

---

1. **darned up :** le verbe to darn s'emploie plutôt en matière de chaussettes ou de vêtements tricotés. Pour les autres habits on dit plutôt : **to mend** ; **up** donne l'idée du soin que Mme Cratchit avait mis à le faire.
2. **to look seasonable** = to look in harmony with the festive season, *être bien habillé pour les fêtes (de Noël).*
3. **limbs** [lɪmz] : normalement, *les quatre membres du corps humain* ; ici, toutefois, il ne s'agit que des *membres inférieurs.*
4. **why ! :** il s'agit ici de l'exclamation exprimant la surprise : *tiens ! ma foi !*
5. **declension** [dɪ'klenʃn] : *le déclin* (d'un empire), *changement en mal, altération* (du caractère, de l'humeur).
6. **blood-horse :** *cheval de race, pur-sang.*
7. **rampant** (of plants, etc.) : *luxuriant, exubérant* ; du verbe

avec ses vêtements élimés, reprisés et brossés avec soin en l'honneur des fêtes ; et le P'tit Tim juché sur son épaule. Hélas ! Pauvre P'tit Tim, il portait une petite béquille et ses jambes étaient soutenues par une armature de fer !

« Eh bien, où est notre Marthe ? dit Bob Cratchit regardant tout autour de lui.

— Elle ne vient pas, dit Mme Cratchit.

— Elle ne vient pas ! » dit Bob, laissant voir une brusque altération de sa bonne humeur ; car il avait servi de pur-sang à Tim tout le long du chemin depuis l'église, et était arrivé à la maison débordant de joie. « Elle ne vient pas ! le jour de Noël ! »

Marthe répugnait à le voir déçu, fût-ce pour plaisanter ; aussi se hâta-t-elle de sortir de derrière la porte du débarras, pour se précipiter dans ses bras, tandis que les deux jeunes Cratchit, entraînant le P'tit Tim, l'emportaient jusqu'à la buanderie pour lui faire entendre le pudding de Noël qui chantait dans la lessiveuse.

« Est-ce que P'tit Tim s'est bien tenu ? demanda Mme Cratchit, lorsqu'elle se fut gentiment moquée de son mari pour sa crédulité, et après que Bob eut serré sa fille dans ses bras tout son content.

— Sage comme une image, dit Bob, et même mieux encore. D'une certaine façon, à rester assis tout seul si souvent, il pense à beaucoup de choses, les plus étranges dont vous ayez jamais entendu parler. Sur le chemin du retour, il m'a confié qu'il espérait que les gens l'avaient remarqué à l'église, parce qu'il est infirme, et que ça pourrait leur être agréable, le jour de Noël, de penser à Celui qui rendait la vue aux aveugles et faisait marcher les paralytiques. »

Alors qu'il leur racontait cela, il y avait un tremblement dans la voix de Bob, plus marqué encore lorsqu'il ajouta que P'tit Tim était de plus en plus fort et enjoué.

---

to ramp = **to rush,** *courir çà et là* ; s'adapte bien au caractère généreux et aimant de ce père au cœur d'or.
8. **might :** subjonctif de but, après **that** : *afin que ; ne se traduit pas en français.*
9. **copper :** ici, large récipient (jadis en cuivre) où l'on fait bouillir la lessive.
10. **behave :** double sens : *se conduire bien ou mal* (ici) et *se conduire bien, convenablement.*
11. **to rally :** *se moquer avec gentillesse.*
12. **to his heart's content :** l'une des expressions traditionnelles employant le cas possessif ; ex : **at arm's length** : *à bout de bras.*
13. **as good as gold :** *« aussi bon que de l'or ».*
14. **tremulous** ['tremjuləs] = **trembling** ; surtout pour la voix.

His active little crutch was heard upon the floor, and back came Tiny Tim[1] before another word was spoken, escorted by his brother and sister to his stool beside the fire ; and while Bob, turning up his cuffs[2] — as if, poor fellow, they were capable of being made more shabby — compounded some hot mixture in a jug with gin and lemons, and stirred it round and round and put it on the hob to simmer[3] ; Master Peter and the two ubiquitous[4] young Cratchits went to fetch the goose, with which[5] they soon returned in high procession.

Mrs. Cratchit made the gravy[6] (ready beforehand in a little saucepan) hissing hot[7] ; Master Peter mashed[8] the potatoes with incredible vigour ; Miss Belinda sweetened up the apple-sauce[9] ; Martha dusted the hot plates ; Bob took Tiny Tim beside him in a tiny corner at the table ; the two young Cratchits set chairs for everybody, not forgetting themselves, and mounting guard upon their posts, crammed spoons into their mouths, lest they should shriek[10] for goose before their turn came to be helped[11]. At last the dishes were set on, and grace was said. It was succeeded by a breathless pause, as Mrs. Cratchit, looking slowly all along the carving-knife, prepared to plunge it in the breast ; but when she did, and when the long expected gush of stuffing issued forth[12], one murmur of delight arose all round the board[13], and even Tiny Tim, excited by the two young Cratchits, beat on the table with the handle of his knife, and feebly cried Hurrah !

There never was such a goose. Bob said he didn't believe there ever was such a goose cooked.

---

1. **and back came Tiny Tim :** noter l'inversion, pour donner plus d'animation à la scène.
2. **cuffs :** *poignets de manches de chemise* ; cuff-links : *boutons de manchettes* ; cuffs pour hand-cuffs, *menottes* (de prisonnier).
3. **to simmer :** définition exacte : *maintenir au point d'ébullition* car cette boisson doit se consommer bouillante.
4. **ubiquitous** [ju:ˈbɪkwɪtəs] : terme sophistiqué = *présent partout*, ou *à plusieurs endroits à la fois.* I am not ubiquitous, *je n'ai pas le don d'ubiquité.*
5. **the goose, with which... :** en anglais moderne, on construirait plutôt : the goose, they soon returned with.
6. **gravy :** 1) *jus* donné par un rôti pendant qu'il est en train de cuire ; 2) *sauce* préparée à partir de celui-ci.
7. **hissing hot :** so hot that it hisses, *chaude au point de siffler.*

On entendit résonner sur le plancher l'agile petite béquille, et, avant qu'ils eussent pu ajouter un seul mot, P'tit Tim revint, escorté par son frère et sa sœur, et gagna son tabouret à côté du feu ; et, tandis que Bob, retroussant ses manches de chemise, comme si, pauvre diable, il eût risqué de les abîmer davantage, composait, dans un pichet, quelque mélange épicé avec du gin et des citrons, mélange qu'il agita avec ardeur, et mit à mijoter sur la grille, maître Peter et les deux petits Cratchit, présents sur tous les fronts à la fois, s'en allèrent chercher l'oie, qu'ils rapportèrent incontinent, en grande procession.

Mme Cratchit réchauffa la sauce (tenue prête à l'avance dans une petite casserole) jusqu'à la faire grésiller ; maître Peter écrasa les pommes de terre avec une incroyable vigueur ; Mlle Bélinda sucra la compote de pommes ; Marthe essuya les assiettes brûlantes ; Bob installa P'tit Tim à côté de lui sur un petit coin de la table ; les deux jeunes Cratchit disposèrent des chaises pour tout le monde, sans s'oublier, et montant la garde à leur poste, s'enfoncèrent une cuillère dans la bouche de peur de demander de l'oie avant que vînt leur tour d'être servis. Enfin les plats furent mis sur la table et l'on dit le bénédicité. Suivit un moment de silence parmi les convives retenant leur respiration, alors que Mme Cratchit inspectant lentement et d'un bout à l'autre le couteau à découper et se préparait à le plonger dans la poitrine de l'animal ; lorsqu'elle le fit effectivement, et lorsque jaillit la farce tant attendue, un murmure général de délectation s'éleva à la ronde et même P'tit Tim, poussé par les deux jeunes Cratchit, tambourina sur la table avec le manche de son couteau en poussant un faible « Hourra ! ».

On n'avait jamais vu pareille oie. Bob affirma que selon lui, jamais on n'avait cuit pareille oie auparavant.

---

8. **mashed :** cf. mashed potatoes, *purée de pommes de terre.*
9. **apple-sauce :** pommes épluchées, coupées en morceaux, bouillies et mises en purée ; on les sert avec l'oie de Noël.
10. **lest they should shriek :** après lest, for fear (that), in case (that), conjonctions exprimant une idée de crainte, on emploie le subj. passé, should ou might. Ex. : I'll write him lest he should forget his appointment, *je vais lui écrire de peur qu'il n'oublie son rendez-vous.* In case peut s'employer avec l'indicatif : in case he forgets.
11. **to be helped :** to help someone ou oneself (at table), *servir quelqu'un* ou *se servir.* Ex. : help yourself again to some potatoes, *reprenez des pommes de terre.*
12. **issued forth** [ˈɪʃuːd] = came out, *sortit, s'échappa.*
13. **the board :** the table ; parfois aussi ce qu'on y sert, c.-à-d. *la nourriture.* Ex. : board and lodging, *nourriture et logement.*

Its tenderness and flavour, size and cheapness, were the themes of universal admiration. Eked out[1] by the apple-sauce and mashed potatoes, it was a sufficient dinner for the whole family ; indeed, as Mrs. Cratchit said with great delight (surveying one small atom of a bone upon the dish[2]), they hadn't ate it all[3] at last ! Yet every one had had enough, and the youngest Cratchits in particular, were steeped in sage and onion to the eyebrows ! But now, the plates being changed by Miss Belinda, Mrs. Cratchit left the room alone — too nervous to bear witnesses — to take the pudding up[4], and bring it in.

Suppose it should[5] not be done[6] enough ! Suppose it should break in turning out ! Suppose somebody should have got over the wall of the backyard[7], and stolen it, while they were merry with the goose : a supposition at which[8] the two young Cratchits became livid ! All sorts of horrors were supposed.

Hallo ! A great deal of steam ! The pudding was out of the copper. A smell like a washing-day ! That was the cloth . A smell like an eating-house, and a pastry cook's next door[9] to each other, with a laundress's[10] next door to that ! That was the pudding ! In half a minute Mrs. Cratchit entered : flushed, but smiling proudly : with the pudding, like a speckled[11] cannonball, so hard and firm, blazing in half of half-a-quartern[12] of ignited[13] brandy, and bedight with Christmas holly stuck into the top.

Oh, a wonderful pudding ! Bob Cratchit said, and calmly too, that he regarded[14] it as the greatest success achieved by Mrs. Cratchit since their marriage.

---

1. **eke out** [iːkt] : idée de complément à quelque chose d'un peu insuffisant en soi.
2. **surveying... the dish** : passage ironique : Mme Cratchit veut se persuader que son rôti était largement suffisant pour la famille, puisqu'on en avait laissé un petit bout (mais d'os).
3. **hadn't ate it all** : forme incorrecte pour hadn't eaten it all.
4. **to take the pudding up** : *enlever le pudding de la lessiveuse* (copper) où il bouillait depuis des heures.
5. **should** : subj. introduit par l'idée de supposition.
6. **done** : to do en langage culinaire = to cook. Ex. : underdone, *insuffisamment cuit*, overdone, *trop cuit*.
7. **backyard** : dans les maisons individuelles des quartiers ouvriers, il y avait une *petite cour pavée derrière la maison*, avec des appentis, par ex. *la buanderie* (washroom), où le

Tous furent d'accord pour admirer sa chair tendre, son goût, sa taille et son prix modique. Accompagnée de la compote de pommes et de la purée, elle constituait à elle seule un repas suffisant pour toute la famille ; en vérité, comme Mme Cratchit le précisa avec une grande satisfaction (évaluant du regard l'unique petit bout d'os qui traînait encore dans le plat), cette fois au moins, ils ne l'avaient pas mangée tout entière ! Et pourtant chacun en avait eu sa suffisance, tout particulièrement les jeunes Cratchit, qui marinaient dans la sauce à la sauge et à l'oignon jusqu'aux yeux. Mais alors, les assiettes ayant été changées par Mlle Belinda, Mme Cratchit quitta la pièce, seule — trop émue pour supporter la présence de témoins — afin de sortir le pudding et l'apporter sur la table.

Et si il n'était pas assez cuit ! Et s'il allait se briser lorsqu'on le sortirait ! Et si quelqu'un était passé par-dessus le mur de l'arrière-cour pour le voler pendant qu'ils se régalaient de l'oie : suppositions qui firent blêmir les deux jeunes Cratchit ! On imagina toutes sortes d'horreurs.

Oh ! Bravo ! Un nuage de vapeur ! Le pudding avait été extrait de la lessiveuse. Une odeur de jour de lessive ! C'était le linge qui l'enveloppait. Une odeur mêlée de restaurant attenant à une pâtisserie, voisine elle-même d'une blanchisserie ! C'était le pudding ! Trente secondes plus tard entra Mme Cratchit écarlate, mais souriant fièrement, en portant le pudding tel un boulet de canon tacheté, si dur, si ferme, flamboyant, arrosé d'un dé à coudre de cognac enflammé et paré d'un brin de houx de Noël planté au sommet.

Oh ! le merveilleux pudding ! Bob Cratchit affirma, et il le disait avec une émotion contenue, qu'il le considérait comme le plus réussi des chefs-d'œuvre de Mme Cratchit depuis leur mariage.

---

pudding était en train de cuire dans la lessiveuse ; cette cour donnait sur une sorte de *ruelle de « service »* : **the back street.**

8. **at which :** at, prép. d'hostilité, de déplaisir.
9. **next door :** *la porte à côté :* **the next door people,** *les voisins.*
10. **a laundress's :** cas possessif locatif (sous-entendu **shop**) ; remarquer le cas possessif normal **('s)** malgré les deux s le précédant : *la boutique d'une blanchisseuse.*
11. **speckled :** *tacheté, moucheté* ; ce sont les raisins secs et les petits morceaux de fruits confits à la surface du pudding.
12. **quartern** [ˈkwɔːtən] **: one half of a pint ; a pint** = un tout petit peu plus d'un demi-litre.
13. **ignited** [ɪgˈnaɪtɪd] : litt. pour **lighted, on fire.**
14. **regarded : ▲ to regard,** *considérer, évaluer. Regarder :* **to look at.**

Mrs. Cratchit said that now the weight was off her mind, she would confess she had had her doubts about the quantity of flour. Everybody had something to say about it, but nobody said or thought it was at all a small pudding for a large family. Any Cratchit would have blushed to hint at such a thing.

At last the dinner was all done, the cloth was cleared[1], the hearth swept, and the fire made up. The compound in the jug being tasted and considered perfect, apples and oranges were put upon the table, and a shovel-full[2] of chesnuts on the fire. Then all the Cratchit family drew round the hearth, in what Bob Cratchit called a circle ; and at Bob Cratchit's elbow stood the family display of glass ; two tumblers, and a custard[3]-cup without a handle[4].

These held the hot stuff[5] from the jug, however, as well as golden goblets[6] would have done ; and Bob served it out[7] with beaming looks, while the chesnuts on the fire sputtered and crackled noisily. Then Bob proposed[8] :

"A Merry Christmas to us all, my dears. God bless us[9] !"

Which all the family re-echoed.

"God bless us every one !" said Tiny Tim, the last of all.

He sat very close to his father's side, upon his little stool. Bob held his withered little hand in his, as if he loved the child, and wished to keep him by his side, and dreaded that he might[10] be taken from him.

Scrooge raised[11] his head speedily, on hearing[12] his own name.

"Mr. Scrooge !" said Bob ; "I'll give you[13] Mr. Scrooge, the Founder of the Feast !"

---

1. **the cloth was cleared :** *« la nappe fut débarrassée ».* D'ordinaire l'expression est : *« The table was cleared ».*
2. **shovel-full :** d'ordinaire on emploie le suf. -ful, et le mot s'écrit d'un seul tenant. Ex. : an armful, *une brassée.*
3. **custard :** *crème* aux œufs sucrée ou, si elle est cuite dans un moule, *flan.*
4. **without a handle :** la prép. without, lorsqu'elle est suivie d'un n. concret sing., s'emploie obligatoirement avec l'art. indéf.
5. **stuff :** 1) n'importe quelle substance dont une chose est faite, avec parfois une légère nuance péjorative ; 2) *étoffe* (= material).
6. **goblet :** récipient en verre, poterie ou métal, avec un pied, mais sans anse.

Mme Cratchit dit que maintenant qu'elle n'avait plus ce souci en tête, elle voulait bien avouer qu'elle avait nourri des doutes quant à la quantité de farine. Chacun avait son mot à dire au sujet du pudding, mais personne ne dit ou même n'osa penser que c'était un bien petit pudding pour une si grande famille. N'importe lequel des Cratchit aurait rougi de faire allusion à une chose pareille.

Le dîner étant enfin achevé, on débarrassa la table, on balaya l'âtre et on ranima le feu. Le mélange dans le pichet ayant été goûté et jugé parfait, on mit sur la table oranges et pommes, et, sur le feu, une poêlée de marrons. Alors toute la famille Cratchit se serra autour de la cheminée, formant ce que Bob Cratchit appela un cercle ; et à portée de sa main s'étalait tout ce que la famille possédait en fait de verres : deux gobelets, et un moule à flan à l'anse cassée.

Ceux-ci, tels des hanaps d'or, reçurent toutefois la boisson fumante du pichet et Bob la servit à la ronde, la mine rayonnante, tandis que les marrons crépitaient et éclataient à grand bruit, sur le feu. Et Bob alors de proposer un toast :

« Joyeux Noël à nous tous, mes chéris. Et que Dieu nous bénisse ! »

Ce à quoi la famille tout entière fit écho.

« Que Dieu bénisse chacun de nous ! » dit P'tit Tim en dernier.

Il était assis tout contre son père, sur son petit tabouret. Bob tenait dans la sienne sa petite main flétrie, comme si dans son immense amour pour cet enfant, il eût souhaité le garder tout près de lui, de peur qu'on le lui ravît.

« A M. Scrooge ! dit Bob. — Scrooge releva vivement la tête en entendant mentionner son nom. — Je bois à la santé de M. Scrooge, le Bienfaiteur qui a rendu cette fête possible !

---

7. **served it out :** la postposition **out** évoque une généreuse distribution à toute la famille.
8. **proposed :** s.-ent. **a toast**, à la santé et au bonheur de quelqu'un.
9. **« God bless us » : bless** est un subj. de souhait.
10. **dreaded that he might :** après **to dread**, exprimant la crainte, le subj. **might** est obligatoire. Ce n'est pas un défectif.
11. **raised : to raise, ed, ed** (tr.), *lever quelque chose.*
12. **on hearing :** c'est la traduction de *en*, exprimant une action immédiatement antérieure à celle de la principale. Ex. : **on hearing the new she fainted,** *en apprenant la nouvelle elle s'évanouit.*
13. **I'll give you :** ici, synonyme de **to propose**. Cf. note 8 ci-dessus.

"The Founder of the Feast indeed !" cried Mrs. Cratchit, reddening. "I wish I had him here[1]. I'd give him a piece of my mind[2] to feast upon, and I hope he'd have a good appetite for it."

"My dear," said Bob, "the children ! Christmas Day[3]."

"It should be Christmas Day, I am sure," said she, "on which one drinks the health of such an odious, stingy, hard, unfeeling man[4] as Mr. Scrooge. You know he is, Robert ! Nobody knows it better than you do, poor fellow !"

"My dear," was Bob's mild answer, "Christmas Day."

"I'll drink his health for your sake and the Day's," said Mrs. Cratchit, "not for his. Long life to him ! A merry Christmas and a happy new year ! He'll be very merry and very happy, I have no doubt[5] !"

The children drank the toast after her. It was the first of their proceedings which had no heartiness in it. Tiny Tim drank it last of all, but he didn't care twopence for it. Scrooge was the Ogre of the family. The mention of his name cast a dark shadow[6] on the party, which was not dispelled for full five minutes.

After it had passed away, they were ten times merrier than before, from the mere relief of Scrooge the Baleful[7] being done with[8]. Bob Cratchit told them how he had a situation in his eye for Master Peter, which would bring in, if obtained, full five-and-sixpence weekly[9]. The two young Cratchits laughed tremendously at the idea of Peter's[10] being a man of business; and Peter himself looked thoughtfully at the fire from between his collars[11], as if he were deliberating what particular investments he should favour when he came into the receipt of that bewildering income.

---

1. **I had him here :** sens très fort du verbe to have : *l'avoir sous ma coupe, le tenir.*
2. **I'd give him a piece of my mind :** *« Je vais lui donner un morceau de mon esprit » = je vais lui dire un peu ce que je pense de lui.*
3. **the children ! Christmas Day ! :** Bob ne veut pas que sa femme dise du mal de quelqu'un, de son employeur, devant les enfants, le jour de Noël, jour de charité et d'amour.
4. **odious... unfeeling man :** une longue énumération d'adj. qualificatifs se donne en anglais sans aucune liaison autre que les virgules. En français on fait précéder le dernier de la conj. de coordination *et.*

— Bienfaiteur, vraiment ! s'écria Mme Cratchit, en rougissant. Je voudrais bien le tenir ici pour lui dire ce que j'ai sur le cœur, en espérant qu'il aurait assez d'appétit pour s'en régaler.

— Ma chérie, dit Bob, devant les enfants ! Et le jour de Noël !

— Il faut assurément que ce soit le jour de Noël, dit-elle, pour boire à la santé d'un homme aussi odieux, pingre, endurci et insensible que M. Scrooge. Tu sais, Robert, que c'est bien là son portrait ! Personne ne le sait mieux que toi, mon pauvre ami !

— Ma chérie, c'est Noël, répondit Bob avec aménité.

— Je veux bien boire à sa santé pour te faire plaisir, et en l'honneur de ce jour, dit Mme Cratchit, mais pas pour l'amour de lui ! Je lui souhaite longue vie, joyeux Noël et heureuse nouvelle année ! Très joyeux et très heureux, il le sera, je n'en doute pas ! »

Les enfants portèrent le toast à la suite de leur mère. C'était la première fois que leur comportement manquait d'enthousiasme. P'tit Tim fut le dernier à boire à la santé de Scrooge, car il s'en souciait comme d'une guigne. Scrooge était l'Ogre de la famille. La seule mention de son nom fit passer un sombre nuage sur la petite fête de famille, et il fallut cinq bonnes minutes pour qu'il disparût.

Après quoi, ils furent dix fois plus joyeux qu'auparavant, par pur soulagement d'en avoir fini avec le Sinistre Scrooge. Bob Cratchit leur raconta qu'il avait une situation en vue pour maître Peter, laquelle lui rapporterait, s'il l'obtenait, cinq shillings six pence net par semaine. Les deux jeunes Cratchit rirent à gorge déployée à l'idée de Peter, homme d'affaires ; quant à Peter il se plongea dans la contemplation du feu, entre les deux pointes de son col, comme s'il pesait les avantages des placements particuliers qu'il choisirait lorsqu'il toucherait ces ahurissants revenus.

---

5. **he'll be... no doubt :** ironique de la part de Mme Cratchit.
6. **shadow :** *l'ombre portée* (de la silhouette de Scrooge). *L'ombre* en général : shade. Ex. : to sit in the shade, *être assis à l'ombre.*
7. **the Baleful :** l'emploi de la majuscule donne une certaine solennité à l'expression ; l'adj. vient de bale (n. arch. et litt.), *le mal* ; d'où baleful, *sinistre, nuisible.*
8. **done with :** finished, *terminé.*
9. **five-and-sixpence weekly :** c'était sans doute le salaire normal d'un apprenti à l'époque.
10. **of Peter's :** cas possessif précédant un gérondif = *le fait que Peter soit devenu un homme d'affaires* ; ce cas possessif pourrait être supprimé : the idea of Peter being a man...
11. **his collars :** cf. note 6, p. 168.

Martha, who was a poor apprentice at a milliner's, then told them what kind of work she had to do, and how many hours she worked at a stretch, and how she meant to lie a-bed[1] to-morrow morning for a good long rest ; to-morrow being a holiday[2] she passed at home. Also how she had seen a countess[3] and a lord some days before, and how the lord "was much about as tall as Peter ;" at which Peter pulled up his collars so high that you couldn't have seen his head if you had been there. All this time the chesnuts and the jug went round and round ; and bye and bye[4] they had a song, about a lost child travelling in the snow, from Tiny Tim ; who had a plaintive little voice, and sang it very well indeed.

There was nothing of high mark[5] in this. They were not a handsome family ; they were not well dressed ; their shoes were far from being waterproof ; their clothes were scanty ; and Peter might have known, and very likely did, the inside of a pawnbroker's[6]. But they were happy, grateful, pleased with one another[7], and contented with the time ; and when they faded, and looked happier yet[8] in the bright sprinklings of the Spirit's torch at parting[9], Scrooge had his eye upon them, and especially on Tiny Tim[10], until the last.

It was a great surprise to Scrooge, as this scene vanished, to hear a hearty laugh. It was a much greater surprise to Scrooge to recognize it as his own nephew's, and to find himself in a bright, dry[11], gleaming[12] room, with the Spirit standing smiling by his side, and looking at that same nephew.

---

1. **a-bed :** forme arch. pour **in bed.**
2. **a holiday :** au sing. **holiday** = un *jour de vacances* ; au plur. : my holidays, *mes vacances.*
3. **a countess :** la femme ou la veuve d'un comte (**a count**, titre français ou an earl, titre anglais), **a lord** : *un pair d'Angleterre*, membre de la Chambre des Lords.
4. **bye and bye :** on trouve aussi l'orthographe **by and by**, *bientôt, par la suite.*
5. **of high mark :** famous, *de grande distinction, de grande réputation.*
6. **a pawnbroker's** ['pɔːn,brəʊkəz*] **:** cas possessif incomplet, s.-ent. shop. Les pauvres gens mettaient certains objets en dépôt contre une avance que leur consentait le prêteur sur gages. Lorsque, et si, ils le pouvaient, ils retiraient l'objet en remboursant l'avance.

Marthe, pauvre petite apprentie chez une modiste, leur parla du genre de travail qu'elle avait à exécuter, du nombre d'heures qu'elle faisait d'une seule tirée, et de son intention de rester au lit le lendemain matin, pour un long repos bien mérité, car le lendemain était un jour de congé qu'elle passerait à la maison. Elle ajouta qu'elle avait vu une comtesse et un lord, quelques jours auparavant, et que le lord était à peu près de la taille de Peter ; sur quoi Peter remonta les pointes de son col, si haut que vous n'auriez pu voir sa tête si vous aviez été là. Pendant tout ce temps, pichet et marrons ne cessèrent de circuler ; après quoi ils écoutèrent une chanson évoquant un enfant perdu dans la neige, que P'tit Tim de sa petite voix plaintive chanta vraiment très bien.

Il n'y avait rien de particulièrement distingué dans tout cela. Ce n'était pas une famille élégante ; ils n'étaient pas très bien habillés ; leurs chaussures prenaient l'eau, leur garde-robe était pauvre ; Peter aurait pu connaître, et très vraisemblablement connaissait, la boutique du prêteur sur gages. Mais ils étaient heureux, reconnaissants, satisfaits les uns des autres et comblés en cette période de fête ; et lorsque, semblant plus heureux encore sous l'éclatante pluie d'étincelles tombant de la torche de l'Esprit, au moment de leur séparation, ils commencèrent à s'effacer, Scrooge garda jusqu'à la dernière minute l'œil fixé sur eux, et plus particulièrement sur P'tit Tim.

Lorsque cette vision se fut évanouie, Scrooge fut grandement surpris d'entendre résonner un rire jovial ; et bien plus surpris encore, de s'apercevoir que c'était celui de son propre neveu, et de se trouver dans une pièce claire, sèche et rayonnante, tandis que l'Esprit, debout à côté de lui, souriait en regardant ledit neveu.

---

7. **with one another :** *les uns avec les autres ;* pronom réciproque, expression inv. de sens pluriel (réciprocité entre deux ou plusieurs sujets). Autrefois, on employait one another quand cela concernait plus de deux personnes, et l'expression synonyme each other uniquement pour deux sujets ; cette règle n'est plus respectée. Ex. : they hate each other (ou one another), *ils se haïssent* (peu importe le nombre).
8. **happier yet** = happier still, *encore plus heureux.*
9. **at parting** = when parting, *lorsqu'ils se séparèrent.*
10. **Tiny Tim :** cet enfant, à cause de son infirmité et de sa santé fragile, avait touché le cœur, déjà beaucoup moins dur, de Scrooge. A la dernière page du conte, Dickens nous dit que Scrooge fut désormais, pour Tiny Tim, a second father.
11. **dry :** cf. p. 151, note 7.
12. **gleaming :** ici, idée d'un éclat dû à la propreté étincelante des pièces.

It is a fair, even-handed[1], noble adjustment of things, that while there is infection[2] in disease[3] and sorrow, there is nothing in the world so irresistibly contagious[4] as laughter and good-humour. When Scrooge's nephew laughed, Scrooge's niece, by marriage[5], laughed as heartily as he[6]. And their assembled friends being not a bit behindhand[7], laughed out, lustily.

"He said that Christmas was a humbug, as I live[8] !" cried Scrooge's nephew. "He believed it too !"

"More shame for him, Fred !" said Scrooge's niece, indignantly. — Bless those women ; they never do anything by halves. They are always in earnest.

She was very pretty : exceedingly pretty. With a dimpled, surprised-looking, capital face ; a ripe[9] little mouth, that seemed made to be kissed — as no doubt it was ; all kinds of good little dots about her chin, that melted into one another when she laughed ; and the sunniest pair of eyes you ever saw in any little creature's head. Altogether she was what you would have called provoking ; but satisfactory, too. Oh, perfectly satisfactory !

"He's a comical old fellow," said Scrooge's nephew, "that's the truth ; and not so pleasant as he might be. However, his offences carry their own punishment, and I have nothing to say against him. Who suffers by his ill[10] whims[11] ? Himself, always. Here, he takes it into his head to dislike us, and he won't come[12] and dine with us. What's the consequence ? He don't[13] lose much of a dinner."

"Indeed, I think he loses a very good dinner," interrupted Scrooge's niece.

---

1. **even-handed :** adj. comp. d'un p. pas., handed = distributed, *réparti*, et de l'adj. even, *de manière égale*. Cf. even-handed justice, *justice équitable, impartiale*.
2. **infection :** ici, dans le sens de *contagion*.
3. **disease :** terme désignant une *maladie* spécifique *grave*. Illness, la maladie en général et **sickness**, *indisposition* d'ordre digestif. Cf. **sea-sickness**, *le mal de mer* (et ses effets sur l'estomac).
4. **contagious :** Dickens emploie aussi un adj. médical pour poursuivre sa comparaison entre la maladie et la bonne humeur, on emploie dans la langue courante le terme **catching** pour contagious.
5. **marriage :** ⚠ orthographe : ma*rr*iage ≠ français : *ma*r*iage*.
6. **as he :** he, sujet du verbe s.-ent. **laughed**, *que lui*.

C'est par un juste, équitable et noble équilibre des choses, que, alors qu'il y a contagion dans la maladie et le chagrin, il n'y ait rien d'aussi irrésistiblement communicatif au monde que le rire et la bonne humeur. Lorsque le neveu de Scrooge éclata de rire, la nièce de Scrooge par alliance rit d'aussi bon cœur que son époux. Et leurs amis réunis, qui ne voulaient pas être en reste, rirent également à gorge déployée.

« Il m'a dit que Noël était une fumisterie, aussi vrai que je suis ici ! s'écria le neveu de Scrooge. Et il y croyait ferme !

— C'est encore plus honteux de sa part, Fred ! » dit la nièce de Scrooge avec indignation — ces sacrées femmes ne font jamais rien à moitié, et ne plaisantent jamais.

Elle était bien jolie : Dieu qu'elle était jolie !, avec son merveilleux visage aux mille fossettes, exprimant l'étonnement ; sa petite bouche aux lèvres vermeilles, faite pour attirer les baisers — comme sans doute c'était le cas ; son menton marqué de toutes sortes de mignons creux qui se fondaient en un seul lorsqu'elle riait ; et la plus radieuse paire d'yeux jamais vue dans le visage d'aucune autre petite bonne femme. En un mot elle était ce que vous auriez appelé provocante ; mais en même temps, elle vous comblait de joie, de la plus parfaite des joies !

« C'est un drôle de vieux bonhomme, dit le neveu de Scrooge, c'est bien vrai, mais pas aussi amusant qu'il pourrait l'être. Toutefois ses méchancetés portent en elles leur propre châtiment, et pour ma part, je n'ai rien à dire contre lui. Qui subit les conséquences de ses pernicieuses lubies ? C'est lui, toujours lui. Voici qu'il se met en tête de nous détester et refuse de venir dîner chez nous. Conséquence ? Il ne perd pas grand-chose en fait de dîner.

— En réalité, je pense, quant à moi, qu'il perd un très bon dîner », interrompit la nièce de Scrooge.

---

7. **behindhand** = later than the others, *en retard, en arrière.*
8. **as I live :** *« il a dit cela, aussi vrai que je vis »*, c.-à-d. *aussi vrai que ma présence devant vous.*
9. **ripe :** en parlant des lèvres : *rouges et douces comme un fruit mûr.*
10. **ill** = bad, obnoxious, *pernicieux, nocif, nuisible.*
11. **whims :** *idées fantaisistes, lubies, désirs capricieux, irraisonnés.*
12. **he won't come :** le futur marque avec force le refus de Scrooge d'accepter l'invitation de son neveu.
13. **he don't :** le langage parlé par le neveu de Scrooge n'est pas très correct = he doesn't.

Everybody else[1] said the same, and they must be allowed[2] to have been competent judges, because they had just had dinner; and, with the dessert upon the table, were clustered round the fire, by lamplight.

"Well ! I am very glad to hear it," said Scrooge's nephew, "because I haven't any great faith in these young housekeepers. What do *you* say, Topper ?"

Topper clearly had his eye on one of Scrooge's niece's sisters, for he answered that a bachelor[3] was a wretched outcast, who had no right[4] to express an opinion on the subject. Whereat[5] Scrooge's niece's sister — the plump one with the lace tucker : not the one with the roses — blushed.

After tea, they had some music. For they were a musical family, and knew what they were about, when they sung a Glee[6] or Catch[7], I can assure you : especially Topper, who could growl away in the bass like a good one, and never swell the large veins in his forehead, or get red in the face over it. But they didn't devote the whole evening to music. After a while they played at forfeits[8]; for it is good to be children sometimes, and never better than at Christmas, when its mighty Founder was a child himself.

There was first a game at blind-man's buff[9] though[10]. And I no more believe Topper was really blinded than I believe he had eyes in his boots. Because, the way in which he went after[11] that plump sister in the lace tucker[12], was an outrage on the credulity of human nature. Knocking down the fire-irons[13], tumbling over the chairs, bumping up against the piano, smothering himself among the curtains, wherever[14] she went, there went he[15].

---

1. **else** (adv.) : s'ajoute aux composés de some, any, no, every. Ex. : nothing else, *rien d'autre* ; everybody else, *tous les autres.*
2. **allowed** = admitted, *reconnu comme...*
3. **bachelor** : ▲ an unmarried man, *un célibataire. Un bachelier :* a student who passed his (her) G.C.E. (General Certificate of Education), c.-à-d. *son baccalauréat.*
4. **had no right** : au singulier, he has *a* right to complain, *il a le droit de se plaindre ;* expression idiomatique employant l'art. indéf. (sans correspondance en français).
5. **whereat** : adv. arch. = upon which, *sur quoi.*
6. **a glee** : chant pour 3 ou 4 parties (voix d'hommes solo, sans accompagnement) : *un chœur.*
7. **a catch** : chant à reprises successives, *un canon.*
8. **forfeits** : cf. p. 152, note 3.

Et tous les autres de faire chorus, et l'on doit admettre qu'ils étaient excellents juges en la matière, car ils venaient juste de dîner ; et, alors que le dessert était encore sur la table, ils étaient rassemblés autour du feu à la lueur de la lampe.

« Ma foi, je suis bien content de vous l'entendre dire, dit le neveu de Scrooge, car pour ma part, je n'ai pas grande confiance en ces jeunes maîtresses de maison. Qu'en dis-tu, Topper ? »

Topper, de toute évidence, s'intéressait fort à l'une des sœurs de la nièce de Scrooge, car il répondit qu'un célibataire était un misérable paria qui n'avait pas le droit d'exprimer une opinion à ce sujet. Ce qui fit rougir la sœur de la nièce de Scrooge — la fille rondelette à la guimpe de dentelle : pas la jeune fille aux roses.

Après le thé, on fit de la musique, car cette famille avait des dispositions pour cela ; et je puis vous garantir qu'ils s'entendaient fort bien à chanter un chœur à trois ou quatre voix ou un canon : et tout particulièrement Topper, qui, tel un virtuose, savait faire gronder sa voix de basse, sans gonfler les grosses veines de son front, ni rougir comme une écrevisse. Mais ils ne consacrèrent pas la soirée entière à la musique. Au bout d'un moment on joua aux gages ; car il est bon de se sentir redevenir enfant de temps à autre, surtout à l'occasion de Noël où l'Inspirateur tout-puissant de cette fête était lui-même un enfant.

Toutefois, on commença par une partie de colin-maillard. Et je serais plus porté à croire que Topper avait des yeux dans ses bottines, que d'admettre que son bandeau le rendait vraiment aveugle. Car la manière dont il pourchassa cette sœur rondelette à la guimpe de dentelle est un défi à la crédulité de l'être humain. Renversant la garniture de foyer, trébuchant sur les chaises, se cognant au piano, s'étouffant dans les plis des rideaux, partout où elle allait, il allait aussi.

---

9. **blindman's buff :** *colin-maillard ;* jeu où l'un des joueurs, les yeux bandés, donc aveugle, doit chercher les autres à tâtons, saisir un joueur et le reconnaître.
10. **though** [ðəʊ] (adv.) = **however,** *cependant, toutefois.*
11. **the way... he went after** = **the way he went after ;** **in which** peut être omis.
12. **tucker :** une pièce de dentelle ou d'étoffe qu'une femme portait pour couvrir son cou et ses épaules.
13. **fire-irons :** *ustensiles de fer* servant à faire le feu dans une cheminée : *tisonnier, pincettes, petite pelle,* etc.
14. **wherever** (adv. de lieu) : *à n'importe quel endroit, n'importe où.*
15. **there went he :** l'inversion du verbe et du sujet est amenée par la place de there (en tête).

He always knew where the plump sister was. He wouldn't catch[1] anybody else. If you had fallen up against him, as some of them did, and stood there ; he would have made a feint of endeavouring to seize you, which would have been an affront to your understanding ; and would instantly have sidled off[2] in the direction of the plump sister.

"Here is a new game," said Scrooge. "One half hour[3], Spirit, only one !"

It was a Game called Yes and No[4], where Scrooge's nephew had to think of something, and the rest must find out what ; he only answering to their questions yes or no as the case was. The fire of questioning to which he was exposed, elicited[5] from him that he was thinking of an animal, a live animal, rather a disagreeable animal, a savage animal, an animal that growled and grunted sometimes, and talked sometimes, and lived in London, and walked about the streets, and wasn't made a show of, and wasn't led by anybody, and didn't live in a menagerie[6], and was never killed in a market[7], and was not a horse, or an ass[8], or a cow, or a bull, or a tiger, or a dog, or a pig, or a cat, or a bear.

At every new question put to him, this nephew burst into a fresh roar of laughter ; and was so inexpressibly tickled[9], that he was obliged to get up off the sofa and stamp. At last the plump sister cried out :

"I have found it out[10] ! I know what it is, Fred ! I know what it is !"

"What is it ?" cried Fred.

"It's your uncle Scro-o-o-o-oge !"

---

1. **he wouldn't catch :** would est ici le prétérit fort de will (vouloir) ; ce sens d'insistance se trouve surtout à la forme négative (ici).
2. **sidled off** [saɪdld] **:** to sidle, *se déplacer loin* (off) d'un endroit, furtivement (pour aller retrouver la sœur dodue).
3. **one half-hour** = half-an-hour, *une demi-heure.*
4. **Yes and No :** jeu par lequel on répond par « oui » ou par « non » aux questions posées. Dickens explique suffisamment ce jeu nommé en français *le jeu du portrait.*
5. **elicited** [ɪ'lɪsɪtɪd] **:** to elicit, *faire sortir de, obtenir.* Ex. : to elicit a reply, *obtenir une réponse.*

Il savait toujours où se trouvait la sœur potelée. Il refusait d'attraper n'importe qui d'autre, et seriez-vous allé exprès vous heurter à lui, pour ensuite rester planté là, comme certains ne manquèrent pas de le faire, il aurait fait semblant d'essayer de vous attraper, mais de telle sorte que c'eût été une insulte à votre intelligence, pour aussitôt se détourner et filer en catimini dans la direction de la sœur rondelette.

« Ils commencent un nouveau jeu, dit Scrooge. Accordez-moi une demi-heure de plus, Esprit, rien qu'une demi-heure ! »

C'était le jeu du portrait : le neveu de Scrooge devait penser à quelque chose, et les autres devaient trouver ce que c'était ; il ne répondait à leurs questions que par oui ou par non selon le cas. Le feu roulant des questions auquel il fut soumis lui fit révéler qu'il pensait à un animal, un animal vivant, un animal plutôt déplaisant, un animal sauvage, un animal qui parfois grondait et grognait, et parfois aussi pouvait parler, qui vivait à Londres, parcourait les rues à pied, n'était pas un animal de parade, n'était mené par aucun montreur, ne vivait pas dans une ménagerie, n'était jamais mis à mort dans un abattoir, et n'était ni un cheval, ni un âne, ni une vache, ni un taureau, ni un tigre, ni un chien, ni un cochon, ni un chat, ni un ours.

Chaque fois qu'on lui posait une nouvelle question, notre neveu partait d'un nouvel éclat de rire et se montrait si indiciblement ravi, qu'il ne pouvait s'empêcher de sauter du divan pour trépigner de joie. Finalement la sœur potelée s'écria :

« J'ai trouvé ! Je sais ce que c'est, Fred ! Je sais ce que c'est !

— Alors, c'est quoi ? s'exclama Fred.

— C'est votre oncle Scro-o-o-o-oge. »

---

6. **made a... in a menagerie :** trois possibilités pour un animal savant, dressé, que l'on exhibe en public.
7. **in a market** = in a cattle-market, *au marché aux bestiaux.*
8. **ass :** *un âne,* au sens général de l'espèce ; ne pas confondre avec donkey [ˈdɒŋkɪ], *âne domestique.*
9. **tickled :** to tickle : 1) *chatouiller* ; 2) (au passif) *être amusé.*
10. **found it out :** to find out : *trouver la solution d'un problème* en posant des questions, en menant une enquête.

Which[1] it certainly was. Admiration was the universal sentiment, though some objected that the reply to "Is it a bear ?" ought to[2] have been "Yes."

Uncle Scrooge had imperceptibly become so gay and light of heart, that he would have drank[3] to the unconscious company in an inaudible speech[4]. But the whole scene passed off in the breath of the last word spoken by his nephew ; and he and the Spirit were again upon their travels.

Much they saw, and far they went[5], and many homes they visited, but always with a happy end. The Spirit stood beside sick beds, and they[6] were cheerful ; on foreign lands, and they were close at home ; by struggling men, and they were patient in their greater hope ; by poverty, and it was rich. In almshouse[7], hospital, and jail, in misery's every refuge[8], where vain man in his little brief authority had not made fast the door, and barred the Spirit out, he left his blessing, and taught Scrooge his precepts. Suddenly, as they stood together in an open place, the bell struck *Twelve.*

Scrooge looked about him for the Ghost, and saw it no more. As the last stroke ceased to vibrate, he remembered the prediction of old Jacob Marley, and lifting up his eyes, beheld[9] a solemn Phantom, draped and hooded, coming, like a mist along the ground, towards him.

---

1. **which** (pron. rel.) **:** a, ici, pour antécédent une proposition : it is your uncle Scrooge : *ce que.*
2. **ought to :** défectif ; une seule forme à toutes les personnes ; doit être suivi de l'infinitif complet ; marque 1) la nécessité morale, le conseil pressant (ici) : ought I to send this parcel ? *devrais-je envoyer ce colis ?*; 2) la forte probabilité : she ought to be ready by now, *elle devrait être prête maintenant.*
3. **drank :** ici, p. pas. incorrect pour drunk. Est-ce une erreur voulue ? (et pourquoi ?) ou inconsciente de la part de l'auteur ?
4. **the unconscious... speech :** il faut se rappeler que, grâce à la magie de l'esprit, Scrooge ne peut être ni vu ni entendu par les gens qu'il observe.
5. **much they saw and far they went :** nous pourrions avoir d'autres formes : 1) autre forme inversée : much did they see, ou, 2) sans inversion, they saw much and went far. La forme choisie par Dickens donne à la fois plus de vivacité au texte (inversion) et d'efficacité (économie des auxiliaires).

C'était bien ça, et la réponse fut accueillie par un sentiment général d'admiration, bien que certains objectassent qu'à la question : « Est-ce un ours ? » la réponse aurait dû être « Oui ».

Le cœur de l'oncle Scrooge était devenu insensiblement si gai et si léger qu'il aurait volontiers porté un toast à la compagnie, qui n'en aurait rien su, et lui aurait adressé un discours qu'elle n'aurait pas entendu. Mais au dernier mot proféré par le neveu, la scène tout entière s'évanouit, tandis que Scrooge et l'Esprit reprenaient leurs pérégrinations.

Ils virent beaucoup de choses, couvrirent beaucoup de chemin et visitèrent maint foyer, mais toujours avec un heureux dénouement. L'Esprit se tenait au chevet de malades, et ils s'en trouvaient réconfortés ; en des terres étrangères auprès de bannis, et ils se sentaient de nouveau chez eux ; auprès d'hommes pris dans l'action, et un espoir accru les rendait plus persévérants ; auprès de pauvres, et ils s'en trouvaient enrichis. Dans les asiles, les hôpitaux et les prisons, dans le moindre recoin où se cachait la misère, là où l'orgueilleux, dans sa piètre et temporaire autorité, n'avait pas fermé sa porte à double tour pour que l'Esprit ne pût la franchir, il distribuait ses bénédictions tout en enseignant à Scrooge ses préceptes. Soudain, alors qu'ils se trouvaient tous deux en rase campagne, la cloche égrena les douze coups de minuit.

Scrooge chercha le Fantôme du regard, mais ne le vit plus. Comme s'éteignaient les vibrations du dernier coup, il se rappela la prédiction du vieux Jacob Marley, et levant les yeux, aperçut un Spectre à l'air solennel, drapé et encapuchonné, qui, tel une traînée de brouillard sur le sol, venait vers lui.

---

6. **they :** répété 3 fois, les malades, les bannis et les révolutionnaires.
7. **almshouse** ['a:mzhaʊs] **:** maisons fondées par des institutions caritatives pour fournir un logement à des gens pauvres ne pouvant gagner leur vie (maladie ou vieillesse). ≠ des **workhouses**, où les gens étaient susceptibles de fournir un certain travail, et qui étaient des organismes entretenus sur le budget de la paroisse, c.-à-d. avec l'argent des contribuables. (Cf. p. 128, note 5.)
8. **misery's every refuge :** misery, nom neutre, et, ici, personnifié, pouvant, par conséquent, être employé avec le cas possessif.
9. **beheld :** de **to behold**, forme ancienne et litt. pour : *voir, observer* (surtout lorsqu'il s'agit de quelque spectacle inhabituel ou frappant).

STAVE FOUR

The Last of the Spirits

QUATRIÈME STANCE

Le Dernier des Esprits

The Phantom[1] slowly, gravely, silently, approached. When it came near him, Scrooge bent down upon his knee; for in the air through which this Spirit moved it seemed to scatter gloom and mystery.

It was shrouded[2] in a deep black garment, which concealed its head, its face, its form, and left nothing of it[3] visible save[4] one outstretched hand. He knew no more, for the Spirit neither spoke nor moved[5].

"I am in the presence of the Ghost of Christmas Yet To Come ? Ghost of the Future ! I fear you more[6] than any Spectre I have seen. But, as I know your purpose is to do me good, and as I hope to live to be another man from[7] what I was, I am prepared to bear you company[8], and do it with a thankful heart. Will you not speak to me ?"

It gave him no reply. The hand was pointed straight before them.

"Lead on ! Lead on ! The night is waning[9] fast, and it is precious time to me, I know. Lead on, Spirit !"

They scarcely seemed to enter the city; for the city rather seemed to spring up about them. But there they were, in the heart of it; on Change[10], amongst[11] the merchants.

The Spirit stopped beside[12] one little knot of business men. Observing that the hand was pointed to them, Scrooge advanced to listen to their talk.

"No," said a great fat man with a monstrous chin, "I don't know much about it, either way[13]. I only know he's dead."

"When did he die ?" inquired another.

"Last night, I believe."

---

1. **Phantom :** il est significatif que Dickens, dans les 8 lignes du début de ce « chant », emploie tous les mots qui signifient *fantôme*; c.-à-d. : Phantom, Spirit, Ghost et Spectre ['spektə]. L'auteur veut éviter de se répéter, mais ghost et spirit évoquent plutôt la réincarnation d'une personne déterminée et conviennent mieux au fantôme de Marley.
2. **shrouded :** de shroud (n.), *le linceul* dont on enveloppe un cadavre avant de l'inhumer; toutefois, un linceul est blanc, alors que le « fantôme » est vêtu d'une robe noire.
3. **it :** les fantômes sont toujours, dans ce conte, du genre neutre.
4. **save** (prép.) = except, but : *sauf.*
5. **neither spoke nor moved :** neither... nor : *ni... ni.* Conjonction négative de corrélation de either... or, *soit... soit,* exprimant le choix, l'alternative.

Le Fantôme s'approcha lentement, gravement et silencieusement. Lorsqu'il arriva près de Scrooge, celui-ci mit un genou en terre ; car dans l'air à travers lequel il se mouvait, cet Esprit semblait répandre ombre et mystère.

Il était enveloppé d'une robe d'un noir intense, qui dissimulait sa tête, son visage et sa forme, pour ne laisser paraître qu'une de ses mains, tendue. Scrooge n'en devina pas plus, car l'Esprit ne parlait ni ne bougeait.

« Je suis en présence du Fantôme des Noëls à venir ? Ô Spectre du Futur ! Je vous craîns plus qu'aucun autre des Esprits que j'ai déjà vus. Mais comme je sais que vous avez l'intention de me faire du bien, et comme j'espère vivre pour devenir un homme différent de ce que j'ai été, je suis prêt à vous accompagner, d'un cœur reconnaissant. Refusez-vous de me parler ? »

Le Fantôme ne répondit pas. Sa main indiquait le chemin, droit devant eux.

« Guidez-moi, je vous en prie ! La nuit s'écoule vite, et ces heures, je le sais, sont précieuses pour moi. Guidez-moi, Esprit ! »

Ils ne semblèrent guère pénétrer dans la cité, car c'est la cité qui parut plutôt se dresser autour d'eux. Mais ils se trouvèrent plongés au cœur de celle-ci, à la Bourse, parmi les marchands.

L'Esprit s'arrêta près d'un petit groupe d'hommes d'affaires. Observant qu'il les lui désignait de la main, Scrooge s'avança pour écouter leur conversation.

« Non, disait un grand et gros bonhomme au menton énorme, je ne sais pas grand-chose à ce sujet, d'une façon ou d'une autre. Tout ce que je sais c'est qu'il est mort.

— Quand est-il mort ? demanda un autre.

— Hier soir, je crois.

---

6. **I fear you more :** Scrooge redoute davantage ce nouveau fantôme qui va lui présenter son avenir, que les autres qui ont évoqué son passé et son présent.
7. **another man from :** même construction qu'avec l'adj. : **different : different... from.**
8. **to bear you company** = l'expression to keep you company, *tenir compagnie à,* est plus couramment employée.
9. **waning :** de to wane, *décliner, diminuer.* Ce v. s'appliquait à l'origine à la lune, à son déclin.
10. **on Change :** cf. p. 118, note 5.
11. **amongst** (prép.) : forme plus recherchée de **among,** *parmi.*
12. **beside** (prép.) : *près de, à côté de* ; ne pas confondre avec **besides,** adv. ou prép., *aussi, en outre, en plus.*
13. **either way : either** (adj.) : *de l'une ou l'autre manière.*

"Why, what was the matter with him ? I thought he'd[1] never die."

"God knows," said the first, with a yawn[2].

"What has he done with his money ?" asked a red-faced gentleman.

"I haven't heard," said the man with the large chin. "Company[3], perhaps. He hasn't left it to *me*. That's all I know. Bye, bye[4] !

Scrooge was at first inclined to be surprised that the Spirit should attach importance to conversation apparently so trivial[5] ; but feeling assured that it must[6] have some hidden purpose, he set himself to consider what it was likely[7] to be. It could scarcely be supposed to have any bearing on the death of Jacob, his old partner, for that was Past, and this Ghost's province was the Future.

He looked about in that very[8] place for his own image ; but another man stood in his accustomed corner, and though the clock pointed to his usual time of day for being there, he saw no likeness of himself among the multitudes that poured in through the Porch. It gave him little surprise[9], however ; for he had been revolving[10] in his mind a change of life, and he thought and hoped he saw his new-born[11] resolutions carried out in this[12].

They left this busy scene, and went into an obscure part of the town, to a low[13] shop where iron, old rags, bottles, bones, and greasy offal, were bought by a gray-haired rascal, of great age ; who sat smoking his pipe.

Scrooge and the Phantom came into the presence of this man, just as a woman with a heavy bundle slunk into the shop.

---

1. **he'd** = he would.
2. **yawn** (n.) : *bâillement.*
3. **company** : sans doute la firme dont « il » est le patron.
4. **bye, bye !** : expression familière pour prendre congé des gens, qui semble étonnante dans la bouche de cet homme, important par la situation et l'embonpoint !
5. **to conversation apparently so trivial** : construction particulière pour : to apparently so trivial a conversation : met en relief l'adj.
6. **must** : sens de la probabilité, non de l'obligation = *probablement.*
7. **likely** : ici adv., *vraisemblablement* ; existe aussi comme adj. Ex. : it is not a likely story, *cette histoire n'est pas vraisemblable.*

— Mais que lui est-il donc arrivé ? Je pensais qu'il était homme à ne jamais mourir.

— Dieu seul le sait, répliqua le premier tout en bâillant.

— Qu'a-t-il fait de son argent ? demanda un gentleman à la face rubiconde.

— On ne m'en a rien dit, dit l'homme au double menton. Peut-être l'a-t-il laissé à sa firme. En tout cas ce n'est pas à moi qu'il l'a légué. Et de ça j'suis bien sûr. Au revoir ! »

D'abord Scrooge fut enclin à s'étonner que l'Esprit attachât de l'importance à une conversation apparemment si peu intéressante ; mais comme il se sentait persuadé qu'il y avait probablement là derrière quelque intention cachée, il se mit à se demander de quoi il pouvait vraisemblablement s'agir. On ne pouvait guère supposer que cela eût quelque rapport avec la mort de Jacob, son ancien associé, car celle-ci appartenait au passé et le domaine de ce Fantôme, c'était l'Avenir.

Il chercha du regard sa propre image à cet endroit même ; mais c'était un autre homme qui se tenait là debout dans son coin favori, et quoique, d'après la pendule, ce fût bien l'heure à laquelle il avait coutume d'être là, il ne vit personne qui lui ressemblât parmi la foule qui pénétrait en masse par la grande porte. Cela ne le surprit guère cependant ; car il avait longuement médité sur un changement de vie, et il pensait et espérait voir là la réalisation de ses toutes nouvelles résolutions.

Ils quittèrent ce lieu animé pour gagner, dans un quartier obscur de la ville, une misérable échoppe, où un très vieux scélérat à la chevelure grise, assis là à fumer sa pipe, achetait ferraille, vieux chiffons, bouteilles vides, os et déchets graisseux.

Scrooge et le Fantôme se trouvèrent en présence de cet homme au moment même où une femme portant un lourd ballot se glissait dans la boutique.

---

8. **very :** ici adj. : l'endroit donné et seulement celui-là. Ex. : **it is the very thing I want,** *c'est l'objet même que je désire.*
9. **little surprise :** little, adj. quantitatif indéf. : *peu de* ; ⚠ a little : *un peu de.* Ex. : **I'd like a little water please,** *je voudrais un peu d'eau s.v.p.* ; les mêmes règles s'appliquent au contraire de **little : few, a few.**
10. **revolving :** « (il avait) retourné (dans son esprit). »
11. **new-born :** adj. composé du part. passé **born,** *né* ; et de **new,** à valeur adverbiale = **recently** ; *nouvelles.*
12. **carried out in this :** *« qui figuraient dans ce spectacle ».*
13. **low :** n'évoque pas une qualité matérielle, mais morale : *minable, misérable.*

But she had scarcely entered, when another woman, similarly laden[1], came in too ; and she was closely followed by a man in faded black. After a short period of blank[2] astonishment, in which the old man with the pipe had joined them, they all three burst into a laugh.

"Let the charwoman alone to be the first !" cried she who had entered first. "Let the laundress alone to be the second ; and let the undertaker's man alone to be the third. Look here, old Joe, here's a chance[3] ! If we haven't all three met here without meaning it !"

"You couldn't have met in a better place. You were made free[4] of it long ago[5], you know ; and the other two an't[6] strangers. What have you got to sell, what have you got to sell ?"

"Half a minute's patience[7], Joe, and you shall see[8]. What odds[9] then ! What odds, Mrs. Dilber ?" said the woman. "Every person has a right to take care of themselves. *He*[10] always did ! Who's the worse for the loss of a few things like these ? Not a dead man, I suppose."

Mrs. Dilber, whose manner was remarkable for general propitiation[11], said, "No, indeed, Ma'am."

"If he wanted to keep 'em after he was dead, a wicked old screw[12], why wasn't he natural[13] in his lifetime ? If he had been, he'd have had somebody to look after him when he was struck with Death, instead of lying gasping out his last[14] there, alone by himself."

"It's the truest word that ever was spoke. It's a judgement[15] on him."

---

1. **laden :** part. pas. du v. arch. to lade, *charger, transporter une charge* ; en anglais moderne on emploie le v. to load (ed, ed) dans le même sens. Ex. : a lorry loaded with crates, *un camion chargé de cageots.*
2. **blank :** *sans expression, muet* ; a blank page, *une page blanche* (sur laquelle rien n'est écrit ni dessiné).
3. **chance :** ▲ *hasard ; la chance*, luck.
4. **made free :** to make free (généralement construit avec with et non of) = to be familiar with, *être comme chez soi.*
5. **you were... long ago :** action passée, révolue, donc ago + prétérit. Ex. : he was born fifty years ago, *il est né il y a cinquante ans.*
6. **an't :** langue populaire = are not.
7. **patience :** la femme conseille à Joe de se calmer ; au § précédent nous voyons la curiosité et l'excitation de ce dernier : il dit deux fois de suite la même phrase : what have you

Mais, à peine était-elle entrée, qu'une autre femme, chargée de la même manière, y pénétrait aussi, suivie de près par un homme habillé de vêtements d'un noir passé. Après un court moment de surprise muette partagée par le vieil homme à la pipe, tous trois partirent d'un grand rire.

« Comptez sur la femme de ménage pour être la première ! s'écria celle qui était entrée d'abord. Comptez sur la blanchisseuse pour être la seconde, et sur le croquemort pour venir en troisième. Dis donc, vieux Joe, tu parles d'un hasard ! On s'rencontre tous les trois sans s'être donné la consigne !

— Vous n'auriez pu choisir un meilleur endroit pour vous retrouver. Il y a longtemps que tu t'y sens chez toi, tu sais ; et les deux autres n'sont pas des inconnus non plus. Qu'est-ce que t'as à me vendre, qu'est-ce que t'as donc à me vendre ?

— Un moment de patience, Joe, et tu vas voir toi-même. Et après, qu'est-ce que ça peut bien faire, madame Dilber ? dit la femme. Tout le monde a le droit de penser à soi. C'est ce qu'il a toujours fait, lui ! A qui qu'ça pourrait manquer quelques bricoles de ce genre ? Certainement pas à un mort, je suppose. »

Mme Dilber, dont la façon d'arrondir les angles était remarquable, acquiesça d'un « Non, Mâme, sûrement pas ».

« S'il avait voulu les garder après sa mort, ce sale vieux radin, pourquoi qu'il n's'est pas conduit comme tout le monde pendant sa vie ? S'il l'avait fait, y s'rait ben trouvé quelqu'un pour s'occuper de lui quand la Mort l'a frappé, au lieu d'se trouver là tout seul à rendre son dernier soupir.

— C'est la chose la plus vraie qu'on ait jamais dite à son sujet. C'est la punition du bon Dieu.

---

got to sell ?

8. **you shall see :** l'emploi de **shall** au lieu de **will** marque que Joe verra certainement ce qu'elle a à lui vendre.

9. **what odds :** nom pl., expression populaire pour : **what does it matter**, *qu'importe*.

10. **he :** en italique dans le texte pour insister sur le fait que Scrooge ne s'occupait que de lui-même.

11. **propitiation** [prəpɪʃi'eɪʃən] **:** de **to propitiate = to pacify,** *calmer les dieux, apaiser une querelle.*

12. **a screw :** *un ladre, un avare*, de **to screw** *serrer la vis* (**screw**), *extorquer jusqu'au dernier sou.*

13. **natural :** ici, *normal, semblable aux autres.*

14. **gasping out his last :** très imagé pour donner l'idée de rendre, avec difficulté, son dernier soupir ; l'expression habituelle est : **to breathe out one's last** !

15. **a judgement :** une punition infligée par Dieu.

"I wish it was a little heavier judgement ; and it should have been, you may depend upon it, if I could have laid my hands on anything else. Open that bundle, old Joe, and let me know the value of it. Speak out plain. I'm not afraid to be the first, nor[1] afraid for them to see it."

Joe went down on his knees for the greater convenience of opening the bundle, and dragged out a large and heavy roll of some dark stuff.

"What do you call this ? Bed-curtains !"

"Ah ! Bed-curtains ! Don't drop that oil upon the blankets, now."

"*His* blankets ?"

"Whose else's do you think[2] ? He isn't likely to take cold without 'em, I dare say[3]. Ah ! You may look through that shirt till your eyes ache ; but you won't find a hole in it, nor a threadbare[4] place. It's the best he had, and a fine one too. They'd have wasted it by dressing him up[5] in it, if it hadn't been for me."

Scrooge listened to this dialogue in horror.

"Spirit ! I see, I see. The case of this unhappy man might be my own. My life tends that way, now. Merciful Heaven, what is this !"

The scene had changed, and now he almost touched a bare, uncurtained bed. A pale light, rising in the outer air[6], fell straight upon this bed ; and on it, unwatched, unwept, uncared for[7], was the body of this plundered man unknown[8].

"Spirit ! Let me see some tenderness connected with a death[9], or this dark chamber, Spirit, will be for ever present to me."

---

1. **nor** = and not ; and I'm not afraid...
2. **whose else's do you think :** whose else's (blankets s.-ent.) ; l'expression de possession **whose else** *(à, de qui d'autre)* peut se mettre au cas possessif.
3. **I dare say :** peut s'écrire aussi en un seul mot, **I daresay** ; **dare** peut être considéré soit comme un verbe ordinaire, soit (ici), comme un défectif qui se construit avec l'infinitif incomplet. Évidemment l'expression **I dare say** ne s'emploie qu'à la 1re pers. du sing., *j'imagine, je suppose.*
4. **threadbare** ['θredbeə*] = bare to the thread, *usé jusqu'à la corde.*
5. **dressing him up :** en général, on utilisait le meilleur vêtement du mort pour l'ensevelir, de **to dress** *up* : *se mettre sur son trente et un.*

— J'voudrais bien qu'la punition ait été un peu plus lourde ; et elle l'aurait été, faites-moi confiance, si j'avais pu mettre la main sur quoi qu'ce soit d'autre. Ouvre ce ballot, vieux Joe, et dis-moi c'que tu m'en donnes. Parle net, qu'on te comprenne bien. J'ai pas peur, moi, d'être la première à passer, ni qu'les autres voient ce que j'ai apporté. »

Joe se mit à genoux pour ouvrir plus facilement le ballot, d'où il extirpa un gros et lourd rouleau d'une étoffe sombre.

« Qu'est-ce qu'c'est qu'ça ? Des rideaux de lit !

— Ben sûr ! Des rideaux de lit ! Attention, fais pas tomber d'huile sur les couvertures.

— Ses couvertures ? à lui ?

— Et à qui d'autre qu'tu crois qu'elles sont ? Pas de chance qu'il s'enrhume sans elles, j'suppose ! Ah ! Tu peux bien inspecter cette chemise à t'en crever les yeux, tu n'y trouveras pas un seul trou, ni le moindre endroit élimé. C'était sa meilleure et sacrément belle aussi ! Ç'aurait été du gaspillage de l'habiller avec, heureusement qu'j'étais là. »

Scrooge écoutait ce dialogue avec horreur.

« Esprit ! Je comprends, je comprends. Le cas de ce malheureux pourrait bien être le mien. Ma vie actuelle tend dans cette direction. Dieu miséricordieux, qu'est-ce que ceci ! »

La scène avait changé, et maintenant, il se trouvait tout près d'un lit nu, sans rideaux. Une lumière pâle, venant de l'extérieur, tombait directement sur ce lit, et là, sans personne pour le veiller, le pleurer ou lui prodiguer les derniers soins, gisait le corps de cet inconnu que l'on avait dépouillé.

« Esprit ! Montre-moi quelque témoignage d'affection s'adressant à ce mort, sinon la vision de cette chambre obscure, Esprit, me hantera à jamais. »

---

6. **the outer air :** certains adv. considérés comme des adj. et employés au comparatif ne sont plus considérés que comme des épithètes. Ex. : **the outer world,** *le monde extérieur.* C'est le cas pour **in, inner** *(intérieur)*, **up, upper** *(supérieur)* et **out, outer** ou **utter** *(extérieur* ou *absolu).*
7. **unwatched, unwept, uncared for** = **without being watched, wept, cared for.** Il y a beaucoup d'émotion dans cette accumulation de part. passés négatifs.
8. **unknown :** le part. passé est rejeté à la fin pour insister sur l'idée que c'est surtout cette particularité qui trouble Scrooge ; il redoute que ce mort inconnu et abandonné, ce ne soit lui !
9. **some tenderness connected with a death :** pour lui montrer une telle tendresse, le fantôme va le mener chez les Cratchit.

The Ghost conducted him to poor Bob Cratchit's house; the dwelling[1] he had visited before; and found the mother and the children seated[2] round the fire.

Quiet. Very quiet. The noisy little Cratchits were as still as statues in one corner, and sat looking up at Peter, who had a book[3] before him. The mother and her daughters were engaged in needlework. But surely they were very quiet!

"And He took a child, and set him in the midst of them[4]."

Where had Scrooge heard those words? He had not dreamed them. The boy must have read them[5] out, as he and the Spirit crossed the threshold. Why did he not go on?

The mother laid her work upon the table, and put her hand up to her face.

"The colour hurts my eyes," she said.

The colour? Ah, poor Tiny Tim[6]!

"They're better now again. It makes them weak by candle-light; and I wouldn't[7] show weak eyes to your father when he comes home, for the world. It must be near his time."

"Past it rather," Peter answered, shutting up[8] his book. "But I think he has walked a little slower than he used, these few last evenings[9], mother."

"I have known him walk with — I have[10] known him walk with Tiny Tim upon his shoulder, very fast indeed."

"And so have I," cried Peter. "Often."

"And so have I," exclaimed another. So had all.

---

1. **dwelling :** *demeure*; dans ce même ouvrage, l'auteur emploie aussi, dans le même sens : **abode,** *habitation.*
2. **seated :** to seat ≠ to sit, *être assis.* Ajoute une idée, soit de solennité (un roi sur son trône), soit de confort, soit de disposition, arrangement (ici).
3. **a book :** il s'agit ici de la Bible.
4. **« And he took... of them » :** histoire du Christ et du petit enfant. Évangile selon saint Matthieu, chap. 18. On la retrouve aussi presque textuellement dans l'Évangile selon saint Marc (chap. 9) et celui selon saint Luc (chap. 9). Peter lit sans doute à haute voix ce passage de la Bible pour consoler sa famille, car, allusion à Tiny Tim, *« Qui se fera petit comme cet enfant-là, celui-là est le plus grand dans le Royaume des Cieux. »*
5. **the boy must have read them :** nous avons ici le défectif must exprimant la grande probabilité : *le garçon avait dû les lire.*

Le Fantôme le mena jusqu'à la maison du pauvre Bob Cratchit, demeure qu'il avait déjà visitée, où il trouva la mère et les enfants installés autour du feu.

Un grand, un très grand silence y régnait. Les jeunes Cratchit, si bruyants d'ordinaire, figés comme des statues dans un coin, étaient assis, les yeux levés vers Peter qui tenait un livre ouvert devant lui. La mère et ses filles étaient plongées dans des travaux de couture, mais certes, ils étaient tous très silencieux !

« Et Il prit un enfant et le plaça au milieu d'eux. »

Où Scrooge avait-il entendu ces mots ? Pas dans un rêve. Le garçon avait dû les prononcer au moment où, en compagnie de l'Esprit, Scrooge franchissait le seuil. Pourquoi le garçon ne poursuivait-il pas sa lecture ?

La mère posa son ouvrage sur la table, et se cacha le visage de la main.

« Cette couleur me fait mal aux yeux », dit-elle.

La couleur ? Ah ! Pauvre P'tit Tim !

« Cela va mieux maintenant. Mes yeux se fatiguent à la lumière de la bougie ; et, pour rien au monde, je ne voudrais me montrer avec des yeux fatigués à votre père lorsqu'il va rentrer. Ce doit être à peu près son heure.

— Déjà passée en réalité, répondit Peter en refermant son livre. Mais je crois, maman, que depuis quelques soirs il marche un peu plus lentement qu'à l'accoutumée.

— J'ai connu le temps où, en portant P'tit Tim sur ses épaules, il marchait très rapidement.

— Et moi aussi, s'écria Peter. Bien souvent.

— Et moi aussi, s'exclama un autre enfant. »

Ils l'avaient tous remarqué.

---

6. **the colour ? Ah, poor Tiny Tim :** les yeux de Mme Cratchit sont fatigués d'avoir tant pleuré depuis la mort de son fils ; et le prétexte de la mauvaise lumière de la bougie ne trompe personne.
7. **I wouldn't :** would marque la volonté, l'obstination : *je me refuse à.* Elle a décidé de ne pas aggraver le chagrin de son mari en laissant apparaître le sien.
8. **shutting up :** up donne ici l'idée du caractère définitif de l'action, le temps de la lecture est terminé ; on va accueillir le père.
9. **these few last evenings :** on construirait normalement : the last few evenings, comme dans : the last five pages, *les cinq dernières pages.*
10. **walk with — I have... :** le tiret marque l'hésitation de Mme Cratchit au moment de prononcer le nom de son fils.

"But he was very light to carry, and his father loved him so, that it was no trouble : no trouble[1]. And there is your father at the door !"

She hurried out to meet him; and little Bob in his comforter — he had need of it, poor fellow — came in. His tea was ready for him on the hob, and they all tried who should help him[2] to it most. Then the two young Cratchits got upon his knees and laid, each child[3] a little cheek, against his face, as if they said, "Don't mind it, father. Don't be grieved !"

Bob was very cheerful with them, and spoke pleasantly to all the family. He looked at the work upon the table, and praised the industry[4] and speed of Mrs. Cratchit and the girls. They would be done[5] long before Sunday, he said.

"Sunday ! You went to-day, then, Robert ?"

"Yes, my dear," returned Bob. "I wish you could have gone. It would have done you good to see how green a place[6] it is. But you'll see it often. I promised him that I would walk there on a Sunday[7]. My little, little child ! My little child !"

He broke down all at once. He couldn't help it[8]. If he could have helped it, he and his child would have been farther apart perhaps than they were.

"Spectre," said Scrooge, "something informs me that our parting moment is at hand. I know it, but I know not how. Tell me what man that was with the covered face whom we saw lying dead ?"

The Ghost of Christmas Yet To Come conveyed him to a dismal, wretched, ruinous churchyard.

The Spirit stood among the graves, and pointed down to One.

---

1. **it was no trouble :** trouble, mot abstrait indénombrable en anglais, et qui ne se met pas au pl. Ex. : **she was making trouble for her friends,** *elle causait des ennuis à ses amis.* Dans la même catégorie on place : **advice** *(conseils)*, **information** *(renseignements)*, **progress** *(progrès)*, **business** *(les affaires)*, **knowledge** *(les connaissances)*, **evidence** *(les preuves)*, **nonsense** *(les bêtises)*, **damage** *(les dégâts).*
2. **who should help him :** forme accentuée du conditionnel : *qui ferait de son mieux pour le servir.*
3. **each child :** each (adj.), *chaque enfant en particulier :* **each** distingue, singularise, alors que **every** représente l'ensemble. Ex. : **every picture is fine in this Museum = all the pictures are fine,** *tous les tableaux sont beaux dans ce musée.*

« Mais P'tit Tim était très léger à porter, et son père l'aimait tellement que ça lui était chose facile, bien facile. Mes enfants, votre père est à la porte ! »

Elle se dépêcha de sortir de la pièce pour aller à sa rencontre ; et, le petit Bob avec son cache-nez — il en avait bien besoin, le pauvre diable — entra. Son thé l'attendait sur la grille du foyer, et chacun s'affaira de son mieux pour le servir. Ensuite les deux jeunes Cratchit grimpèrent sur ses genoux et posèrent, chacun de son côté, une petite joue contre les siennes, comme pour lui dire « ne te fais pas trop de souci, papa, ne sois pas trop triste ! ».

Bob se montra très gai au milieu d'eux et leur parla gentiment. Il regarda les travaux de couture sur la table et loua l'application et la diligence de Mme Cratchit et des jeunes filles. Il déclara que tout serait fini bien avant dimanche.

« Dimanche ! Tu y es donc allé aujourd'hui, Robert ?

— Oui, ma chérie, répondit Bob. J'aurais aimé que tu aies pu y aller. Cela t'aurait fait du bien de voir comme ce lieu est vert. Mais tu le verras souvent. Je lui ai promis de lui rendre visite tous les dimanches. Mon petit, petit garçon ! Mon petit enfant ! »

Il fondit en larmes tout d'un coup. Il ne put s'en empêcher. S'il avait pu s'en abstenir, c'est que lui et son enfant auraient sans doute été moins proches l'un de l'autre qu'ils ne l'étaient.

« Spectre, dit Scrooge, quelque chose me dit que le moment de nous séparer est imminent. Je le sais, sans savoir comment. Dites-moi qui était l'homme au visage caché que nous avons vu sur son lit de mort. »

Le Fantôme des Noëls à venir le conduisit jusqu'à un cimetière en ruine, lugubre et misérable.

L'Esprit, debout parmi les tombes, lui en désigna une du doigt.

---

4. **the industry** = ici, the work, *le travail.*
5. **they would be done :** they = Mme Cratchit et ses filles. Would be done = would have finished, *auraient terminé.*
6. **a place :** il s'agit du cimetière où Tiny Tim est enterré. Les cimetières anglais sont des pelouses où la place de chaque mort est marquée par une stèle plantée verticalement (**head-stone**).
7. **on a Sunday :** *chaque dimanche, tous les dimanches*; autres expressions équivalentes : **of a Sunday, on Sundays.** ⚠ on Sunday : *dimanche prochain.*
8. **he couldn't help it** = he couldn't refrain from it, avoid it, *il ne put se retenir de, l'éviter*; cette expression est suivie en anglais du gérondif ; ex. : **I can't help smoking,** *je ne puis me retenir, m'empêcher de fumer.*

"Before I draw nearer to[1] that stone to which you point, answer me one question. Are these the shadows of the things that Will be, or are they shadows of the things that May be, only ?"

Still the Ghost pointed downward to the grave by which it stood.

"Men's courses will foreshadow certain ends, to which, if persevered[2] in, they must lead. But if the courses be[3] departed from, the ends will change. Say it is thus with what you show me !"

The Spirit was immovable as ever. Scrooge crept towards it, trembling as he went ; and following the finger, read upon the stone of the neglected grave his own name, EBENEZER SCROOGE.

"Am *I* that man who lay upon the bed ? No, Spirit ! Oh no, no ! Spirit ! hear me ! I am not the man I was. I will not be the man I must have been but for this intercourse[4]. Why show me[5] this, if I am past all hope ? Assure me that I yet may change these shadows you have shown me, by an altered life."

For the first time, the kind[6] hand faltered.

"I will honour Christmas in my heart, and try to keep it all the year. I will live in the Past, the Present, and the Future. The Spirits of all Three[7] shall strive within me. I will not shut out[8] the lessons that they teach. Oh, tell me I may sponge away[9] the writing on this stone !"

Holding up his hands in one last prayer to have his fate reversed, he saw an alteration in the Phantom's hood and dress. It shrunk, collapsed, and dwindled[10] down into a bedpost.

---

1. **near(er) to :** forme renforcée de near par l'adjonction de la prépos. to. = close to, *tout proche de* ; s'emploie pour l'espace (ici), le temps, ou au figuré.
2. **if persevered** [ˌpɜːsɪˈvɪəd] **in :** forme extrêmement concise = if men persevere in this course, *si on s'obstine à suivre cette ligne de conduite.*
3. **if... be :** be : subj. du prés. de l'indic. du v. to be, dans une expression marquant la supposition = if the courses are departed from, *si l'on abandonne ces lignes de conduite.*
4. **but for this intercourse :** but for = if it had not been for, *n'eussent été ces rapports* (avec les Esprits).
5. **why show me :** l'infinitif qui suit l'adv. interr. why est incomplet ; ex. : why ring the bells in the middle of the night ? *pourquoi sonner les cloches en pleine nuit ?*

« Avant que je m'approche de la pierre tombale que vous me montrez, répondez à une seule question. Ces ombres sont-elles celles des choses qui seront immanquablement, ou bien seulement celles des choses qui peut-être arriveront ? »

Le Fantôme se contenta de lui montrer du doigt la tombe auprès de laquelle il se tenait.

« La ligne de conduite suivie par un homme laisse prévoir l'aboutissement auquel, s'il ne change pas, elle doit le mener. Mais s'il abandonne cette ligne de conduite, l'aboutissement sera différent. Dites-moi qu'il en est ainsi de tout ce que vous me montrez ! »

L'Esprit resta aussi immuable qu'auparavant. Scrooge se traîna jusqu'à lui en tremblant ; et suivant du regard la direction de son doigt, il lut sur la pierre de cette tombe négligée son propre nom, EBENEZER SCROOGE.

« Suis-je l'homme qui gisait sur le lit ? Non, Esprit ! Oh ! Non, non ! Esprit ! Écoutez-moi ! Je ne suis plus l'homme que j'étais. Je refuse d'être celui que je serais devenu sans ces relations avec les Esprits. Pourquoi me montrer tout ceci s'il n'y a plus aucun espoir pour moi ? Promettez-moi que je puis encore modifier les scènes que vous m'avez montrées, si je me conduis différemment. »

Pour la première fois, la main secourable du Fantôme hésita.

« Je célébrerai Noël au plus profond de mon cœur et m'efforcerai de l'honorer durant toute l'année. Je vivrai dans le Passé, le Présent et le Futur. Les Esprits des Trois Noëls m'aideront dans ma lutte intérieure. Je ne fermerai pas mon cœur aux leçons qu'ils enseignent. Oh, dites-moi qu'il m'est possible d'effacer l'inscription gravée sur cette pierre ! »

Levant les mains pour implorer l'Esprit une fois encore, et la dernière, afin qu'il change le cours de sa destinée, il vit le capuchon et la robe du Fantôme s'altérer, diminuer, s'affaisser et se réduire jusqu'à n'être plus qu'une colonne de lit.

---

6. **kind :** malgré ses dehors bourrus et son mutisme inquiétant, le fantôme est animé de bonnes intentions vis-à-vis de Scrooge.
7. **all Three :** les trois Esprits des Noëls passés, présents et futurs.
8. **shut out :** *exclure, refuser de manière absolue ;* **out** donne plus de force au v.
9. **sponge away :** *effacer d'un coup d'éponge.*
10. **dwindled into :** *diminua* (**dwindled**) *et se transforma en* (**into**) une colonne de lit.

Yes ! and the bedpost was his own. The bed was his own, the room was his own. Best and happiest of all[1], the time before him was his own, to make amends in[2] !

He was checked in his transports by the churches ringing out the lustiest peals[3] he had ever heard. Running to the window, he opened it, and put out his head. No fog, no mist, no night ; clear, bright, stirring, golden Day[4] !

"What's to-day ?" cried Scrooge, calling downward[5] to a boy in Sunday clothes, who perhaps had loitered in to look about him.

"Eh ?"

"What's to-day, my fine fellow ?"

"To-day ! Why, CHRISTMAS DAY."

"It's Christmas Day ! I haven't missed it. Hallo, my fine fellow !"

"Hallo !"

"Do you know the Poulterer's, in the next street but one[6], at the corner ?"

"I should hope I did."

"An intelligent boy ! A remarkable boy ! Do you know whether[7] they've sold the prize Turkey[8] that was hanging up there ? Not the little prize Turkey ; the big one ?"

"What, the one as big as me[9] ?"

"What a delightful boy ! It's a pleasure to talk to him. Yes, my buck[10] !"

"It's hanging there now."

"Is it ? Go and buy it."

"Walk-ER[11] !" exclaimed the boy.

---

1. **best and happiest of all :** *la meilleure et la plus heureuse entre toutes les choses :* le temps nécessaire pour se faire pardonner et faire le bien autour de lui, lui était rendu.
2. **amends in** = in which, during which to make amends ; le relatif est omis et la prép. rejetée en fin de phrase.
3. **ringing out the lustiest peals :** out apporte une note de puissance et de joie, intensifiée encore par le superlatif lustiest, les plus éclatants.
4. **clear... day :** lorsqu'un auteur emploie, dans un style soigné et imagé, un grand nombre d'adj. qual. se rapportant à un seul nom, ces adj. sont simplement juxtaposés sans aucune liaison.
5. **downward :** Scrooge est au premier étage, et l'enfant dans la cour.
6. **the next street but one :** *la deuxième rue, la première ne comptant pas.* Ex. : the next day but one, *le surlendemain.*
7. **do you know whether :** whether = if ; on emploie whether

Oui ! Et cette colonne était celle de son propre lit, dans sa propre chambre. Et bonheur extrême, les années à venir lui appartenaient pour s'amender !

Il fut refréné dans ses transports de joie par les plus éclatants carillons qu'il eût jamais entendus. Se précipitant à la fenêtre, il l'ouvrit et se pencha au-dehors. Ni brouillard, ni brume, ni obscurité ; mais un Jour clair, lumineux, excitant et doré !

« Quel jour sommes-nous ? cria Scrooge de sa fenêtre à un jeune garçon en habit du dimanche, qui s'était peut-être attardé pour fureter dans les coins.

— Quoi ?

— Quel jour sommes-nous, mon brave garçon ?

— Aujourd'hui ! Ma foi, c'est le JOUR DE NOËL.

— Le jour de Noël ! Je ne l'ai donc pas manqué. Dis donc, mon brave garçon !

— Quoi ?

— Connais-tu la boutique du marchand de volailles, qui fait le coin, à deux rues d'ici ?

— Manquerait plus que ça que je ne la connaisse pas !

— Ah ! quel garçon intelligent ! Quel gars épatant ! Sais-tu s'ils ont vendu la dinde primée qui pendait à la devanture ? Pas la petite dinde primée, la grosse ?

— Quoi, celle qui est aussi grosse que moi ?

— Quel charmant garçon ! C'est un plaisir de lui parler. Oui, mon gaillard !

— Elle est toujours accrochée là-bas.

— Vrai ? Alors va l'acheter.

— Farceur ! s'exclama le garçon.

---

si la réponse peut être affirm. ou nég.

8. **prize Turkey :** il y a probablement eu une sorte de concours entre les différents commerçants, et la plus belle *dinde* a été *primée*. Désormais, Scrooge n'entend plus regarder à la dépense pour faire plaisir aux autres.

9. **as me :** forme populaire mais courante pour **as I**, *que moi*.

10. **buck :** 1) *le mâle du daim, du lièvre et du lapin* ; 2) (ici) valeur exclamative, *mon gaillard*, parce que plein de vie et de force comme un jeune mâle.

11. **walk-er ! :** expression assez déconcertante ; le tiret est placé après le radical pour qu'on ne confonde pas ce mot avec **a walker**, *un promeneur*. Peut-être à rapprocher de l'expression française : *tu me fais marcher !* Autre expression de sens identique : **you're pulling my leg.**

"No, no, I am in earnest. Go and buy it, and tell'em to bring it here, that I may give [1] them the direction where to take it. Come back with the man, and I'll give you a shilling. Come back with him in less than five minutes, and I'll give you half-a-crown [2] !"

The boy was off like a shot [3].

"I'll send it to Bob Cratchit's ! He sha'n't know who sends it. It's the size of Tiny Tim. Joe Miller [4] never made such a joke as sending it to Bob's will be [5] !"

The hand in which he wrote the address was not a steady one, but write it he did [6], somehow, and went down stairs to open the street door, ready for the coming of the poulterer's man.

It *was* a Turkey ! He [7] never could have stood upon his legs, that bird. He would have snapped 'em short off in a minute, like sticks of sealing-wax.

He dressed himself "all in his best [8]," and at last got out into the streets. The people were by this time pouring forth, as he had seen them with the Ghost of Christmas Present ; and walking with his hands behind him, Scrooge regarded every one with a delighted smile. He looked so irresistibly pleasant, in a word, that three or four good-humoured fellows said, "Good morning, sir ! A merry Christmas to you !" And Scrooge said often afterwards, that of all the blithe [9] sounds he had ever heard, those were the blithest [10] in his ears.

In the afternoon, he turned his steps towards his nephew's house.

He passed the door a dozen times [11], before he had the courage to go up and knock. But he made a dash [12], and did it.

---

1. **that I may give :** may : aux. du subjonctif dans une proposition de but. Ne se traduit pas en français.
2. **half-a-crown** = une valeur de 2 shillings et 6 pence ≠ a half-crown, la pièce de la même valeur. Depuis 1971 tout ceci n'existe plus : la livre sterling est divisée en 100 new pence ; donc l'ancienne half-crown vaut 12 1/2 new pence.
3. **like a shot :** *exactement, comme un coup de fusil.*
4. **Joe Miller :** allusion à un recueil de farces et plaisanteries du XVIIe siècle : « Joe Miller's Jests ».
5. **as sending... be !** = as it will be to send it to Bob's, Joe Miller n'a jamais fait une plaisanterie telle que celle de *l'envoyer* (la dinde) *chez Bob.*
6. **but write it he did** = but he did (forme d'insistance) write it, *mais il l'écrivit bel et bien.*

— Non, non, je suis tout ce qu'il y a de plus sérieux. Va l'acheter et dis-leur de me l'apporter pour que je leur donne l'adresse où la livrer. Reviens avec le commis, et je te donnerai un shilling. Si tu le ramènes dans moins de cinq minutes, je te donnerai une demi-couronne ! »

Le garçon fila comme une flèche.

« Je vais l'envoyer chez Bob Cratchit ! Pour sûr il ne saura pas qui la lui envoie. Elle est aussi grosse que P'tit Tim. L'envoyer chez Bob va battre, et de loin, toutes les plaisanteries de Joe Miller ! »

Il écrivit l'adresse d'une main qui manquait de fermeté, mais, toutefois, il y réussit ; puis il descendit ouvrir la porte de la rue, prêt à accueillir le commis du volailler.

Quelle dinde c'était ! Comment avait-elle jamais pu tenir sur ses pattes, cette bête, sans les briser net en une minute comme des bâtons de cire à cacheter ?

Scrooge se mit sur son trente et un, et se retrouva enfin dans la rue. A cette heure, les gens sortaient en foule de chez eux, comme il les avait vus faire alors qu'il accompagnait le Fantôme du Noël présent ; marchant les mains dans le dos, Scrooge reluquait tout un chacun en arborant un sourire épanoui. En un mot, il avait l'air si irrésistiblement aimable, que trois ou quatre individus d'humeur joviale lui crièrent, « Bonjour, monsieur ! Joyeux Noël ! » et Scrooge de répéter souvent par la suite, que de toutes les gaies interpellations qu'il eût jamais entendues, celles-là sonnaient le plus gaiement à ses oreilles.

L'après-midi, il dirigea ses pas vers la maison de son neveu.

Il passa et repassa une douzaine de fois devant la porte, avant de trouver le courage de gravir le perron et de frapper. Enfin il prit son élan et parvint à le faire.

---

7. **he :** *Scrooge considère cette énorme dinde comme un mâle, personnifié pour insister sur sa grosseur.*
8. **in his best :** s.-ent : **clothes,** *dans ses habits du dimanche, sur son trente et un.*
9. **blithe** [blaɪð] **:** adj. poétique ; cf. l'expression : **blithe as a lark,** *« joyeux comme une alouette » = gai comme un pinson.*
10. **blithest :** l'adj. **blithe** ne comporte phonétiquement qu'une syllabe, d'où le sup. rég. des adj. courts.
11. **a dozen times : dozen, hundred** et **thousand** sont invariables quand ils sont précédés d'un nombre précis (ici, **a** = **one**) ou de **several, a few, many** ; ex. : **two dozen eggs, three thousand soldiers.** Ils ne prennent la marque du pluriel que lorsqu'ils sont suivis de **of** ; ex. : **dozens of times,** *des douzaines de fois* (en français on dit plutôt *des dizaines de fois).*
12. **made a dash** = **dashed at it,** *se précipita, se rua.*

"Is your master at home, my dear ?" said Scrooge to the girl[1]. Nice girl[2] ! Very.

"Yes, sir."

"Where is he, my love ?"

"He's in the dining-room, sir, along with mistress."

"He knows me," said Scrooge, with his hand already on the dining-room lock. "I'll go in here, my dear. Fred !"

"Why bless my soul !" cried Fred, "who's that ?"

"It's I[3]. Your uncle Scrooge. I have come to dinner. Will you let me in[4], Fred ?"

Let him in ! It is a mercy[5] he didn't shake his arm off. He was at home[6] in five minutes. Nothing could be heartier. His niece looked just the same. So did Topper[7] when *he* came. So did the plump sister, when *she* came. So did every one when *they* came. Wonderful party, wonderful games, wonderful unanimity, won-der-ful happiness !

But he was early[8] at the office next morning. Oh he was early there. If he could only be there first, and catch Bob Cratchit coming late ! That was the thing he had set his heart upon.

And he did it ! The clock struck nine. No Bob. A quarter past. No Bob. Bob was full eighteen minutes and a half, behind his time.

Bob's hat was off, before he opened the door ; his comforter too. He was on his stool in a jiffy[9] ; driving away with his pen, as if he were trying to overtake nine o'clock[10].

"Hallo !" growled Scrooge, in his accustomed voice as near as he could feign it. "What do you mean[11] by coming here at this time of day ?"

---

1. **girl** = *la jeune fille employée comme bonne.*
2. **nice girl ! :** Scrooge est maintenant capable de trouver agréables les personnes qu'il rencontre.
3. **It's I :** *c'est moi !* On dirait maintenant : *it's me !*
4. **will you let me in :** *voulez-vous me permettre d'entrer ?* Scrooge craint que son neveu, se rappelant leur dernière entrevue, ne lui réserve un mauvais accueil.
5. **it is a mercy** = it is a piece of good fortune, it's lucky, *c'est un heureux hasard, une chance.*
6. **he was at home** = he felt at home, *il se sentit comme chez lui.*
7. **so did Topper :** reprise de : his niece looked just the same, and Topper too, *Topper aussi paraissait le même.*

« Votre maître est-il chez lui, mon enfant ? » demanda Scrooge à la petite bonne. Gentille petite ! Vraiment !

« Oui, monsieur.

— Où est-il, ma belle ?

— Il est à la salle à manger, monsieur, avec la maîtresse.

— Il me connaît bien, dit Scrooge qui avait déjà la main sur le bouton de la porte de la salle à manger. J'entre, ma petite. Fred !

— Dieu du ciel ! s'écria Fred. Qui est là ?

— C'est moi, ton oncle Scrooge. Je viens dîner. Puis-je entrer, Fred ? »

S'il pouvait entrer ! C'est tout juste s'il ne lui arracha pas le bras en lui serrant la main. Scrooge se sentit chez lui en cinq minutes. On ne pouvait imaginer accueil plus cordial. Sa nièce n'avait pas du tout changé, pas plus que Topper, lorsqu'il arriva, ni que la sœur rondelette quand elle aussi se présenta, pas plus que tous les autres, à leur entrée. Merveilleuse réception, merveilleux amusements, merveilleuse entente, mer-veil-leux bonheur !

Mais il fut tôt au bureau, le lendemain matin. Oh, oui ! il y arriva bien en avance. Si seulement il pouvait être le premier, pour attraper Bob Cratchit à se présenter en retard ! C'était là ce qui lui tenait particulièrement à cœur.

Et il y réussit ! La pendule sonna neuf heures. Pas de Bob. Neuf heures un quart, pas de Bob. Et Bob arriva avec dix-huit bonnes minutes et demie de retard.

La porte n'était pas ouverte, que Bob avait enlevé son chapeau, et son cache-nez aussi. En moins de deux, il fut installé sur son tabouret, et fit courir sa plume comme s'il essayait de remonter le temps.

« Et alors ! grommela Scrooge en essayant de son mieux d'imiter sa voix habituelle. A quoi pensez-vous d'arriver ici à cette heure de la journée ?

---

8. **but he was early :** Scrooge est tellement changé qu'il a envie de faire une farce à son commis ; et pendant les premières minutes de leur entretien, il veut se montrer aussi désagréable qu'auparavant.
9. **in a jiffy :** en langue populaire, a jiffy = a moment ; in a jiffy = in no time, *en un clin d'œil.*
10. **to overtake nine o'clock** = to catch up with nine o'clock, *rattraper le retard qu'il a pris depuis neuf heures.* Cf. no overtaking, *défense de doubler.*
11. **what do you mean :** m. à mot : *« que signifiez-vous ?, que voulez-vous dire ? » Quelle est votre intention ?*

"I am very sorry, sir. I am behind my time."

"You are ? Yes. I think you are. Step this way, if you please."

"It's only once a year, sir. It shall not be repeated[1]. I was making[2] rather[3] merry yesterday, sir."

"Now, I'll tell you what, my friend. I am not going to stand[4] this sort of thing any longer. — And therefore," Scrooge continued, leaping from his stool, and giving Bob such a dig in the waistcoat[5] that he staggered back into the Tank again : "and therefore I am about to raise your salary !"

Bob trembled, and got a little nearer to the ruler[6].

"A merry Christmas, Bob !" said Scrooge, with an earnestness that could not be mistaken, as he clapped him on the back. "A merrier Christmas, Bob, my good fellow, than I have given you, for many a year ! I'll raise your salary, and endeavour to assist[7] your struggling family, and we will discuss your affairs this very afternoon, over a Christmas bowl of smoking bishop[8], Bob ! Make up the fires, and buy a second coal-scuttle[9] before you dot another i, Bob Cratchit !"

Scrooge was better than his word. He did it all, and infinitely more ; and to Tiny Tim, who did NOT die, he was a second father. He became as good[10] a friend, as good a master, and as good a man, as the good old city knew, or any other good old city, town, or borough, in the good old world. Some people laughed to see the alteration in him, but his own heart laughed : and that was quite enough for him.

---

1. **it shall not be repeated :** l'aux. shall, à la 2e pers. du sing. souligne bien l'intention arrêtée de Bob, de ne plus recommencer.
2. **making merry :** to make merry : *faire la fête, se divertir*, m. à m., *« se rendre joyeux »*.
3. **rather :** Bob, tout en avouant avoir pris du bon temps la veille, essaye d'atténuer un peu le « méfait » : *plutôt.*
4. **to stand :** to bear, to endure : *supporter qqch. de désagréable.*
5. **in the waistcoat :** *« dans le gilet »*, n'oublions pas que les Victoriens n'aimaient pas mentionner les parties du corps.
6. **nearer to the ruler :** cf. page 19, n. 6. Cette phrase dans ce contexte n'est pas très claire ; mais il faut savoir que, juste après cette mention de la « grande règle », il y a, comme souvent dans les « Public Readings », un passage que Dickens

— Je suis navré, monsieur, je suis vraiment en retard.

— Ça m'en a tout l'air ; il n'y a pas à s'y tromper. Venez un peu par ici, je vous prie.

— Ça n'arrive qu'une fois par an, monsieur. Cela ne se renouvellera pas. C'est que je me suis pas mal amusé hier, monsieur.

— Eh bien ! je vais vous dire ce que j'en pense, mon ami. Je ne supporterai pas une telle conduite une minute de plus. Et par conséquent », poursuivit Scrooge en sautant à bas de son tabouret, et en donnant à Bob une telle bourrade dans l'estomac que notre bonhomme partit en arrière en titubant, jusque dans la citerne, « et par conséquent, je vais vous augmenter ! »

Bob se mit à trembler et se rapprocha de la grande règle.

« Joyeux Noël ! dit Scrooge, avec un sérieux qui n'était pas feint, tandis qu'il lui administrait de grandes claques dans le dos. Je vous souhaite un plus joyeux Noël que je ne l'ai fait pendant bien des années ! Je vais vous augmenter et je ferai de mon mieux pour aider votre famille aux prises avec les difficultés de l'existence ; et nous allons discuter de vos problèmes, Bob, cet après-midi même, tout en buvant un bol de vin chaud fumant en l'honneur de Noël. Garnissez les feux et allez acheter un second seau à charbon avant de mettre un seul point sur un i, Bob Cratchit ! »

Scrooge fit mieux encore que ce qu'il avait promis. Il tint toutes ses promesses et bien d'autres encore ; et pour P'tit Tim, qui ne mourut pas, il fut un second père. Il devint un aussi bon ami, un aussi bon patron, un aussi bon citoyen que la bonne vieille capitale, ou toute autre bonne vieille cité, ville, ou bourg de notre bon vieux monde, en avait jamais vu. Certains se gaussèrent de voir les changements opérés en lui, mais au fond de son cœur, il s'en moquait ; et pour lui tout était pour le mieux ainsi.

---

a laissé de côté et qui éclaire le sens : « Il... voulait assommer Scrooge, le maîtriser, appeler à l'aide pour qu'on aille chercher une camisole de force. » En fait, Bob croit que son patron est devenu fou.

7. **to assist :** ▲ *aider. Assister à une réunion :* **to attend a meeting.**

8. **a bishop :** *un vin chaud épicé* (de couleur violette, comme celle des vêtements d'un *évêque,* **bishop**).

9. **buy a second coal-scuttle :** le *seau à charbon* auquel auparavant, Scrooge refusait à son pauvre commis gelé d'avoir accès, est devenu, dans l'esprit de Scrooge, un symbole de sa nouvelle générosité.

10. **good :** grande période d'éloquence, comme Dickens aimait à les écrire ; **good** est répété 6 fois !

He had no further intercourse with Spirits[1], but lived in that respect upon the Total Abstinence Principle, ever afterwards; and it was always said of him, that he knew how to keep Christmas well, if any man alive[2] possessed the knowledge. May that be truly said of us, and all of us! And so, as Tiny Tim observed, God Bless Us, Every One[3]!

---

1. **Spirits :** jeu de mots intraduisiblè, car **spirits** veut dire à la fois les *spiritueux* ou boissons alcoolisées, et les *esprits* qui ont rendu visite à Scrooge tout au long de ce conte ; d'où allusion aux Sociétés de Tempérance.
2. **man alive :** les adj. commençant par le préfixe a- : **asleep** *(endormi)*, **awake** *(éveillé)*, **alone** *(seul)*, **alive** *(vivant)*, afraid *(effrayé)*, ne sont jamais épithètes ; ex. : **a child asleep**, *un enfant endormi.*
3. **God Bless Us, Every One ! =** God bless everyone of us, *que Dieu bénisse chacun d'entre nous.*

Il n'eut plus aucun rapport avec les Esprits, et vécut même, de ce point de vue, en s'abstenant totalement de tout « spiritueux » pour le restant de sa vie ; et l'on répétait toujours qu'il savait fêter Noël mieux que quiconque. Que cela puisse être dit de nous en toute vérité, de nous tous, sans exception ! Et, comme P'tit Tim le faisait remarquer, « Que Dieu bénisse chacun d'entre nous ! ».

Le vocabulaire des deux résumés par Ch. Dickens du « Chant de Noël » et de « David Copperfield ». Approfondissez vos connaissances de ce vocabulaire à l'aide de ces mots répertoriés, en vous reportant aux pages indiquées après chaque mot.

N

narrow : *étroit*, **138**
neck : *cou*, **146**
need : *besoin*, **140**
needle-case : *étui à aiguilles*, **86**
nephew : *neveu*, **126**
nobody : *personne*, **130**
nose : *nez*, **90**
nosegay : *bouquet de fleurs*, **88**
nothing : *rien*, **130**
notice (to) : *remarquer*, **136**

O

of course : *évidemment, naturellement*, **88**
offal : *débris, détritus*, **194**
office : *bureau (pièce)*, **126**
once : *une fois*, **120**
open (to) : *ouvrir*, **198**
otherwise : *autrement*, **118**
ought to : *devrait*, **60**
outstretched : *tendu en avant*, **192**
overcast : *couvert (ciel)*, **100**
owner : *propriétaire*, **120**
oyster : *huître*, **164**

P

pantry : *office, arrière-cuisine*, **52**
parcel : *paquet, colis*, **48**
part (to) : *quitter, se séparer*, **120**
partner : *associé*, **118**
pear : *poire*, **164**
pedestrian : *piéton*, **146**
peep (to) : *regarder furtivement*, **164**
pen (to) : *écrire, rédiger*, **64**
pepper : *poivre*, **52**
perish (to) : *périr*, **62**
pilgrim : *pèlerin, voyageur*, **70**
pin : *épingle*, **50**
plain : *simple, évident*, **148**
plank : *planche*, **104**
plenty's horn : *corne d'abondance*, **164**
point (to) : *montrer (du doigt), indiquer*, **48**
poor (the) : *les pauvres*, **128**
postpaid : *port-payé*, **60**
power : *pouvoir, puissance*, **154**
praise : *louange*, **154**
pray (to) : *prier*, **38**
presently : *bientôt*, **24**
pride : *orgueil*, **44**
profit (to) by : *profiter de*, **122**
public-room : *(salle de) café*, **70**
pull (to) : *tirer*, **152**
purpose : *but, objet*, **134**
pursue (to) : *continuer, poursuivre*, **164**
push (to) : *pousser*, **152**

Q

quaint : *bizarre, étrange*, **26**
quake (to) : *trembler*, **140**
quarrel : *querelle, dispute*, **126**
quickly : *rapidement, vite*, **26**
quiet : *calme, tranquille*, **84**
quite : *tout à fait*, **128**

R

raise (to) : *lever* (tr.), **140**
rapture : *ravissement*, **84**
rather : *plutôt*, **128**
rave (to) : *délirer, divaguer*, **84**
reach (to) : *atteindre, arriver à*, **142**
reason (to) : *raisonner*, **92**
relief : *soulagement*, **42**
relish : *goût, appétit*, **44**
rely (to) on : *compter sur*, **50**
remember (to) : *se rappeler, se souvenir*, **92**
remembrance : *souvenir*, **108**
remonstrate (to) : *réprimander*, **90**
rent : *loyer*, **64**
rigging : *gréement*, **104**
ripe : *mûr*, **80**
rise (to) : *se lever* (intr.), **148**
roll (to) : *rouler (navire)*, **104**
rope : *corde*, **106**
rove (to) : *errer, vagabonder*, **138**
rub (to) : *frotter*, **148**

U

V

W

Y

POCKET – 12, avenue d'Italie – 75627 Paris Cedex 13

Cet ouvrage a été imprimé en France par
CPI Bussière
à Saint-Amand-Montrond (Cher)
en mars 2012.
N° d'impression : 120932. Dépôt légal : février 2006.
Suite du premier tirage : mars 2012.
S16037/03